Sportökonomie 5

Herausgegeben vom
Arbeitskreis Sportökonomie e. V.

Sportökonomie 5

Helmut M. Dietl (Hrsg.)

Globalisierung des wirtschaftlichen Wettbewerbs im Sport

mit Beiträgen von:
Claudia C. Michalik
Marie-Luise Klein
Markus Kurscheidt
Ingo Kipker
Herbert Woratschek
Arne Feddersen/Wolfgang Maennig
Bernd Frick/Frank Tolsdorf
Jörn Littkemann
Andreas Parensen
Christian Müller
Dieter-Jörg Haas
Egon Franck
Horst M. Schellhaaß/Frank C. May
Helmut M. Dietl

hofmann.

Schriftenreihe des Arbeitskreises Sportökonomie e. V., Band 5

Bibliographische Information Der Deutschen Bibliothek
Die Deutsche Bibliothek verzeichnet diese Publikation in
der Deutschen Nationalbibliographie; detaillierte bibliografische Daten sind im Internet über http://dnb.ddb.de abrufbar.

Bestellnummer 8365

Satz und Layout Edeltraud Pöppe
Druck und Verarbeitung in der Hausdruckerei des Verlags
Printed in Germany ISBN 3-7780-8365-1

Inhaltsverzeichnis

Vorwort

Der Sport und sein Regelwerk, das der Philosophie des modernen Olympismus entlehnt ist, ist international ausgerichtet. So sind die Grundsätze der olympischen Bewegung in den grundlegenden Prinzipien zur „Charta" u.a. wie folgt beschrieben: „Das Wirken der olympischen Bewegung …ist auf Dauer angelegt und weltumspannend…".

Von daher ist der Sport, sind die internationalen Wettkämpfe bereits „globalisiert" gewesen, bevor der Begriff als Form der Spezialisierung und internationalen Arbeitsteilung sich durchgesetzt hat. Aber mit der zunehmenden Kommerzialisierung des Sports, Folge der Professionalisierung, haben Freizügigkeit und Arbeitsteilung im Sport neue Gestaltungsmöglichkeiten eröffnet. Vor diesem Hintergrund wurde die Sitzung des Arbeitskreises Sportökonomie der Thematik der Globalisierung des wirtschaftlichen Wettbewerbs im Sport gewidmet.

Ich möchte allen danken, die an der Vorbereitung, Organisation und Dokumentation dieser Sitzung beteiligt waren. Dabei gilt mein Dank den Referenten und Korreferenten, den Moderatoren und Diskutanten, sie haben die Arbeitskreissitzung lebhaft und kontrovers, aber immer mit Blick auf die zielführende Diskussion gestaltet. Den Erkenntnisgewinn aus der Tagung hat Professor Dietl mit der ihm eigenen Präzision zu Papier gebracht und uns damit geholfen, die Ergebnisse nochmals nachzuvollziehen. Hier möchte ich zugleich Frau Edeltraud Pöppe danken, die vor Ort – von der Planung bis zur Dokumentation – Professor Dietl und den Arbeitskreis unterstützt hat.

Ohne die großzügige ideelle und vor allem materielle Unterstützung hätte diese Tagung in der „Außenstelle Bad Lippspringe" der Universität Paderborn nicht stattfinden können. Hierfür haben wir sehr herzlich dem Rektor der Universität Paderborn, Professor Weber, zu danken. Der durch die Hilfe der Universität Paderborn mögliche Rahmen hat so das Gespräch im kleineren Zirkel ermöglicht und so zu mancher weiterer sportökonomischen Diskussion beigetragen.

Es bleibt zu wünschen, dass die Erkenntnisse und Ergebnisse unserer Jahrestagung von Bad Lippspringe wiederum Anlass sind, neue sportökonomische Fragen anzugehen, um neue Erkenntnisse zu generieren.

Bonn, 11. November 2002
Dr. Martin-Peter Büch
Vorsitzender des Arbeitskreises Sportökonomie e.V. in Deutschland

Einführung

Helmut M. Dietl

Ähnlich wie der sportliche hat auch der wirtschaftliche Wettbewerb längst die Ländergrenzen überschritten. Keine Sportdisziplin begnügt sich heute allein mit der Krönung nationaler Meister. Man möchte den Europameister und Weltmeister küren. Während jedoch der sportliche Wettbewerb zwischen den Athleten oder Mannschaften innerhalb einer Sportart ausgetragen wird, findet der wirtschaftliche Wettbewerb in erster Linie zwischen den Ligen, Verbänden und Sportarten statt. Wenn Bayern München gegen Borussia Dortmund spielt, dann findet zwar der sportliche Wettbewerb zwischen beiden Mannschaften statt. Im wirtschaftlichen Wettbewerb sind beide Clubs hingegen vielmehr aufeinander angewiesen, als dass sie in Konkurrenz zueinander stehen. Die Einnahmen beider Clubs steigen in der Regel, je stärker der jeweilige Konkurrent ist. Hierdurch wird nicht nur das einzelne Spiel, sondern letztendlich die ganze Saison attraktiver. Diese Attraktivität hilft den Clubs und der Liga, im Wettbewerb mit anderen Ligen und Sportveranstaltungen hohe Marktanteile zu erzielen. Vor allem durch die Medien hat dieser wirtschaftliche Wettbewerb um Marktanteile zwischen den Ligen, Verbänden und Sportarten eine globale Dimension erreicht. Heutzutage konkurrieren in den Wohnzimmern der Fernsehzuschauer nordamerikanische Basketballspiele mit Champions-League-Spielen ebenso wie Formel-1-Rennen mit Tennisturnieren.

Der Arbeitskreis Sportökonomie e.V. lud im Herbst 2001 mit einem Call for Papers zum Tagungsthema *Globalisierung des wirtschaftlichen Wettbewerbs im Sport* Mitglieder und Interessenten zur Teilnahme ein. Auf den Call for Papers antwortete eine Vielzahl von Sportökonominnen und Sportökonomen, die ihre Forschungsergebnisse auf der Jahrestagung des Arbeitskreises Sportökonomie e.V. vorstellen wollten. Aufgrund der zahlreichen Vorschläge wurden in einem Auswahlverfahren nach internationalen wissenschaftlichen Standards (so genanntes „doppelt verdecktes" Begutachtungsverfahren) von einem Gutachtergremium sieben Beiträge für die Tagung ausgewählt. Die Beiträge wurden auf der Jahrestagung am 7. und 8. Juni in Bad Lippspringe präsentiert und diskutiert. Die überarbeiteten Beiträge und die jeweiligen Korreferate sind in dem vorliegenden Buch zusammengefasst.

Claudia C. Michalik von der Westfälischen Wilhelms-Universität Münster widmet sich dem Thema *Sportinnovationen beim IOC – Erfolge junger Disziplinen bei Olympia*. Aufgrund der weltweiten Medienpräsenz ist die Teilnahme an Olympischen Spielen für jede Sportart erstrebenswert. Bevor eine Sportart jedoch als olympische Disziplin anerkannt wird, muss der betreffende Verband eine Reihe von Zulassungskriterien erfüllen. Der Beitrag von Frau Michalik macht deutlich, dass die Bestrebungen eines Verbandes, eine neue Sportart als olympische Disziplin zu etablieren, als Sportinnovation aufgefasst werden kann. Vor diesem Hintergrund wendet Frau Michalik ein kontingenztheoretisches Innovationsmodell zur Erklärung des Erfolges junger Disziplinen bei Olympia an. Mit Hilfe dieses Modells analysiert sie den Innovationserfolg von Beach-Volleyball, Snowboarding, Triathlon und Inline-Skating. Dabei kommt sie zu dem Ergebnis, dass aufgrund der gefestigten und beim IOC anerkannten Organisationsstrukturen der internationale Beach-Volleyball-Verband FIVB und der internationale Triathlon-Verband ITU bislang am erfolgreichsten bei der Zulassung ihrer Sportarten für olympische Spiele waren. Die Zulassung der Sportart Snowboarding wäre hingegen wegen der Existenz zweier konkurrierender internationaler Verbände (FIS und ISF) fast gescheitert. Dem Inline-Skating fehlt ein internationaler Verband, der die Interessen dieser Sportart gegenüber dem IOC vertritt. Das Korreferat zu diesem Beitrag verfasste Frau Marie-Luise Klein vom Institut für Sportwissenschaften der Ruhr-Universität Bochum.

Unter der Überschrift *Nationale Ausrichtung unter globalem Druck – Ökonomische Implikationen des Bieterwettbewerbs um Sport-Mega-Events* untersucht Markus Kurscheidt von der Ruhr-Universität Bochum im zweiten Beitrag den Bieterwettbewerb und die ökonomischen Folgen von Sportgroßveranstaltungen am Beispiel der Bewerbung Deutschlands um die Ausrichtung der Fußball-Weltmeisterschaft 2006. Infolge der Globalisierung des wirtschaftlichen Wettbewerbs im Sport hat sich die Konkurrenz um die Austragung internationaler Sportgroßveranstaltungen wie z. B. olympischer Spiele oder Fußballweltmeisterschaften erheblich verstärkt. Aufgrund dieser verschärften Konkurrenz kommt es bei der Bewerbung um die Ausrichtung dieser Mega-Events in zunehmendem Maße zu einem ruinösen Rüstungswettlauf. Anhand eines Kosten-Nutzen-Modells der Fußball WM 2006 versucht Herr Kurscheidt die hieraus resultierenden Ineffizienzen zu quantifizieren. Als Lösung schlägt er u. a. eine Verkürzung der Bewerbungsfristen, eine Vorauswahl durch regionale Begrenzung (etwa nach dem Rotationsprinzip) sowie eine konsequente Berücksichtigung ökonomischer Kriterien bei der Bewerberauswahl vor.

Im dritten Beitrag untersucht Ingo Kipker die *Determinanten der kurzfristigen TV-Nachfrage in der Formel 1*. Wie der Untertitel *Superstar vs. Spannungseffekte und Implikationen für die Wettbewerbspolitik* bereits andeutet, versucht Herr Kipker die Auswirkung des Spannungsgefälles und der Fahrerpopularität auf die TV-Nachfrage zu analysieren. Seine empirischen Befunde zeigen, dass sich kein signifikanter Zusammenhang zwischen Spannungseffekten einerseits und Einschaltquoten andererseits nachweisen lässt. Ein wesentlich wichtiger Einflussfaktor als die Spannung über den Ausgang der Weltmeisterschaft ist die Sendezeit. Ein signifikanter Zusammenhang besteht zudem zwischen der Existenz von Superstars und der TV-Nachfrage. Die Einschaltquoten im deutschen Fernsehen korrelieren signifikant mit dem Erfolg von Michael Schuhmacher. Das Korreferat zu diesem Beitrag verfasste Herbert Woratschek von der Universität Bayreuth.

Wolfgang Maennig und Arne Feddersen von der Universität Hamburg widmen sich im vierten Beitrag dem Thema *Sportlicher Erfolg und Kapitalmarktbewertung – Das Beispiel der Borussia Dortmund GmbH & Co. KgaA*. Mittels Autokorrelationstest kommen Maennig und Feddersen zu dem Ergebnis, dass sich der Kurs der BVB-Aktie nicht aus historischen Kursen prognostizieren lässt (schwache Informationseffizienz). Mit Hilfe eines Kointegrationstests und eines Fehlerkorrekturmodells überprüfen Maennig und Feddersen die Frage, ob der Aktienkurs der Borussia Dortmund GmbH & Co. KgaA alle öffentlich verfügbaren Informationen aggregiert (mittelstarke Informationseffizienz). Diese Frage muss aufgrund der zeitlichen Verzögerung der Kursanpassung an öffentlich verfügbare Informationen verneint werden. Investoren müssten somit in der Lage sein, überdurchschnittliche Kapitalmarktrenditen zu erzielen, wenn sie schnell genug auf öffentliche Informationen reagieren. Korreferent ist hier Bernd Frick von der Universität Witten-Herdecke.

Im fünften Beitrag diskutiert Jörn Littkemann von der Westfälischen Wilhelms-Universität Münster *Ökonomische Probleme der bilanziellen Behandlung von Transferentschädigungen in der Fußball-Bundesliga*. Der Spielerkader bildet das Hauptvermögen jedes Bundesligisten. Herr Littkemann macht deutlich, dass die bilanzielle Behandlung von Fußballspielern für einen Fußballclub vor allem unter steuerlichen Gesichtspunkten und für die Lizenzerteilung von Bedeutung ist. Unter steuerlichen Gesichtspunkten wäre es vorteilhaft, wenn Transferentschädigungen steuerlich im Jahr ihrer Entstehung in voller Höhe als sofort abzugsfähige Betriebsausgaben behandelt würden. Im Rahmen des Lizenzierungsverfahrens werden Fußballclubs hingegen bestrebt sein, ihre Vermögenslage möglichst positiv darzustellen. Die Aktivierung von Transferentschädigungen wäre hierfür ein wirkungsvolles bilanzpolitisches Instrument, da sie eine Verteilung der Ausgaben für den Erwerb neuer Spieler über mehrere Perioden gestattet. Der Ausweis eines hohen Verlustes innerhalb einer Periode könnte dann wesentlich besser kaschiert werden. Vor dem Hintergrund der zunehmenden Umwandlung von Profclubs in Kapitalgesellschaften fordert Herr Littkemann den Bundesfinanzhof auf, seine Position zur Aktivierung von Transferentschädigungen zu überdenken und Ablösezahlungen steuerlich im Jahr ihrer Entstehung in voller Höhe als sofort abzugsfähige Betriebsausgaben zu behandeln. Als Kapitalgesellschaften sind die Clubs nämlich gezwungen, einen wirtschaftlichen Überschuss zu erwirtschaften. Dieser Überschuss sollte allerdings aus dem ordnungsmäßigen Geschäftsbetrieb stammen und nicht daraus resultieren, dass Ausgaben, wie die Transferentschädigungen, bilanziert werden, die eigentlich keine Vermögensgegenstände im Sinne des Handelsrechts darstellen. Das Korreferat kommt aus der Feder von Andreas Parensen. Aus Sicht der Praxis der Deutschen Fußball Liga (DFL) kommentiert Christian Müller den Beitrag von Herrn Littkemann und informiert den Leser über die Transferpraxis der 1. und 2. deutschen Bundesliga.

Unter der Überschrift *Institutionen und ihr Einfluss auf Produktionseffizienz im Profi-Fußball* stellt Dieter J. Haas von der Universität Innsbruck im sechsten Beitrag mit Hilfe der Data Envelopment Analysemethode (DEA) einen Effizienzvergleich zwischen den Mannschaften der deutschen Fußballbundesliga und der US-amerikanischen Major League Soccer an. Als Inputs im Produktionsprozess der Mannschaften werden von Herrn Haas die Spieler- und Trainergehälter herangezogen. Outputs sind die erspielten Punkte, die Stadionauslastung sowie der Jahresumsatz. An der Spitze der Effizienztabelle stehen in Deutschland Bayern München und Werder Bremen, in den USA Chicago Fire, Tampa Bay Mutiny, Kansas City Wizards und Los Angeles Galaxy. Im Gesamtergebnis zeigen sich klare Effizienzunterschiede zwischen beiden Ligen. Die Mannschaften der Major League Soccer weisen in der Summe deutlich höhere Effizienzwerte auf als die Bundesligamannschaften. Als Gründe hierfür identifiziert Herr Haas vor allem die Gehaltsobergrenzen und strengeren Umverteilungsregeln in der Major League Soccer. Professor Egon Franck von der Universität Zürich verfasste das Korreferat.

Im siebten Beitrag zeigen Horst M. Schellhaaß und Frank C. May von der Universität Köln unter dem Thema *Die ökonomischen Institutionen des Spielermarktes im Fußballsport – Eine Analyse des FIFA-Transferreglements*, dass den ehemaligen Transferregulierungen vom Europäischen Gerichtshof unberechtigterweise eine mobilitätshemmende Wirkung zugeschrieben wird. Im Gegensatz zu zahlreichen anderen ökonomischen Studien widersprechen Schellhaaß und May ferner der Auffassung, ein Wegfall der Transferentschädigung würde infolge verringerter Ausbildungsanreize zu einer Verschlechterung der Spielerqualität führen. Vielmehr ist die Erhöhung der individuellen Leistungsfähigkeit einzelner Spieler ein Kuppelprodukt, das beim Mannschaftstraining zur Verbesserung der aktuellen Tabellenposition im laufenden Spielbetrieb zwangsläufig entsteht. Als Hauptnachteil der neuen Transferregelung identifizieren Schellhaaß und May in erster Linie die verringerte Bereitschaft der Profivereine, junge Nachwuchsspieler im Ligabetrieb einzusetzen, um ihre Leistungsfähigkeit zu überprüfen. Der Einsatz im Ligabetrieb ist aus dieser Perspektive quasi ein Test, bei dem sich zeigt, welche Nachwuchsspieler bundesligatauglich sind und welche nicht. Dieser Test ist für den betreffenden Verein mit einem hohen Risiko verbunden, da ein untauglicher Spieler zwangsläufig spielentscheidende Fehler macht. Damit gefährdet ein Verein, der neue Nachwuchsspieler im laufenden Spielbetrieb testet, seine Tabellenposition. Laut Schellhaaß und May werden Vereine nur dann bereit sein, dieses Risiko in Kauf zu nehmen, wenn sie über zukünftige Transfereinnahmen auch am Nutzen ihrer Spielertests beteiligt werden. Anderenfalls werden es die Vereine vorziehen, erfahrene ausländische Spieler einzusetzen, anstatt junge Nachwuchstalente zu testen. Als Hauptleidtragende dieser Entwicklung sehen Schellhaaß und May in erster Linie die Nationalmannschaften an. Das Korreferat zu diesem Beitrag schrieb Helmut M. Dietl von der Universität Paderborn.

Sportinnovationen bei Olympia

Erfolge junger Disziplinen bei den Olympischen Spielen:

Eine Fallstudie

Claudia C. Michalik[*]

Zusammenfassung

Die Teilnahme an den Olympischen Spielen ist aufgrund der weltweiten Verbreitung für nahezu jede Sportart erstrebenswert. Doch der Weg dahin ist lang und mit
zahlreichen Anstrengungen für nationale und internationale Sportvereinigungen
verbunden. Insbesondere die Aufnahme sog. junger Sportarten in das Olympische
Programm stellt für die einzelnen Vereine und Verbände eine Art Innovation im
Sport dar, die weitreichende Aktivitäten erfordern. Um derartige Sportinnovations-
prozesse zu einem erfolgreichen Ende zu führen, wird in diesem Beitrag das in der
Industrie bewährte Konzept des Innovationsmanagements auf den Bereich des
Olympischen Sports übertragen. Vier einzelne Fallstudien von jungen Sportarten
verdeutlichen, welche Aufgaben ein Sportinnovationsmanagement zu erfüllen hat
und welche weiteren Faktoren ebenfalls von Bedeutung sind, um die Aufnahme in
das Olympische Programm für innovative und junge Sportarten zu erleichtern.

1 Problemstellung

Die Olympischen Spiele gehören zu den beachtlichsten Kulturprodukten der heutigen Zeit. Nicht nur Staaten und Städte reißen sich um die Austragung der Spiele,
auch Fernseh- und Nachrichtengesellschaften zahlen unvorstellbar hohe Summen
für ihre Übertragungsrechte.[1] Zudem sind die Olympischen Wettbewerbe die wohl

---

[*] Die Autorin dankt an dieser Stelle Frau Prof. Dr. Klein für die Übernahme des Korreferates
sowie den Teilnehmern der Jahrestagung „Arbeitskreis Sportökonomie" für wertvolle Anregungen.
[1] Vgl. TOMLINSON 1992, 60.

beste Werbung für die teilnehmenden Sportarten. Entsprechend groß ist daher das Interesse der Fachverbände, für ihre Sportarten olympische Anerkennung zu erlangen. In den letzten Jahren haben dabei insbesondere neue Trendsportarten das Sportumfeld nachhaltig beeinflusst. Einige dieser neuartigen Sportarten wurden sogar in das Olympische Programm aufgenommen. Sie sind als Sportinnovationen bei Olympia zu sehen, die nicht nur weltweite Akzeptanz erlangt haben, sondern den Olympischen Spielen mit ihrer Einführung auch einen modernen Anstrich verschaffen.

Doch der Weg zur Aufnahme einer neuen, sog. jungen Sportart bei Olympia ist lang. Bevor das IOC seine endgültige Zustimmung gibt, müssen von Seiten der Fachsportverbände zahlreiche Anstrengungen unternommen werden: neben der globalen Ausweitung der Sportart gilt es, geeignete Organisationsstrukturen in den Sportverbänden zu etablieren, die Förderung der Sportart sowie seines Nachwuchses zu sichern und vor allem zahlreichen Widerständen und Barrieren mit geeigneten Mitteln zu begegnen. Dies erinnert an die vielfältigen Bestrebungen von Industrieunternehmen, ein innovatives Produkt gegenüber dem Wettbewerb durchzusetzen. Vor diesem Hintergrund soll das bewährte Konzept des betriebswirtschaftlichen Innovationsmanagements im Folgenden auf den Bereich des Olympischen Sports übertragen werden. Denn auch die einzelnen Sportverbände müssen zur Durchsetzung ihrer neuen Sportart ein adäquates Management für die angedachte Sportinnovation betreiben. Zielsetzung ist es, aus dem bisherigen Verlauf der Bestrebungen ausgewählter internationaler Fachverbände, ihre jeweilige Sportart zu olympischen Weihen zu bringen, Rückschlüsse auf den Erfolg der Sportinnovation zu ziehen sowie Hilfestellungen für den zukünftigen Innovationsprozess weiterer Sportarten zu geben.

Der vorliegende Beitrag untersucht Sportarten, die in jüngster Vergangenheit eine Aufnahme in das Olympische Programm angestrebt haben. Anhand von vier Fallstudien wird der Innovationserfolg der jungen Sportarten Beach-Volleyball, Snowboarding, Triathlon und Inline-Skating mit Hilfe eines kontingenztheoretischen Modells analysiert. Hierzu erfolgt zunächst eine Erläuterung der relevanten Eckpfeiler des Modells, um im Anschluss daran den Erfolg der jeweiligen Sportinnovation zu bewerten. Weiterhin stellt der Beitrag einen Vergleich der vier Sportarten auf ihrem Weg zu den Olympischen Spielen dar. Da sich die Umsetzung der Sportinnovationen beim Beach-Volleyball und Triathlon als relativ problemlos erwiesen hat, wird hauptsächlich auf die prekäre Situation beim Snowboarding eingegangen. Diese wird anschließend mit der Entwicklung des Inline-Skating verglichen, die an vielen Stellen Parallelen aufweist. Da Inline-Skating die Aufnahme in das Olympische Programm bislang noch nicht erreicht hat, kann ein Zurückgreifen auf bereits gemachte Erfahrungen anderer Sportarten sinnvoll sein. Von daher werden in einem letzten Schritt die Ergebnisse der Untersuchung mit dem Status quo beim Inline-Skating verglichen sowie die daraus gezogenen Konsequenzen auf das Innovationsmanagement dieser Sportart übertragen.

2   Das Olympische Programm

2.1   Exkurs: Organisation des IOC

Das Internationale Olympische Komitee (IOC) wurde 1894 gegründet und gilt als Dachverband der olympischen Bewegung. Vor dem Hintergrund einer globalen Ausweitung internationaler Beziehungen ist das IOC als Nichtregierungsorganisation anzusehen, die die Rechte zur Austragung der Olympischen Spiele vergibt.[2] An der Spitze des IOC steht der Präsident, der den Vorsitz über sämtliche Aktivitäten des IOC hat und somit als sein permanenter Repräsentant handelt.[3] Die Mitglieder des IOC agieren als Repräsentanten des IOC in den jeweiligen Ländern. Sie treffen sich einmal jährlich auf der IOC-Vollversammlung, wobei diese *Session* das nominell höchste Entscheidungsorgan darstellt. Die Session wählt unter anderem seine Mitglieder, somit ergänzt sich das IOC selbst durch Kooptation. Die nächste Entscheidungseinheit stellt das Executive Board dar; es hat Entscheidungsbefugnis in Sachfragen, die keine Befassung der Session erfordern.[4]

Zum IOC gehören zudem die Nationalen Olympischen Komitees (NOKs) der jeweiligen Mitgliedsländer, denen neben der Zusammenarbeit mit dem IOC und den

---

[2]   Juristisch gesehen ist das IOC eine private Organisation nach Schweizer Recht, die über gewisse Sonderrechte wie z. B. Ausländer-Arbeitserlaubnisse oder Steuerbefreiungen verfügt; vgl. RITTBERGER/BOEKLE 1997, 137 f. sowie generell zum juristischen Status des IOC VEDDER 1984.

[3]   Seit dem 16. Juli 2001 hat Jacques Rogge aus Belgien als neuer Präsident die Ära von Juan Antonio Samaranch abgelöst.

[4]   Vgl. RITTBERGER/BOEKLE 1997, 138.

anderen NOKs Aufgaben zukommen wie z. B. die Förderung der Olympischen Bewegung, Entsendung der Olympiamannschaften, Mitarbeit an den Zulassungsbe-
stimmungen zu den Olympischen Spielen.[5] Weiterhin sind die internationalen
Sportfachverbände (IF) und das Olympische Organisationskomitee (OCOG), die
nationalen Sportvereinigungen und Clubs und natürlich die zahlreichen Athleten
Bestandteil des IOC. Daneben existieren verschiedene Olympische Kommissionen
sowie die Olympische Bewegung, die sich der Olympischen Erziehung und Bildung
verschrieben hat. Die Struktur der Olympischen Bewegung ist in Abbildung 1
dargestellt.

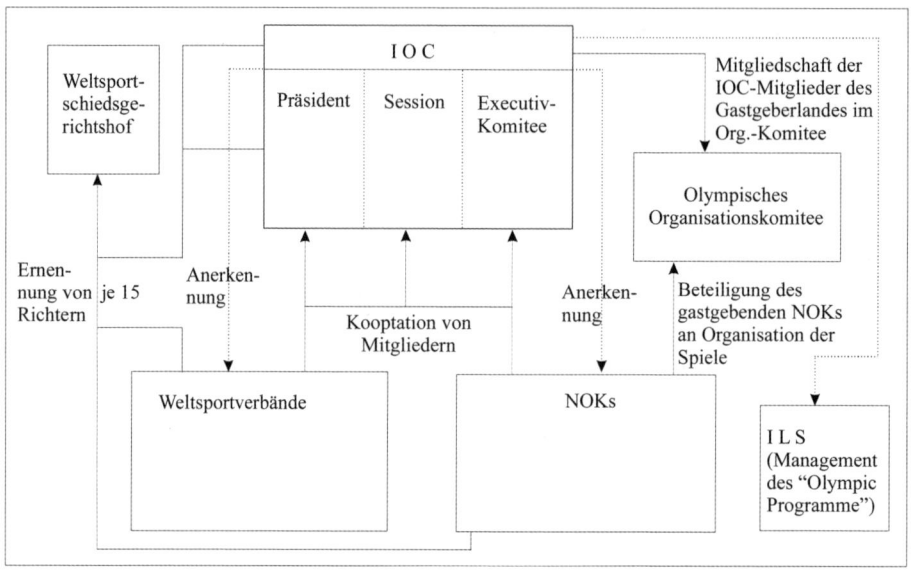

Quelle: RITTBERGER/BOEKLE 1997, 140.

Abbildung 1: Struktur der Olympischen Bewegung

2.2   Kontrolle des Olympischen Programms

Die Kontrolle des olympischen Sportprogramms obliegt dem IOC; es allein bestimmt, welchen Sportarten die Aufnahme in die Olympischen Spiele gewährt
wird.[6] Der Grundsatzartikel 5 der Olympischen Charta legt fest, dass die Mitgliedschaft von Weltsportfachverbänden in der Olympischen Bewegung eine

---

[5]   Siehe zu den Aufgaben der NOKs auch die jeweiligen Satzungen der einzelnen NOKs.
[6]   Vgl. zum olympischen Programm z. B. FRENZEN 1988, 71 ff.

Voraussetzung für die Anerkennung einer neuen Sportart oder Disziplin durch das IOC ist. Weiter gibt der Artikel 4 der Olympischen Charta dem IOC die Kompetenz, den Weltsportfachverbänden die Mitgliedschaft gegebenenfalls auch wieder zu entziehen.[7] Das bedeutet, dass die Zulassung oder der Ausschluss einer Sportart bzw. Disziplin bei den Olympischen Spielen in den Kompetenzbereich der IOC Session und somit des Executive Board fällt.[8] Die Entscheidung des IOC erfolgt dabei anhand von Opportunitäten. Es gilt, ein ausgewogenes Verhältnis aus klassischen Sportarten, sog. Publikumssportarten wie z. B. Fußball oder Tennis und den modernen Sportarten zu schaffen.

Ein lokales Organisationskomitee der Olympischen Spiele hat somit kaum Einfluss darauf, welche Sportarten bei *seinem* olympischen Festival präsent sein werden. Sein Handlungsbereich beschränkt sich in Bezug auf die Aufnahme einer neuen Sportart lediglich auf die Einschätzung, ob diese im zukünftigen olympischen Gastgeberland eine ausreichende Resonanz findet oder nicht. Ist dies nicht der Fall, dann kann auch von Seiten des lokalen Organisationskomitees die Aufnahme dieser Sportart ins Olympische Programm verhindert werden. Derartige Entscheidungen werden in der Regel langfristig getroffen, da die Aufnahme einer Sportart in das olympische Programmpaket sieben Jahre vor Beginn der jeweiligen Spiele bestimmt wird.[9]

2.3   Zulassungskriterien für neue Disziplinen

Jede neue Sportart oder Disziplin muss den Anforderungen der Olympischen Charta genügen, um vom IOC zu den Olympischen Spielen zugelassen zu werden.[10] Die Olympische Charta beinhaltet die fundamentalen Prinzipien, Regeln und Statuten. In den Paragraphen 52 und 53 wird beschrieben, unter welchen Umständen neue

---

[7]   Vgl. Artikel 4 und 5 der Olympischen Charta.
[8]   Siehe hierzu § 52 Punkt 8 der Olympischen Charta.
[9]   Dies ist jedoch nicht gleichbedeutend mit der definitiven Aufnahme der betrachteten Sportart in das Olympische Programm. Geht es darum, eine neue Sportart in das Programm einer speziellen Olympiade aufzunehmen, so kann das IOC von dem gesetzten Zeitrahmen zur Anerkennung und Zulassung von Sportarten im Rahmen der Paragraphen 2 und 3 der Olympischen Charta abweichen. Das ist jedoch nur in Ausnahmefällen zulässig.
[10] Dabei ist jeder internationale Verband für den Wortlaut der Zulassungsregel für seine eigene Sportart verantwortlich. Der genaue Wortlaut muss weiterhin vom Executive Board im Namen des IOC genehmigt werden.

Sportarten in das Olympische Programm aufgenommen werden.[11] So muss ein Sommersport mit olympischen Ambitionen in wenigstens 75 Ländern auf vier Kontinenten (Männer) bzw. in 40 Ländern auf drei Kontinenten (Frauen) vertreten sein. An den olympischen Winterspielen können nur Sportarten teilnehmen, die in wenigstens 25 Ländern auf drei Kontinenten vertreten sind.

Ähnliches gilt für die Zulassung junger Disziplinen: Auch hier muss ein international anerkanntes Ansehen nachgewiesen werden. Jedoch ist zu beachten, dass zwei prinzipiell ähnliche Disziplinen nicht gemeinsam zur Austragung kommen können.[12] Weitere Kriterien, die bei der Zulassung einer jungen Sportart zu den Olympischen Spielen bemängelt werden können, sind z. B. die Wettkampfform, die Verletzungsgefahr bzw. die Trefferwirkung, die zahlenmäßige Präsenz der Betreiber auf der Welt, die Anzahl der von den NOK anerkannten Verbände sowie die Durchschaubarkeit des Wettkampfes der jeweiligen Disziplin.[13] Neben den olympischen gibt es zudem auch vom IOC anerkannte Sportarten, die dem olympischen Standard zwar entsprechen, aber noch nicht in das olympische Programm aufgenommen worden sind.[14]

Das IOC bestimmt des Weiteren über die Zulassung der einzelnen Sportler zu den Olympischen Spielen. Diese qualifizieren sich in nationalen Wettkämpfen und werden dann von ihrem NOK beim IOC vorgeschlagen. Früher waren lediglich Amateure zur Teilnahme zugelassen, seit den 80er Jahren wurden die Zulassungsbe-

---

[11] Vgl. im Folgenden die Paragraphen 52 und 53 der Olympischen Charta. § 52 (1) regelt weiterhin, dass generell nur Sportarten in das Programm der Olympischen Spiele aufgenommen werden können, die mit dem Anti-Doping Code der Olympischen Bewegung übereinstimmen und auch außerhalb der Wettkämpfe anhand der Regeln der World Anti-Doping Agency (WADA) getestet werden.

[12] So hatten z. B. die Kampfsportarten Taekwondo und Karate länger als ein Jahrzehnt um die Teilnahme an den Olympischen Spielen konkurriert, da das IOC vorläufig nur eine weitere asiatische Kampfsportart in das Olympische Programm aufnehmen sollte. Im Jahre 2000 wurde Taekwondo dann das erste Mal in Sydney als Olympische Disziplin ausgetragen.

[13] Generell keine Akzeptanz und damit Chance auf Zulassung erhalten Sportarten oder Disziplinen, deren Entwicklung im Wesentlichen von einem mechanischen Antrieb abhängig sind.

[14] Davon wählt das Organisationskomitee – nach Bestätigung durch das IOC – zwei Sportarten aus, die als olympische Demonstrationssportarten oder olympische Rahmenwettbewerbe während der Spiele vorgeführt werden. Diese gehören im Grundsatz nicht zum Zuständigkeitsbereich der NOKs und die Teilnehmer werden nicht als Mitglieder der offiziellen Olympiamannschaft angesehen; vgl. FRENZEN 1988, 72 ff.

stimmungen jedoch vom IOC liberalisiert. Für den einzelnen Wettkämpfer sind die Zulassungskriterien in der Regel 26 des IOC dargestellt. So muss ein Wettkämpfer die Regeln des IOC und auch die Regeln seines internationalen Fachverbandes, wie sie vom IOC angenommen wurden, beachten und einhalten, selbst wenn die Regeln des Verbandes strenger als die des IOC sind. Weiterhin darf ein Wettkämpfer keinerlei finanzielle Zuwendungen oder materiellen Nutzen aus seiner sportlichen Teilnahme erhalten haben, soweit sie nicht in den Ausführungsbestimmungen zu dieser Regel zugelassen sind.

3   Sportinnovationen bei den Olympischen Spielen

3.1   Grundlegende Überlegungen

Innovationen im Sport sind für die jeweiligen Fachverbände oftmals mit außergewöhnlichen Entscheidungen und organisatorischen Konsequenzen verbunden. Dies gilt auch für die Aufnahme und Zulassung einer neuen Sportart oder Disziplin zu den Olympischen Spielen. Hier können insbesondere die zahlreichen Anstrengungen der einzelnen Akteure im Sport zur Förderung ihrer neuen Sportart als Innovationsprojekt betrachtet werden. Sie erfordern eine weltweite Koordination mit den nationalen wie internationalen Verbänden und Vereinen. Und genau das stößt oftmals auf zahlreiche Widerstände. So wird nicht selten von mehreren Stellen versucht, neue Sportarten zum Scheitern zu bringen oder zumindest ihren zeitlichen Ablauf zu behindern. Hier sind zur Überwindung der Innovationsbarrieren Promotoren erforderlich, die sich nachhaltig für die neue Sportart und ihre Aufnahme ins Olympische Programm engagieren.[15] Dies können z. B. leistungsstarke Sportler als Fachpromotoren oder finanziell einflussreiche Personen in der Rolle eines Machtpromotors sein.

Doch Promotoren allein reichen nicht aus, um eine neue Sportart zu olympischen Weihen zu bringen. Insbesondere wenn es um die Aufnahme einer neuen Sportart beim IOC geht, ist eine stabile Organisation mit gefestigten Strukturen gefordert, die hinter diesem Sport steht. Hierzu ist es notwendig, dass die Verbände ein

---

[15]   Vgl. hierzu auch das Promotorenmodell von WITTE 1973.

adäquates Management für die angedachte Sportinnovation betreiben.[16] Diese Anstrengungen können in weiten Teilen mit dem bewährten Konzept des Innovationsmanagements verglichen werden. Eine Übertragung der grundlegenden Gedanken auf den Bereich des Olympischen Sports kann so den Verbänden Hilfestellungen leisten, ihre Sportart erfolgreich zu einer dauerhaften Aufnahme zu den Olympischen Spielen zu bringen.

3.2   Theoretische Rahmenbedingungen

3.2.1 Bezugsrahmen

Im Rahmen einer Sportinnovation bei Olympia wird die erfolgreiche Aufnahme
junger Sportarten in das Olympische Programm untersucht. Sie zeichnen sich dadurch aus, dass sie im Ergebnis eine neue Olympische Sportart zur Folge haben.
Beispielhaft werden Innovationen wie das Volleyballspielen auf Sand (Beach-
Volleyball), Skifahren auf einem Brett (Snowboarding), die Kombination dreier
Sportarten zu einer (Triathlon) sowie eine neue Variante des Rollsports (Inline-
Skating) einer vergleichenden Untersuchung unterzogen.[17] Hierbei handelt es sich
nach SCHEWE/LITTKEMANN in erster Linie um Produktinnovationen.[18] Das schließt
jedoch nicht aus, dass vor dem Hintergrund der Zulassung einer neuen Sportart bei
den Olympischen Spielen mit dieser Produktinnovation zwangsläufig die ein oder
andere Verfahrensinnovation einhergeht.

Da das IOC über Zulassung oder Ausschluss einer neuer Sportart bei den Olympischen Spielen entscheidet, ist der Innovationskontext im Rahmen dieser Analyse
weitgehend vorgegeben. Ein einfaches kontingenztheoretisches Modell bildet den
Bezugsrahmen der vorliegenden Untersuchung.[19] Es ermöglicht aufgrund seiner
einfachen Struktur, sowohl für Innovationen in Sportorganisationen als auch für
Innovationen in Industrieunternehmen als Bezugsrahmen zu dienen. Von daher
wird das theoretische Konzept direkt auf die Besonderheiten von Sportinnovationen

---

[16] Dabei führt die immer stärkere Organisation des internationalen Sports durch disziplinspezifi-
     sche Verbände seit einigen Jahren zu einer wesentlichen Stabilisierung des Olympischen Pro-
     gramms.
[17] Siehe hierzu auch Abschnitt 4.
[18] Vgl. SCHEWE/LITTKEMANN 2001, 549 f.
[19] Siehe zum Grundmodell auch SCHEWE/LITTKEMANN 2001, 551 ff.

bei den Olympischen Spielen übertragen. Das Modell umfasst die vier Eckpfeiler *Innovationskontext, Innovationsakteure, Innovationsprozess* und *Innovationserfolg*. Nachstehende Abbildung zeigt zur Analyse von Sportinnovationen neben den Eckpfeilern zudem ihre grundlegenden Abhängigkeiten auf; diese werden durch die von den Eckpfeilern ausgehenden Pfeile dargestellt.

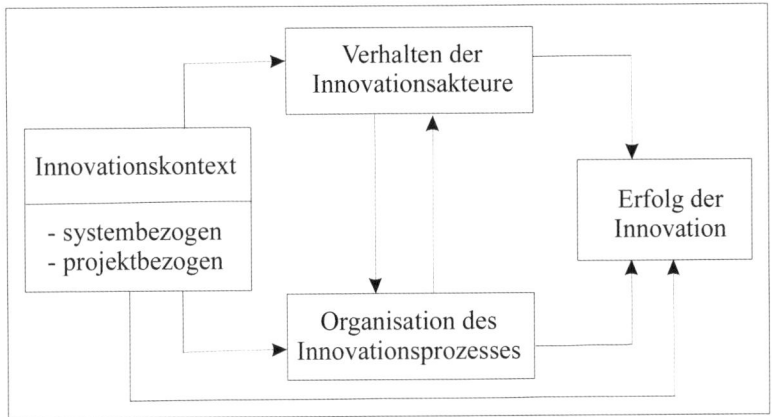

Quelle: SCHEWE/LITTKEMANN 2001, 551.

Abbildung 2: Theoretischer Bezugsrahmen

3.2.2 Eckpfeiler der theoretischen Betrachtung

Innovationskontext

Der Innovationskontext bezieht sich auf die Zulassung neuer Sportarten bei den Olympischen Spielen und sämtliche damit einhergehende Auswahl- und Entscheidungsprozesse. Diese Aspekte beschreiben den situativen Kontext der Innovation. Allgemein ist zwischen externen und internen Variablen zu unterscheiden.[20] In diesem Beitrag werden sie auch als system- und projektbezogene Kontextvariablen bezeichnet. Dabei werden Erstere insbesondere durch Eigenschaften beschrieben, die aus spezifischen Branchengegebenheiten resultieren. Projektbezogene Kontextvariablen hingegen beziehen sich auf das jeweilige Innovationsprojekt, d. h. auf spezielle Innovationscharakteristika, die durch das innovierende System gestaltet werden. Die jeweils neue Sportart spielt analog zu den Branchencharakteristika bei

---

[20] Vgl. KIESER/KUBICEK 1992, 60 ff. Dabei sind externe Variablen vom innovierenden System nicht zu beeinflussen, interne schon.

Unternehmensinnovationen eine zentrale Rolle. Wie bereits erwähnt, sind neue Sportarten als Produktinnovationsprojekt zu klassifizieren und gehen so in den Innovationskontext ein. Die kann aber auch für Änderungen des Regelwerks einzelner Sportarten als Verfahrensinnovation erhoben werden.

Verhalten der Innovationsakteure

Der Weg zur Aufnahme einer neuen Sportart bei Olympia ist mit zahlreichen Widerständen behaftet. Da nahezu jede neue Entwicklung zunächst auf Widersacher stößt, müssen sich die Verbände und Institutionen gegen oftmals erhebliche Innovationsbarrieren zur Wehr setzen. Um diesen Widerständen dauerhaft zu begegnen, sind Innovationsakteure nötig, die nachhaltig Beharrungswiderstände, Wissensdefizite und administrative Barrieren überwinden.[21] Diese sind als Promotoren der Innovation auch im Olympischen Sport zu finden. Allerdings haben hierbei nicht nur die Sportler und Athleten eine Promotorenfunktion inne, sondern in erster Linie Personen in den nationalen und internationalen Verbänden, denen ein weitreichender Einfluss zukommt. In letzter Instanz kann auch ein Mitglied des IOC als Promotor zur Förderung einer neuen Sportart fungieren, in dem es sich in besonderem Maße für die Aufnahme dieser Sportart in das Olympische Programm engagiert.[22] Wird im Folgenden vom Verhalten der Innovationsakteure gesprochen, so wird primär das Verhalten von Promotoren innerhalb der nationalen und internationalen Verbände betrachtet. Sie betreiben durch zahlreiche Anstrengungen einen sog. *innovation push*, um die von ihnen präferierte Sportart mit allen zur Verfügung stehenden Maßnahmen und Strategien in das Olympische Programm zu bringen.

Organisation des Innovationsprozesses

Die Organisation des Innovationsprozesses wird vielfach als entscheidender Faktor für die erfolgreiche Umsetzung einer innovativen Idee gesehen.[23] Dies gilt auch für Innovationen im Olympischen Sport. So ist beispielsweise zur Aufnahme einer neuen Sportart in das Olympische Programm die Koordination zahlreicher Aktivitäten zwischen den einzelnen nationalen und internationalen Verbänden notwendig. Diese wirken sich auch auf den Innovationsprozess und seine Organisation aus, so

---

[21]   Vgl. SCHEWE/LITTKEMANN 2001, 552.

[22]   An dieser Stelle muss aber auch gesehen werden, dass IOC-Mitglieder ebenso als bedeutende Opponenten einer neuen Sportart gelten können. Vgl. z. B. zum Vorwurf der Korruption KISTNER/WEINREICH 2000.

[23]   Vgl. SCHEWE/LITTKEMANN 2001, 552.

dass ein strukturiertes Projektmanagement notwendig wird. Allerdings darf nicht nur die Strukturierung des Innovationsprojektes als einziger Aspekt gesehen werden.[24] Vielmehr ist auch die Frage zu beantworten, ob sich die am Innovationsprozess beteiligten Personen – nämlich Vereine, Verbände und die Sportler selber – der Tragweite der Innovation bewusst sind.[25]

Innovationserfolg

Die Sicherstellung des Innovationserfolgs ist auch bei Sportinnovationen oberste Zielsetzung. In dieser Untersuchung liegt die zu analysierende Erfolgsdimension in der Aufnahme und Zulassung einer jungen Sportart zu den Olympischen Spielen. Da sich zumeist mehrere neue Sportarten um die Aufnahme ins Olympische Programm bewerben, kann der Innovationserfolg anhand der qualitativen Überlegenheit einer neu zugelassenen Sportart bewertet werden. Das bedeutet, dass eine neu zugelassene Sportart gegenüber einer nicht zugelassenen einen qualitativen Vorteil erlangt. Dieser Referenzmaßstab ist subjektiv betrachtet die individuelle oder institutionelle Zufriedenheit der Innovationsakteure mit der Erreichung der a priori gesetzten Innovationsziele. Er bewertet somit den Erfolg bzw. Misserfolg der neuen Sportart.

Dabei kann der Innovationserfolg unter mehreren Aspekten betrachtet werden: ein erster Erfolg sind die internationalen Anstrengungen zahlreicher Verbände, die eine globale Ausdehnung ihrer Sportart überhaupt erst ermöglichen. Der nächste Schritt ist die Belohnung dieser Anstrengungen durch die Aufnahme der neuen Sportart in das Olympische Programm. Als weiterer Innovationserfolg gilt dann die offizielle Zulassung sowie die tatsächliche erstmalige Teilnahme der neuen Sportart bei den Olympischen Spielen. Vor dem Hintergrund der zugrunde liegenden Thematik ist jedoch die dauerhafte Etablierung der jungen Sportart bei den Olympischen Spielen als größter Innovationserfolg zu werten.

Ausgehend von der Darstellung der einzelnen Eckpfeiler des theoretischen Bezugsrahmens erfolgt nun die Analyse des Innovationserfolges der untersuchten Sportarten. Dazu wurden neben Literaturrecherchen Befragungen bei den zuständigen Ver-

---

[24] Vgl. Gemünden/Lechler 1997.
[25] Vgl. HAUSCHILDT 1986, 62 ff.

bänden und auch NOKs durchgeführt.[26] Die grundlegenden Aspekte der Erfolgsanalyse sind in der nachstehenden Tabelle aufgeführt. Im folgenden Abschnitt werden die einzelnen Sportinnovationen bei Olympia näher analysiert. Dabei wird neben der Entwicklung und Organisation der jeweiligen Sportart insbesondere auf die Analyse der Innovationserfolges unter Einbeziehung der einzelnen Eckpfeiler eingegangen.

Tabelle 1: Aspekte der Erfolgsanalyse

Innovationskontext	Aufnahme neuer Sportarten in das Olympische Programm
	Zulassung neuer Sportarten zu den Olympischen Spielen
Organisation der Innovation	International anerkannte Verbände
	National anerkannte Verbände
	Vereine
Innovationsakteure	Fachpromotoren (Person, Institution mit Fachpotenzial)
	Machtpromotoren (Person, Institution mit Machtpotenzial)
Innovationserfolg	Aufnahme (Jahr der Aufnahme der neuen Sportart vom IOC)
	Zulassung (Jahr der Zulassung der neuen Sportart vom IOC)
	Dauerhafte Teilnahme

Quelle: Eigene Darstellung.

4 Erfolgreiche junge Disziplinen bei Olympia

4.1 Beach-Volleyball

4.1.1 Entwicklung der Sportart

Kalifornien gilt als Ursprungsort des Beach-Volleyballs: Hier hat 1930 das erste Spiel stattgefunden, 1948 wurde das erste offizielle Turnier ausgetragen. Mit Be-

---

[26] Diese Befragungen basieren auf kurzen Telefoninterviews zu einzelnen speziellen Fragestellungen sowie generellen Informationen, die per Mailkontakt erfragt wurden. Zahlreiche Chroniken zu den Olympischen Winter- und Sommerspielen sowie die aktuellen Webseiten der nationalen und internationalen Verbände wurden weiterhin als grundlegende Informationsquelle zu den einzelnen Sportarten und ihrer Entwicklung genutzt.

ginn der 80er Jahre entwickelte sich Beach-Volleyball dann so rasant, dass in den USA von einem Boom gesprochen wurde. 1983 gründete sich die Association of Volleyball Professionals (AVP), die im Zuge des zunehmenden kommerziellen Erfolgs die Interessen der Sportler vertreten und die Integrität der Sportart bewahren sollte. Sie fasste Turniere zu einer AVP-Tour zusammen und veranstaltete 1986 in Rio de Janeiro erstmals ein Turnier im Ausland. Auch dort fand Beach-Volleyball immer mehr Anhänger, so dass die ersten offiziellen Weltmeisterschaften 1987 am Strand von Ipanema (Brasilien) stattfanden. In den folgenden Jahren wurde diese Sportart auch in Europa, speziell in Deutschland populär. Seit 1992 werden Deutsche Meisterschaften ausgetragen und sowohl Profis als auch Amateure und Freizeitsportler nehmen verstärkt an Turnieren teil. Den weltweiten Durchbruch erzielte Beach-Volleyball 1993 durch die Aufnahme in das Olympische Programm. 1996 wurde bei den Olympischen Spielen in Atlanta (USA) erstmals um olympische Medaillen gekämpft und auch bei den Olympischen Spielen 2000 in Sydney (Australien) war Beach-Volleyball ein Publikumsrenner.

4.1.2 Organisationsstruktur des FIVB

1947 wurde in Paris die Fédération Internationale de Volleyball (FIVB) als Repräsentant von 14 Nationen von Libaud, dem Präsidenten des Französischen Nationalverbandes gegründet.[27] Dieser wurde 1984 von Acosta-Hernandez abgelöst, womit eine neue Ära für den mächtigsten Sportverband der Welt eingeleitet wurde. Mächtig deshalb, da die FIVB selbst im Vergleich zum Internationalen Fußballverband über mehr weltweite Mitglieder verfügt und in mehr Ländern der Erde durch nationale Verbände vertreten ist. In den darauf folgenden Jahren wurden zunehmend gleichmäßige und moderne Strukturen entwickelt, die einen konstanten und direkten Kontakt zur gesamten Volleyball-Welt ermöglichten. Dieses geschah unter anderem durch die Übersiedlung des Hauptsitzes der FIVB nach Lausanne (Schweiz) in die unmittelbare Nähe des IOC.

Acosta-Hernandez wurde sehr bald als Botschafter für Volleyball angesehen und trieb den Sport mit weltweiten Wettkämpfen in allen fünf Kontinenten voran. Die

---

[27] Die 14 Nationen waren Belgien, Brasilien, Tschechoslowakei, Ägypten, Frankreich, Niederlande, Ungarn, Italien, Portugal, Polen, Rumänien, Uruguay, Yugoslawien und USA; vgl. hierzu und im Folgenden auch www.volleyball.org/fivb.

schnelle Entwicklung dieser Sportart erforderte eine immer größere Zahl an Personal, um die Administration des Verbandes zu leiten, alle angeschlossenen Mitglieder zu verwalten und den Sport voranzutreiben.[28] Die FIVB hat das Ziel, weltweit alle Arten von Volleyball und Beach-Volleyball durch Planung, Organisation, Marketing und Promotionsaktivitäten zu managen und sie zu Weltsportarten zu entwickeln. In Kooperation mit seinen 218 angeschlossenen Verbänden will die FIVB diese Ziele vorantreiben.

4.1.3 Innovationserfolg

Art der Produktinnovation
Die Produktinnovation des Beach-Volleyballs liegt in der Abänderung des regulären Volleyballs durch Begrenzung des Spiels auf ein Zweier-Team sowie das Spielen auf Sand.[29] Zudem wurde quasi als Verfahrensinnovation für die Qualifikation zu den Olympischen Spielen eine weitreichende Änderung des Qualifikationsmodus vorgenommen, der bereits für die Spiele 2004 in Athen Gültigkeit haben wird. Um allen Kontinenten eine Teilnahme-Möglichkeit zu geben und damit der weltumspannenden Idee der olympischen Bewegung zu entsprechen, wird nun von jedem Kontinent mindestens ein Duo bei den Olympischen Spielen vertreten sein. Die Voraussetzung dafür ist, dass ein Team an mindestens acht World-Beachturnieren teilgenommen hat. Weiterhin werden bei den Männern und Frauen die 24 besten Mannschaften der Weltrangliste für die Olympischen Spiele qualifiziert sein, wobei sich pro Land maximal zwei Teams qualifizieren.[30]

Innovationsakteure
Die Anerkennung bei den Olympischen Spielen in Atlanta als offizielle Disziplin war das Resultat jahrelanger Anstrengungen des Präsidenten und der FIVB, die skeptischen IOC-Mitglieder am Anfang zu überzeugen, dass dieser spektakuläre Sport einen Olympia-Medaillen Status verdient hat. Insgesamt ist die FIVB mit ihren gefestigten Organisationsstrukturen und seinen 218 Verbänden als starker Promotor zur Förderung des Beach-Volleyballs zu sehen. Insbesondere Acosta-

---

[28] Vgl. z. B. www.beachvolleyball.at, siehe auch www.volleyball.org/fivb.
[29] Neue Regelungen wurden dabei u. a. auch für die Spielfeldgröße sowie das Punktezählsystem festgesetzt. Nach neuesten Regelungen gilt das Rally-Point-System als offizielle Zählweise.
[30] Zu den Regeländerungen siehe u. a. www.volleyball.org/fivb und www.beach-volleyball.de.

Hernandez kam durch seine Sonderstellung als Botschafter und sein dement-sprechend hohes Ansehen eine große Machtpromotorenrolle zu.

Innovationserfolg

Fast 46 Jahre nach der Gründung der FIVB wurde Beach-Volleyball 1993 in das Olympische Programm aufgenommen und bereits drei Jahre später erfolgte die erste Zulassung bei den Spielen in Atlanta. Der Erfolg dieser Wettkämpfe war gewaltig und wurde durch die erneute Teilnahme dieser Sportart 2000 in Sydney noch ge-steigert. Die damit einhergehende fixe Nominierung von Beach-Volleyball als Olympische Disziplin kann somit als Innovationserfolg auf ganzer Linie bewertet werden. Dazu beigetragen hat im Wesentlichen die fest etablierte Organisations-struktur des Verbandes sowie die zunehmende Beliebtheit der Sportart an sich.

4.2   Snowboarding

4.2.1 *Entwicklung der Sportart*

Snowboarding gilt als Trendsportart der 80er und 90er Jahre, die eine rasante Ent-wicklung erlebte.[31] Die Wurzeln des Snowboardens liegen in den 60er Jahren in Michigan (USA), als der Wellenreiter Sherman Poppen mit dem Wunsch, das *Surfen* auch im Winter zu ermöglichen, den sog. *Snurfer* erfand.[32] 1981 fand in Nordamerika der erste Snowboard-Wettbewerb statt und 1982 starteten die US-Meisterschaften in Woodstock. Bis zur ersten Weltmeisterschaft der Snowboarder dauerte es allerdings noch drei Jahre: 1985 richtete die International Snowboard Federation (ISF) eine WM in Livigno (Italien) und St. Moritz (Schweiz) aus. 1998 nahmen die ersten Snowboarder mit den Disziplinen Halfpipe und Riesenslalom an den Olympischen Winterspielen in Nagano (Japan) teil.

---

[31] Die Sportart Snowboarding verzeichnet nicht nur bei Olympia einen zunehmenden Boom. Auch auf der Liste der angesagten Sportarten im Freizeitbereich behauptet sich Snowboarding auf dem dritten Platz hinter Beach-Volleyball und Inline-Skating, vgl. MEIER 2002, 52.

[32] Der *Snurfer* ist eine Art Wasserski mit Halteleine und ist aus den Wörtern *Snow* und *Surfer* zusammengesetzt. Jedoch zeigten sich bei diesem *Ur-Snowboard* mangels Bindung, richtungs-stabilisierenden Finnen und Stahlkanten bald erhebliche Mängel. So wurden schließlich die Surfer Jake Burton Carpenter und Tom Sims zu den wahren Begründern des Snowboardens. Sie bauten neue Snowboards mit flexiblem Holzkern, Schalenbindungen und Seitenfinnen.

4.2.2 Organisationsstruktur

Beim Snowboarding existieren zwei Dachorganisationen: die Fédération Internationale de Ski (FIS) und die International Snowboarding Federation (ISF). Die FIS wurde 1924 während der ersten Olympischen Winterspiele in Chamonix (Frankreich) mit 14 Mitgliedernationen gegründet und galt 70 Jahre lang als reine Skivereinigung. Erst 1994 reagierte die FIS auf den zunehmenden Boom des Snowboarding und erkannte diese Sportart auch als eine offiziell sanktionierte Disziplin für die Olympischen Spiele an. Seitdem gilt die FIS als internationaler Verband für diesen jungen Sport. Heute sind ihr insgesamt 101 nationale Skiverbände angeschlossen.

Da auf Seiten der Snowboarder jedoch ein gewisser Unwillen bestand, den FIS als Dachverband ihrer Sportart zu akzeptieren, erfolgte 1990 die Gründung der ISF. Schnell gab es mehr als 40 Nationalverbände weltweit, die unter dem Dach der ISF zusammengeschlossen waren. Dabei steht der ISF auf insgesamt vier Säulen: Zum einen die aktiven Rennläufer mit der Pro Snowboarders Association (PSA), dann die nationalen Verbände mit der International Snowboard Association (ISA), die Wintersportorte mit der International Snowboard Resorts Association (ISRA) und die Industrie, vertreten durch die Snowboard Industry Federation (SIF).[33] Bei der ISF gibt es im Gegensatz zur FIS keine Nationalmannschaften. Dafür ist die Experimentierfreudigkeit dieser dynamischen Organisation sehr ausgeprägt. So werden neue Disziplinen einfach in das Renngeschehen integriert, und, falls diese sich nicht bewähren, im folgenden Jahr wieder abgesetzt.

Auch wenn Snowboarding nach und nach von der restlichen Skiwelt als sportliche Disziplin anerkannt wurde, wehrte die ISF alle Kooperationsbemühungen ab. Deswegen beschloss die FIS 1994 die Durchführung eines eigenen Weltcups, um die Snowboarder mit der restlichen Skiwelt zu verbinden, so dass 1996 die erste FIS-WM in Lienz (Österreich) stattfinden konnte. Doch der ISF blieb stur und boykottierte mit allen Fahrern das Rennen. Als Snowboarding 1995 in Karuizawa (Japan) in die olympische Familie aufgenommen wurde, *mussten* sich beide Verbände um eine Kooperation bemühen und fanden zumindest für die Olympia-Qualifikation einen Kompromiss. So hob die ISF ihren Boykott vorübergehend auf, kehrte jedoch

---

[33] Vgl. hierzu HATJE/STEINER 1995, 94 f.

bald wieder auf ihren Konfrontationskurs zurück. An eine gemeinsame Lösung ist bislang nicht zu denken.

4.2.3 Innovationserfolg

Art der Produktinnovation
Als Innovation des Snowboarding ist das Skifahren auf einem Brett zu sehen, dass aus einer Abwandlung des Surfens entstanden ist.

Innovationsakteure
Betrachtet man die olympische Entwicklung des Snowboarding, so trifft man auf verschiedene Innovationsakteure. Zunächst ist die FIS zu nennen, die sich seit 1994 verstärkt für diesen Sport einsetzt und ihm sogar das Tor zu Olympia öffnete. Auch heute trägt die FIS entscheidend zur Förderung des Nachwuchses und der Sportart an sich bei.[34] Zugleich ist die ISF als wesentlicher Promotor des Snowboarding zu sehen. Sie geht auf die Belange der Snowboarder ein und nimmt gleichzeitig eine Promotorenrolle wahr. Doch in beiden Verbänden finden sich zahlreiche Widersacher, die zu einer konstruktiven Zusammenarbeit kaum gewillt sind. So wie sich Funktionäre und Sportler der ISF weigern, an Wettkämpfen der FIS teilzunehmen, so setzt die FIS zur Teilnahme eines Sportlers bei Olympia voraus, dass dieser auch der FIS angehört. Hier griff selbst der ehemalige IOC-Präsident Samaranch als Promotor ein und wies die FIS darauf hin, es sei das erklärte Ziel der Olympischen Spiele, dass die besten Snowboarder weltweit bei den Olympischen Winterspielen antreten sollen und nicht nur die Besten eines Verbandes.[35]

Innovationserfolg
Die Sportart Snowboarding an sich kann weltweit als großer Erfolg verbucht werden, ihr Weg zu Olympia stellt bislang nur einen Teilerfolg dar. Noch hat es die ISF nämlich nicht erreicht, in die Liste der begünstigten Verbände aufgenommen zu werden, auch wenn sie sich massiv darum bemüht, das IOC für Snowboarding zu begeistern. Die Teilnahme an den Olympischen Spielen drohte zunächst daran zu scheitern, dass die meisten der weltbesten Snowboarder im industriebeherrschten ISF organisiert waren, das IOC aber nur die traditionelle FIS als Verhandlungspart-

---

[34] Vgl. hierzu www.fis-ski.com sowie im Folgenden auch www.isf.net.
[35] Vgl. TROSIEN/STETTER 1998, 96.

ner akzeptierte.[36] Erst durch den Wechsel vom Kommerzverband zur FIS beschloss das IOC 1995, Snowboarding in das Olympische Programm aufzunehmen. Somit ist die junge Sportart über den renommierten Weltverband FIS zu Olympia gekommen, was für manchen Sportler ein eher schwerer Schritt war.

Teilnehmen dürfen nämlich nur diejenigen, die der FIS auch angehören. Das stellte viele Sportler vor die Frage, ob sie mit der FIS kooperieren sollen, was bei Snowboardern als Hochverrat angesehen wird, oder ob sie lieber auf Olympia verzichten. Doch die Werbewirksamkeit der Olympischen Spiele zeigte zumindest 1998 in Nagano ihre Macht. Seitdem versucht die ISF vehement, olympische Mitspracherechte zu bekommen. Es wurde sogar Klage beim Europäischen Gerichtshof eingereicht, um die Zulässigkeit der Monopolstellung der FIS zu überprüfen. Weiterhin forderte die ISF Vergleichsrennen zwischen beiden Verbänden, um herauszustellen, dass ihr die besseren Fahrer angehören. Trotz des Erfolges der Sportart, die auch in Salt Lake City 2002 wieder teilgenommen hat, ist der gewünschte Erfolg für den ISF im eigentlichen Sinne noch nicht vollkommen erreicht.

4.3   Triathlon

4.3.1 Entwicklung der Sportart

Triathlon entwickelte sich in rund 20 Jahren zu einem der Höhepunkte des Sportgeschehens. Die noch junge Sportart entstand Ende der 70er Jahre in den USA: 1975 fand auf Fiesta Island (Kalifornien) der erste Triathlon statt, 1978 wurde in Hawaii der erste *Ironman* gekürt. Seitdem gilt die Kombination aus dem sog. *Waikiki Swim* (3.8 km), dem Radrennen rund um die Insel (180 km) und dem Hawaii-Marathon als der bedeutendste Triathlon-Wettkampf, der auch entscheidenden Anteil an der heutigen Popularität dieses Sports hat. 1981 eroberte die Sportart auch Europa, 1989 wurden in Avignon (Frankreich) die ersten offiziellen Weltmeisterschaften ausgetragen. Die offiziellen Distanzen wurden in Anlehnung an die bereits existierenden olympischen Sportarten auf Schwimmen 1500 m, 40 km Radfahren und 10 km Laufen festgelegt.[37] Im Jahr 2000 stand Triathlon in Sydney erstmals auf dem olympischen Programm.

---

[36] Vgl. hierzu und im Folgenden TROSIEN/STETTER 1998, 95 f.

[37] Somit stellt Triathlon als Olympische Disziplin eine Kurzdistanz des ursprünglichen „Ironman" auf Hawaii dar.

4.3.2 Organisationsstruktur

Die International Triathlon Union (ITU) als Dachverband des Triathlons wurde 1989 in Avignon (Frankreich) gegründet, bei der insgesamt 37 Delegationen aus der ganzen Welt präsent waren. Zuvor waren in Europa bereits 10 Verbände zur Unterstützung der European Triathlon Union (ETU) anwesend; diese wurde 1984 in Almere (Niederlande) gegründet.[38] Heute gibt es 87 nationale Triathlonverbände, die der ETU angeschlossen sind sowie 94 Verbände, die der ITU angehören. Dabei wird jede Region durch das Executive Board der ITU repräsentiert. Das Executive Board besteht aus dem Präsidenten, dem Vizepräsidenten, dem Generalsekretär, dem Treasurer und sieben Board-Mitgliedern. Die Versammlung der ITU trifft einmal jährlich zusammen.[39]

4.3.3 Innovationserfolg

Art der Produktinnovation
Mit dem Triathlon wurde definitionsgemäß keine neue Sportart erfunden, sondern bereits vorhandene Disziplinen lediglich zu einer neuen Sportart zusammengefasst.

Innovationsakteure
Die schnelle Zulassung zu den Olympischen Spielen kann beim Triathlon insbesondere auf die gut organisierten und konstruktiv zusammenarbeitenden Verbände zurückgeführt werden. Nicht nur die ITU mit ihren 94 internationalen Verbänden ist für einen weltweit reibungslosen Ablauf verantwortlich, auch die der ETU angeschlossenen europäischen Verbände gliedern sich problemlos in diese Struktur ein.

Innovationserfolg
Kein anderer Sport hat in einer so kurzen Zeit olympischen Status erreicht wie der Triathlon. In nur sechs Jahren hat die ITU offiziell olympischen Programmstatus für Sydney erhalten, schneller als jeder andere internationale Verband in der Geschichte. Triathlon wurde 1996 als olympischer Sport anerkannt und fand zum ersten Mal im Jahr 2000 in Sydney statt. Der olympische Status wurde seit dieser Zeit bestätigt und die Sportart somit vom IOC als voller Medaillensport akzeptiert.

---

[38] Siehe hierzu www.etu.org.
[39] Vgl. Chapter 4 und 5 der ITU Constitution von April 2000.

Einen schnelleren und größeren Innovationserfolg kann man in der kurzen Zeit kaum erreichen. Ende 1998 haben 220 Frauen aus 39 Ländern und 251 Männer aus 43 Ländern bereits eine ITU Weltrangliste erreicht, in 2000 starteten jeweils 50 Damen und Herren beim Olympischen Triathlon in Sydney.

4.4   Inline-Skating

4.4.1 Entwicklung der Sportart

Inline-Skating wird weltweit als neues Element der Bewegungskultur gesehen. Bekannt wurde diese Sportart in den 60er Jahren als Rollsport. Das Roller-Skaten an sich wurde 1975 erfunden, 1980 entstanden die ersten Unternehmen und 1991 ging der Marktführer Rollerblade mit dem Benetton-Sportsystem-Konzern zusammen.[40] Anfang der 90er Jahre wurden in den USA dann die ersten Inline-Skates entwickelt, die mit ihren vier Rollen in einer Linie bekanntlich ein großer Erfolg wurden. Der neueste Trend geht in Richtung Speed-Skaten. Nach und nach kommt auch die zunehmende Professionalisierung dieser noch jungen Sportart in Gang, allerdings können in Deutschland bislang nur wenig Profisportler von diesem Sport leben.

4.4.2 Organisationsstruktur

Im Gegensatz zu den bisher beschriebenen jungen Sportarten wird Inline-Skating (noch) nicht von einem Verband auf nationaler oder internationaler Ebene vertreten. Die Organisation dieser Sportart erfolgt oftmals in Markenteams, wie z. B. Rollerblade, Fila, Roces oder Salomon. Ein grundlegendes Problem besteht darin, dass der Sport zwar eine große Popularität erreicht hat, in den meisten Ländern die Verbände allerdings nicht allzu aktiv sind und zudem die Mittel dafür fehlen.[41] Insofern besteht ein enormer Nachholbedarf, insbesondere was eine vom IOC international anerkannte Vereinigung betrifft, die eine Zulassung zu den Olympischen Spielen begleitet. Hier müssen sich die bereits existierenden Verbände zu einer angesehenen internationalen Vereinigung formieren, umso den Grundanforderungen des IOC gerecht zu werden. Einige anfängliche Schritte in diese Richtung verzeich-

---

[40] Vgl. LOHRE 1998, 103.
[41] Siehe hierzu NZZ Online vom 2. 7. 2001 unter www.nzz.ch.

net z. B. die International Inline Skating Association (IISA) oder auch die Fédération Internationale de Roller Sports (FIRS).[42]

4.4.3 Innovationserfolge

Art der Produktinnovation
Betrachtet man den Innovationsaspekt beim Inline-Skating, so ist genau genommen der Trend neu und nicht der Sport an sich. Jedoch lässt sich die veränderte Konstruktion der Rollen in einer Linie als innovativ bezeichnen, da durch diese neuartige Anordnung eine weitere Erhöhung der Geschwindigkeit erreicht wird.

Innovationsakteure
Sicherlich sind die zahlreichen Markenteams als Promotoren des Inline-Skating zu nennen, die sich um Wettbewerbe und deren Finanzierung kümmern. Ein international agierender Promotor im Sinne eines globalen Verbandes fehlt jedoch bislang. Selbst die nationalen Vereinigungen sind eher spärlich gesät, so dass der bisher ausbleibende olympische Erfolg vor allem in der fehlenden organisatorischen Verzahnung dieser Sportart begründet liegt. Da nützen auch vereinzelte Sympathien von Mitgliedern des IOC nichts. Solange kein anerkannter internationaler Verband existiert, dürfte es selbst für einen so beliebten Sport schwer werden, die Zulassung für Olympia zu erlangen.

Innovationserfolg
Obwohl Inline-Skating bislang bei der Aufnahme zu den Olympischen Spielen noch keinen Erfolg erringen konnte, strebt dieser neue Trend an, in nächster Zukunft mit der Disziplin Inline-Speed-Skaten olympische Weihen zu erhalten. Für die Olympischen Spiele 2004 in Athen konnte sich die neue Sportart nicht durchsetzen, da das Executive Board des IOC 2000 die Notbremse gezogen hat.[43] Dabei wurden als Einwände gegen die Olympiareife des Inline-Speed-Skating nicht nur die bislang uneinheitlichen Wettkampfregeln genannt, sondern auch der Mangel einer Vertretung durch einen anerkannten Verband, der die nachhaltige Nachwuchsarbeit und die Einhaltung der Antidopingregeln sicherstellt.[44]

---

[42] Vgl. hierzu insbesondere www.iisa.org sowie www.rollersports.org.
[43] Vgl. u.a. www.sportgericht.de für alle neuen olympischen Disziplinen, die 2004 aufgenommen werden wollten.
[44] Vgl. DILOO (2001).

Somit hat das Inline-(Speed)-Skaten noch einen langen Weg bis zu seiner Premiere vor sich. Dies deutete der in Sydney zum IOC-Vizepräsidenten aufgerückte Thomas Bach bereits an: „Inline-Speed-Skaten ist dank der Ästhetik und Rasanz ein zweifelsfrei faszinierender Sport, dem meine große Sympathie gilt. Aber so lange kommerzielle Interessenkreise diesen Sport dominieren, wird sich das IOC sehr genau die Aufnahme des Inline-Skatens in den olympischen Sportartenkatalog überlegen."[45] Das bedeutet konkret, sollte eine Stadt den Zuschlag für Olympia 2008 bekommen, in deren Land Inline-Skating praktisch keine Resonanz findet, wird die Sportart erst auf die Olympischen Spiele in 2012 hoffen dürfen. Zunächst ist es wichtig, dass für die Gespräche mit dem IOC auf den verschiedensten Ebenen Organisationsstrukturen geschaffen werden, die Seriosität und Solidität ausstrahlen. Ob diese Kriterien der olympischen Charta in globalem Umfang erfüllt sind, werden die nationalen, kontinentalen und globalen Skating-Organisatoren selbstkritisch prüfen müssen.

4.5   Vergleichende Analyse der Erfolge

Im Anschluss an die Beschreibung der einzelnen jungen Sportarten sollen nachfolgend die für die jeweilige Innovation relevanten Eckpfeiler untersucht werden. Dabei interessiert insbesondere der Vergleich der einzelnen Innovationserfolge und eine mögliche Begründung hierfür. Da der Innovationskontext bei allen Sportarten als gleich vorausgesetzt wird, ist v. a. der jeweilige Einfluss der Organisationsstruktur sowie der Innovationsakteure auf den eigentlichen Innovationserfolg bedeutend. Um dies genauer darzulegen, werden im Folgenden die Organisationsstruktur, die jeweiligen Innovationsakteure sowie der Innovationserfolg der einzelnen Sportarten analysiert. Die nachstehende Tabelle zeigt dabei die einzelnen untersuchten Aspekte auf.

---

[45]   Siehe zum Interview mit Thomas Bach, DETMER (o. J.).

Tabelle 2: Zusammenfassung der untersuchten Erfolgsaspekte

Sportart / Variablen	Beach-Volley-ball	Snowboarding	Triathlon	Inline-Skating
Zeitrahmen				
Anfänge der Sportart	30er Jahre	60er Jahre	70er Jahre	60er Jahre: Rollsport 90er Jahre: Inline-Skating
Innovationsorganisation				
- Internationaler Verband	FIVB (1947)	FIS (1924) (1994) ISF (1990)	ITU (1989)	ISAA, FIRS
- angeschlossene Verbände	218	101 (FIS)	94	–
Innovationsakteure				
- Fachpromotor	Sportler	Sportler	Sportler	Sportler
- Machtpromotor	Acosta-Hernan. Organisation	Samaranch, Markenteams	starke Organi-sation	Markenteams
Erfolge der Innovation				
- 1. Aufnahme	1993	1995	1996	–
- 1. Zulassung	1996 Atlanta	1998 Nagano	2000 Sydney	–
- 2. Zulassung	2000 Sydney	2002 Salt Lake	2004 Athen	–

Quelle: Eigene Darstellung.

Der Vergleich der einzelnen Sportarten zeigt, dass die Bemühungen um eine Zulassung zu den Olympischen Spielen für die Sportarten Beach-Volleyball und Triathlon aufgrund der gefestigten und beim IOC anerkannten Organisationsstrukturen und den damit einhergehenden Managementbestrebungen bereits erfolgreich waren. Sie sind dauerhaft in das olympische Programm aufgenommen worden. Da Widerstand von Seiten der Verbände, der Sportler oder des IOC kaum vorhanden war, waren auch nur wenige Promotoren nötig, um die Innovation voranzutreiben. Insofern kam diesem Eckpfeiler in beiden Fällen eine vergleichsweise geringe Bedeutung zu.

Bei der Sportart Snowboarding existieren zwei internationale Verbände, von denen lediglich einer IOC-Anerkennung genießt. Eben dieser Verband kann bereits seit vielen Jahrzehnten gefestigte Organisationsstrukturen, eine intensive Nachwuchsarbeit, einheitliche Wettkampfregeln, Anti-Doping-Kontrollen und ein insgesamt der Sportart förderliches Management nachweisen. So kann auch das Drängen des IOC gegenüber den Snowboardern interpretiert werden, sich dem traditionellen Ski-Weltverband anzugliedern. Hier bestehen bereits seit mehreren Jahrzehnten derart geforderte Strukturen, die die ISF bis heute nicht aufweisen kann. Der Erfolg daraus ist ersichtlich: Snowboarding ist eine olympische Disziplin geworden, jedoch nicht mit einem von allen anerkannten Verband. Das Beispiel Snowboarding verdeutlicht, dass es für eine dauerhafte Zulassung zu den Olympischen Spielen nicht nur auf einflussreiche Befürworter und Markenteams ankommt, sondern in erster Linie auf ein klassisches Vereins- und Verbandsmanagement.

Die Sportart Inline-Skating befindet sich noch inmitten ihrer Anstrengungen, in den Augen des IOC als attraktive Sportart für Olympia zu bestehen. Jedoch fehlt es ihr bislang an einem international anerkannten Verband mit festen Organisationsstrukturen, um den Kriterien des IOC zu genügen. Problematisch ist, dass die Inline-Skater selber kaum an Vereinen und den damit verbundenen Strukturen interessiert sind. Dies ähnelt der Zeit, in der Snowboarding populär wurde: Zunächst begann der bloße Trend als anarchischer Selbstläufer, bevor er in großem Stil in die Wirtschaft einstieg. Nach und nach passten sich die Wintersportorte an und schlossen sich taktisch zusammen. Solange, bis Snowboarding dann olympisch wurde. Die Richtung im Inline-Speed-Skating verläuft nicht unähnlich. Es gibt bereits große Firmenteams wie Salomon, Bont, Rollerblade, Roces oder Fila, die den Sport unterstützen und Wettkämpfe veranstalten. Auch größere Städte reagieren auf den Trend, indem sie Möglichkeiten für Inline-Skater schaffen, ihren Sport auszuüben. Hier sind bereits einzelne Unternehmen oder Personen in die Promotorenrolle geschlüpft, die ihren Einsatz für Olympia zeigen.

Doch Profi-Markenteams allein genügen nicht. Bevor die Profiteams in der Öffentlichkeit Anerkennung finden, ist es auch im Fall des Inline-Skating notwendig, solide Organisations- und Wettkampfstrukturen aufzubauen und traditionelle Vereins- und Verbandsarbeit zu leisten. Nur so lässt sich olympische Anerkennung verschaffen. Allgemein gesehen hat das Inline-Skating gegenüber dem Snowboarding sogar eine wesentlich schlechtere Ausgangsposition. Die Sommerspiele sind durch die gestiegene Anzahl von Disziplinen bereits überbesetzt. Die Kommerzfrage ist somit eher sekundär. Davon abgesehen fehlen in kommerzieller Hinsicht dem Wettkampfskaten eher mächtige Partner, die beim IOC Druck auf Zulassung machen könnten. Der Sport bräuchte Werbeträger, Sponsoren und TV-Verträge, um den nötigen Druck auszuüben.

Doch die Befürworter der Sportart Inline-Skating können aus den Erfahrungen der anderen aufgezeigten Sportarten lernen. Deren Bestrebungen, in das Olympische Programm aufgenommen und zu den Spielen zugelassen zu werden, lassen wichtige „Erfolgstreiber" identifizieren, die möglicherweise eine Hilfestellung für die Sportinnovation des Inline-Skating sowie für zukünftige „Olympia-Kandidaten" sein können. Darunter zählen z. B. die folgenden Aspekte, auf die das Management der nationalen wie internationalen Verbände gesteigerten Wert legen sollte:

- Gefestigte und effiziente Organisations- und Managementstrukturen der nationalen und internationalen Sportverbände
- Systematische Förderung des Nachwuchses durch gesicherte Vereinsarbeit
- Wahrung des Anti-Doping-Codes sowie regelmäßige eigene Kontrollen
- Standardisierte Wettkampfregeln, die nicht nach jedem Wettkampf beliebig geändert werden können
- Weltweite Förderung der Sportart
- Idealerweise Repräsentation der Athleten durch eine einzige weltweit anerkannte Organisation
- Einflussreiche Promotoren (sowohl Machtpromotoren zur nachhaltigen Durchsetzung beim IOC als auch Fachpromotoren zur Förderung der Sportart, ihres Ansehens und der Athleten an sich)
- Weltweite Verbreitung der Sportart auf den meisten Kontinenten
- Hohe Attraktivität der Sportart für Zuschauer durch Nachvollziehbarkeit der Regeln und einem hohen Freizeitwert
- Ausgeglichenes Verhältnis von Profi- und Amateurwettkämpfern.

5   Fazit

Die Zulassung einer neuen Sportart zu den Olympischen Spielen ist von zahlreichen Faktoren abhängig. So wird von Seiten des IOC nicht nur eine weltweite Verbreitung der Sportart gefordert, sondern auch ein anerkannter internationaler Verband, der feste Organisationsstrukturen aufweist und die Nachwuchsförderung sichert. Um den strengen Auflagen des IOC nachkommen zu können, betreiben viele Verbände ein strukturiertes Management und gehen die Zulassung ihrer Sportart systematisch an. Betrachtet man diese Anstrengungen als Innovation im Olympischen Sport, so kann dies mit dem Innovationsmanagement von Industriebetrieben verglichen werden. Auch hier ist ein konstruktives Zusammenspiel von Organisationsstruktur und dem Verhalten von Innovationsakteuren notwendig, um zu einem Innovationserfolg zu gelangen.

Besonders beim Inline-Skating, das noch nicht in das Olympische Programm aufgenommen wurde, ist ein strukturiertes Innovationsmanagement notwendig. So kann der Prozess der Aufnahme und damit der Innovationserfolg eventuell beschleunigt werden. Jedoch muss diese Sportart zunächst die bislang fehlende international anerkannte Organisationsstruktur nachweisen, um den Kriterien des IOC zu genügen. Dass dies nicht der einzige Garant für eine erfolgreiche Aufnahme darstellt, zeigt das Beispiel des Snowboarding. Hinter dieser Sportart stehen quasi zwei Verbände, die mehr oder weniger in Konkurrenz stehen. Hier wäre eine Teilnahme an den Olympischen Spielen 1998 in Nagano beinahe daran gescheitert, dass verschiedene Opponenten in beiden Verbänden durch ihr Verhalten zu immensen Innovationsbarrieren geführt haben. Somit wird deutlich, dass neben einer starken Organisation internationaler Verbände auch Innovationsakteure in unterschiedlichen Promotorenrollen erforderlich sind, um Widerständen mit Nachdruck zu begegnen. Eine Variable allein reicht nicht aus, um dauerhaften Innovationserfolg zu erreichen.

Literatur

DETMER, H.P. (o. J.): Aus der - olympische - Traum?, in: www.inlinenews.de, letzter Zugriff am 07.01.2002.

DILOO, R. (2001), Olympiareif: Blutige Knie, in: Die ZEIT vom 13.06.2001.

FRENZEN, K.-H. (1988): Olympische Spiele: Geschichte, Regeln, Einrichtungen, Aachen 1988.

GEMÜNDEN, H.G.; LECHLER, T. (1997): Schlüsselfaktoren des Projekterfolgs – Eine Bestandsaufnahme der empirischen Forschungsergebnisse. In: P. KNAUTH; A. WOLLERT (Hrsg.), Praxishandbuch „Human Ressource Management" – Neue Formen betrieblicher Arbeitsorganisation und Mitarbeiterführung. Köln, 1-30.

HATJE, T.; STEINER, M. (1995): Snowboard verständlich gemacht. München.

HAUSCHILDT, J. (1986), Das Innovationsbewusstsein. In: E. STAUDT, (Hrsg.), Das Management von Innovationen, Frankfurt, 62-68.

IOC (Hrsg.) (2000), Final Report on the XXVIIth Olympiad, Lausanne.

IOC (Hrsg.) (o. J.), Olympische Charta.

KIESER, A.; KUBICEK, H. (1992): Organisation. 3. Auflage. Berlin, New York.

KISTNER, T.; WEINREICH, J. (2000): Der olympische Sumpf. München.

LOHRE, G. (1998), Trendsport-Marketing am Beispiel von Inline-Skating unter Berücksichtigung ökonomischer und organisatorischer Dimensionen. In: G. TROSIEN, (Hrsg.), Globalisierung und Sport: Business, Entertainment, Trends, Aachen, 103-108.

MEIER, F. (2002), Freiheit und Abenteuer, in: WirtschaftsWoche, Nr. 1/2, 52.

RITTBERGER, V.; BOEKLE, H. (1997), Das Internationale Olympische Komitee – eine Weltregierung des Sports? In: O. GRUPE, (Hrsg.), Olympischer Sport: Rückblick und Perspektiven. Schorndorf, 127-156.

SCHEWE, G.; LITTKEMANN, J. (2001), Der Weg zum Erfolg: Eine Analyse von Innovationen im Sport. In: W. HAMEL; H. G. GEMÜNDEN (Hrsg.), Außergewöhnliche Entscheidungen – Festschrift für Jürgen Hauschildt. München, 549-578.

TOMLINSON, A. (1992), Olympische Spiele: Sport, Spektakel und Konsum. In: R. HORAK,; O. PENZ, (Hrsg.), Sport – Kult & Kommerz. Wien, 59-72.

TROSIEN, G.; STETTER, D. (1998), Globale Ausbreitung des Snowboardings und Entwicklungen in Deutschland. In: G. TROSIEN, (Hrsg.), Globalisierung und Sport: Business, Entertainment, Trends. Aachen, 89-102.

VEDDER, C. (1984), The International Olympic Committee: An Advanced Non-Governmental Organization and the International Law. In: German Yearbook of International Law, Vol. 27, 233-258.

WITTE, E. (1973), Organisation für Innovationsentscheidungen: Das Promotoren-Modell. Göttingen.

Internetquellen:
www.beachvolleyball.at, letzter Zugriff am 07.01.2002.
www.etu.org, letzter Zugriff am 07.01.2002.
www.fis-ski.com, letzter Zugriff am 07.01.2002.
www.iisa.org, letzter Zugriff am 07.01.2002.

www.isf.net, letzter Zugriff am 07.01.2002.
www.nzz.ch, letzter Zugriff am 07.01.2002.
www.rollersports.org, letzter Zugriff am 07.01.2002.
www.sportgericht.de, letzter Zugriff am 07.01.2002.
www.volleyball.org/fivb, letzter Zugriff am 07.01.2002.

Sportinnovationen beim IOC –
Erfolge junger Disziplinen bei Olympia

Korreferat zu Claudia C. Michalik

Marie-Luise Klein

Einführung

Frau Michalik untersucht die Bedingungen, unter denen es jungen Sportarten in den letzten Jahren gelungen ist, in das Olympische Programm aufgenommen zu werden und damit eine globale Verbreitung und Anerkennung zu finden. Die Perspektive ist vornehmlich die der Sportverbände, die umfassende Anstrengungen unternehmen müssen, um ihre Sportart erfolgreich bei den Olympischen Spielen zu etablieren.

Die Referentin vergleicht den Prozess der Einführung bei den Olympischen Spielen mit den Managementaktivitäten von Industrieunternehmen bei der Durchsetzung eines innovativen Produktes auf dem Markt. Ziel ihrer Studie ist es, durch einen Vergleich des Innovationsmanagements verschiedener Sportarten bzw. der dahinter stehenden internationalen Verbände Rückschlüsse auf entscheidende Erfolgsfaktoren zu ziehen, die wiederum für noch im Einführungsprozess stehende Sportarten Hilfestellungen geben können. Neben der Existenz von Promotoren, die sich nachhaltig für die neue Sportart und ihre Aufnahme ins Olympische Programm einsetzen, scheinen insbesondere gefestigte und effiziente Organisationsstrukturen und klare Zieldefinitionen der Sportfachverbände solche Erfolgsgaranten zu sein.

Mein Kommentar zu den Ausführungen von Frau Michalik konzentriert sich auf ausgewählte Aspekte. Ich werde einige Anmerkungen zum innovationstheoretischen Bezugsrahmen, der empirischen Basis der Studie sowie zu den abschließenden Empfehlungen machen. Darüber hinaus soll der Blick von den Sportfachverbänden noch einmal zurück auf das IOC gelenkt und einige marketingstrategischen Erwägungen bei der Erweiterung des Olympischen Programms um neue Sportarten und Disziplinen dargelegt werden. Diese Perspektive liegt angesichts der Formulierung des Vortragsthemas „Sportinnovationen beim IOC" meines Erachtens sogar näher.

1   Möglichkeiten und Grenzen des Konzepts des Innovationsmanagement

Frau Michaliks Forschungsansatz bietet eine interessante Perspektive auf aktuelle Globalisierungsprozesse im Sport. Am Beispiel ausgewählter Trendsportarten zeichnet sie den Prozess der immer schnelleren und umfassenderen internationalen Verbreitung und Akzeptanz von neuen Sportarten nach und untersucht die hinter einer erfolgreichen Etablierung stehenden Antriebskräfte und Erfolgsfaktoren. Dabei wählt sie einen ungewöhnlichen Blickwinkel. Sie betrachtet die Aufnahme oder Zulassung einer neuen Sportart bei den Olympischen Spielen als außergewöhnliches Innovationsprojekt, als innovative Handlung, das besonderer Managementanstrengungen insbesondere von Seiten der Sportfachverbände bedarf. Damit werden erfolgreiche Innovationen im Olympischen Sportprogramm auf die Aktivitäten von Einzelpersonen, Gruppen und Organisationen zurückgeführt und der konkreten einzelwirtschaftlichen Analyse und Gestaltung zugänglich gemacht.

Das Konzept des Innovationsmanagements ist ein aus der Industrie-Betriebswirtschaftslehre bekannter Ansatz (vgl. u. a. HAUSCHILDT 1997) und hat auch im Marketing-Management neuer Produkte und Marken seinen Platz (vgl. u. a. KOTLER/BLIEMEL 2001). Sportbezogen wurde der Ansatz erstmalig von SCHEWE/ LITTKEMANN (1999, 2001) ausgearbeitet, die das Management von Verfahrensinnovationen im Sport untersucht haben, wie die Einführung neuer Spielsysteme und Sporttechniken oder neuer Materialien. Frau Michalik überträgt das Konzept des Innovationsmanagements auf die internationale Etablierung neuer Sportarten, die sie als Produktinnovationen einordnet. Sie ergänzt somit das in der Sportökonomie bereits eingeführte Modell um eine weitere empirische Variante.

Zum Modell des Innovationsmanagements ist folgendes anzumerken:
- Die Autorin bzw. die Autoren kennzeichnen den von ihnen gewählten Ansatz des Innovationsmanagements als „ein einfaches kontingenztheoretisches Modell" mit den vier Eckpfeilern Innovationskontext, Innovationsakteure, Innovationsprozess und Innovationserfolg. Die grundlegenden Abhängigkeitsbeziehungen zwischen diesen vier Elementen des theoretischen Bezugsrahmens werden in einem Flussdiagramm durch Pfeile verdeutlicht. SCHEWE/LITTKEMANN verweisen darauf, dass sich ihre empirische Evidenz in einer Vielzahl von Studien gezeigt habe (2001, 553).

- Die Anschaulichkeit einfacher theoretischer Modellskizzen liegt nicht zuletzt in der Reduktion auf wesentliche Kernaussagen und Zusammenhänge. Diese Absicht steht sicher auch hinter dem hier vorgestellten Modell zur Analyse von Sportinnovationen. Allerdings ist die Modellbeschreibung mit vier gleichrangig erscheinenden Eckpfeilern etwas ungenau. Der Eckpfeiler „Erfolg der Innovation" ist als zu erklärende Variable zu betrachten und darzustellen, die von den erklärenden (explikativen) Variablen Innovationskontext, Verhalten der Innovationsakteure und Organisation des Innovationsprozesses beeinflusst wird.

- Das herangezogene Modell des Innovationsmanagements liefert dennoch wichtige Bausteine zur systematischen und vergleichenden Analyse relevanter Einflussfaktoren bei der Einführung neuer Sportarten. Seine Stärke liegt vor allem in einer Strukturierungshilfe bei der Identifizierung und Beschreibung von Einflussfaktoren, jedoch weniger bei der Analyse der eigentlichen Management*prozesse*.

- Die empirische Validierung des Innovationsmanagements von neuen Sportarten nimmt Frau Michalik auf der Basis von Struktur- und Entwicklungsdaten der betrachteten Trendsportarten vor, die sie aus einschlägigen Publikationen, Internetpräsentationen oder eigens geführten Telefoninterviews mit Vertretern der Sportverbände gewonnen hat. Um die Verhaltensweisen der Innovationsakteure und die Organisation des Innovationsprozesses z. B. unter macht- oder auch marketingstrategischen Gesichtspunkten noch differenzierter untersuchen zu können, müssten allerdings differenziertere empirische Forschungsmethoden zum Tragen kommen.

- Der von Frau Michalik vorgelegte Vergleich der unterschiedlichen Ausgangsbedingungen und Strategien junger Sportarten bei den Bemühungen um die Aufnahme in das Olympische Programm ist durchaus aufschlussreich. Er verdeutlicht insbesondere die Vorteile einer effizienten Organisationsstruktur und abgestimmten Vorgehensweise auf Seiten der Verbände. Allerdings wird der Innovationserfolg in gewisser Weise einseitig auf diese Faktoren reduziert.

- Die abschließenden Empfehlungen für Sportarten, die noch nicht die olympischen Weihen erhalten haben, sind nicht alle aus den vorgängigen Ausführungen ableitbar. Die von mir hier vereinfacht wieder gegebene Empfehlung von Frau Michalik im Sinne von „kopiert die Managementpraktiken der traditionellen nationalen und internationalen Sportverbände und kümmert Euch um mächtige Partner, sprich um Sponsoren und TV-Verträge" ist nicht so ohne weiteres realisierbar und insbesondere für Sportarten widersprüchlich, die ihren vornehmlichen Wirkungskreis außerhalb des olympischen Wettkampfbetriebes sehen. Einseitige Anpassungsstrategien rufen denn auch bei Teilen der Anhängerschaft von Trendsportarten heftige Widerstände hervor, wie Frau Michalik selbst ausführt. Es bleibt auch offen, wie man Promotoren findet, fördert und bindet.

2   Das IOC als Innovationsakteur

Frau Michalik hat in ihren Ausführungen primär die Perspektive der Sportfachverbände als Innovationsakteure herausgearbeitet. Für die institutionellen Vertreter der Trendsportarten ist der Innovationsprozess dann erfolgreich verlaufen, wenn die Sportart in das olympische Programm aufgenommen bzw. dort zugelassen worden ist. Damit endet auch der Innovationsmanagement-Prozess auf Seiten der initiierenden Organisation; die Adaption (beim Verbraucher) ist vollzogen, sie muss allenfalls durch begleitende Marketing-Maßnahmen stabilisiert werden.

Wie stellt sich der Sportinnovationsprozess demgegenüber aus Sicht des IOC dar?
Frau Michalik hat dem IOC im Managementprozess von Sportinnovationen durchaus eine wichtige, wenn nicht gar zentrale Promotorenrolle zugeschrieben. Eine andere, gleichfalls nahe liegende Perspektive wäre es, das IOC auf der Nachfrageseite einzuordnen, das unter dem Gesichtspunkt einer Optimierung des Olympischen Programms in einer Art beschaffungspolitischer Entscheidung das Angebot der Sportverbände an neuen Sportarten annimmt oder ablehnt.

Die Handlungslogik des IOC folgt dabei eigenen Marketingüberlegungen als *Produzent* bzw. *Anbieter* der Marke Olympischen Spiele. Das Angebot der Fachverbände neuerer Sportarten, bei den Olympischen Spielen durch ihre Präsens mitwirken zu wollen und diesen dadurch einen modernen Anstrich zu geben, muss daher beim IOC nicht gleichermaßen als innovativ eingeordnet werden. Dessen Interesse richtet sich darauf, die Olympischen Spiele als Marke zu erhalten bzw. weiterzuentwickeln. Als Strategie wählt das IOC ein ausgewogenes Sportarten-Portfolio, das die Attraktivität und Glaubwürdigkeit der Marke Olympischen Spiele steigern hilft, für die Zielgruppe der Zuschauer vor Ort und an den Bildschirmen, für die Sponsoren und auch für die beteiligten und sich bewerbenden Sportverbände. Die Entscheidung zur Aufnahme neuer Sportarten erfolgt – zum Teil auch abweichend von den in der Olympischen Charta festgelegten Regeln – unter Abwägung von Opportunitätskosten. Das Ergebnis der produktpolitischen Überlegungen dürfte eine Triade beinhalten von a) traditionsreichen olympischen Sportarten, wie Leichtathletik, Schwimmen, Reiten usw., b) massenhaft verbreiteten und bereits hoch professionalisierten Sportarten, wie Fußball und Tennis sowie c) von „bunten Inseln" bzw. Außenseitern, die möglicherweise das Image als „Fest der Jugend" reaktivieren. Das IOC muss bei der Inszenierung der Olympischen Spiele stets eine Balance zwischen Traditionalismus und Moderne finden, also einerseits die Tradition bewahren, die bis in die Antike reicht, gleichzeitig aber zeitgemäß sein, ohne kurzlebigen Trends aufzusitzen und bloße Lifestyle-Inszenierungen zu reproduzieren.

Bei den um Aufnahme ersuchenden Trendsportarten hat das IOC also abzuwägen, ob es sich um eine Innovation handelt, die in diesem Sinne neue Marktchancen eröffnet, z. B. durch eine bessere Verbindung von Sport und modernen Show-Elementen, wie dies beim Snowboarding offenbar der Fall ist. Auch mögliche Gefahren sind abzuwägen. Zum Beispiel, ob sich mit diesen Sportarten noch der Olympische Spirit vermitteln lässt, den die Zuschauer vor Ort als zentrales Motiv für ihr Dabeisein formulieren (vgl. MESSING/MÜLLER 1995) oder ob eine Verwässerung des Produkts Olympia durch die scheinbare Beliebigkeit des Sportartenspektrums erfolgt.

Fazit: Was sich für die eine Seite der Innovationsakteure, die Fachverbände der Trendsportarten, als innovativer Akt darstellt, muss aus Sicht des IOC nicht gleichfalls eine Sportinnovation sein. Das Konzept des Innovationsmanagements muss folglich für die einzelnen Beteiligten differenziert betrachtet werden, zugleich aber auch alle Akteure in einer umfassenden integrierten Modellbetrachtung abbilden.

Literatur

HAUSCHILDT, J. (1997): Innovationsmanagement. 2. Aufl.. München.

KOTLER, PH./BLIEMEL, F. (2001): Marketing-Management. Analyse, Planung und Verwirklichung. 10. Aufl. Stuttgart.

MESSING, M./MÜLLER, N. (1995): Veranstaltungstourismus – deutsche Olympiatouristen in Barcelona. In: Dreyer, A./Krüger, A. (Hrsg.): Sporttourismus. Management- und Marketing-Handbuch. München/Wien, 237-256.

SCHEWE, G./LITTKEMANN, J. (1999): Einführung innovativer Spielsysteme im Profifußball: Die Übertragung eines betriebswirtschaftlichen Organisationskonzeptes. In: HORCH, H.-D./SEYDEL, J./SIERAU, A. (Hrsg.): Professionalisierung im Sportmanagement. Beiträge des 1. Kölner Sportökonomie-Kongresses. Aachen, 325-336.

SCHEWE, G./LITTKEMANN, J. (2001): Der Weg zum Erfolg. Eine Analyse von Innovationen im Sport. In: HAMEL, W./GEMÜNDEN, H.G. (Hrsg.): Außergewöhnliche Entscheidungen. Festschrift für Jürgen Hauschildt. München, 548-578.

Nationale Ausrichtung unter globalem Druck: Ökonomische Implikationen des Bieterwettbewerbs um Sport-Mega-Events

Markus Kurscheidt

Zusammenfassung

Verschiedene Einflüsse haben zu einem erheblichen Anstieg sowohl des einzel- als auch des gesamtwirtschaftlichen Wertes internationaler Sportgroßveranstaltungen und einer deutlichen Verschärfung des Bieterwettbewerbes institutioneller Nachfrager um deren Ausrichtung geführt. In diesem Zusammenhang sind die global bedeutsamen sog. Mega-Events, zu denen im Sport nur die Olympischen Spiele und Fußball-Weltmeisterschaften zu zählen sind, auch in analytischer Hinsicht von besonderem Interesse. Daher untersucht der Beitrag anhand eines Kosten-Nutzen-Modells der Fußball-WM 2006 theoretisch und empirisch die Implikationen auf der volkswirtschaftlichen Ebene. Es zeigt sich, dass der globale Bieterwettbewerb und die hohen Anforderungen der Anbieter wie FIFA und IOC einen erheblichen Druck auf die nationale Eventaustragung ausüben und Ineffizienzen nach sich ziehen.

1 Einleitung

Der moderne Zuschauersport lebt essentiell von der wirkungsvollen Inszenierung von Sportveranstaltungen. Zum einen muss er seine Attraktivität gegenüber substitutiven Angeboten auf dem wegen seines Wachstums umkämpften (nationalen) Freizeitmarkt bewahren und stärken. Zum anderen verlangen die Nachfrager in der zunehmend individualisierten „Erlebnisgesellschaft" (SCHULZE 2000) entwickelter Volkswirtschaften nach außergewöhnlichen Ereignissen. Konsum- und Investitionsausgaben für Sportevents sowie für daraus abgeleitete Produkte und Dienstleistungen im erweiterten Umfeld stellen mittlerweile die Antriebsfeder für weite Bereiche der Sportmärkte und verflechtete Branchenteile außerhalb des Sports dar (vgl. KURSCHEIDT 2000a). Zudem haben verschiedene Einflüsse in der jüngeren

Vergangenheit zu einem beachtlichen Anstieg sowohl des einzel- als auch des gesamtwirtschaftlichen Wertes vor allem internationaler Großveranstaltungen im Sport geführt. Letztere erzeugen darüber hinaus vielfältige sozio-ökonomische Wirkungen, die zwar meist schwer oder gar nicht quantitativ messbar sind (sog. *intangibles*), jedoch potenziell ebenfalls werthaltige Nutzungen etwa im Hinblick auf eine Imagestärkung oder –veränderung eröffnen (vgl. u.a. PREUß 1999, 104 ff.; RAHMANN et al. 1998, 65 ff.; SCHNEIDER 1993, 128 ff.; RITCHIE 1984).

Vor diesem Hintergrund beobachtet man seit etwa Mitte/Ende der 1980er Jahre eine deutliche Verschärfung des weltweiten Bieterwettbewerbes zwischen nationalen wie regionalen Nachfragern um die Ausrichtung internationaler Sportgroßevents.[1] Es kann unterstellt werden, dass sich die ökonomischen Auswirkungen des Bieterwettbewerbs umso stärker zeigen, desto größer das Nachfragepotenzial und die öffentliche Aufmerksamkeit solcher Veranstaltungen ist. Somit sind in diesem Zusammenhang die global bedeutsamen sog. *Mega-Events*, zu denen im Sport nur die Olympischen Spiele (OS) und Fußball-Weltmeisterschaften (WM) zu zählen sind,[2] in analytischer Hinsicht von besonderem Interesse. Überdies spielen die Sport-Mega-Events aus deutscher Perspektive aktuell und voraussichtlich auf viele Jahre hinaus eine herausragende Rolle für die Sport- und Standortpolitik hier zu Lande. Denn nicht nur die Fußball-WM wurde für 2006 an Deutschland vergeben, sondern auch die Olympischen Sommerspiele könnten eventuell 2012 oder 2016 ausgerichtet werden, falls die Bemühungen einer der fünf deutschen Bewerberregionen zum gewünschten Erfolg führen.[3] Angesichts der starken internationalen Konkurrenz in solchen Eventausschreibungen und der hohen erforderlichen Infrastrukturinvestitionen muss den Verantwortlichen aus Sport, Politik und Wirtschaft

---

[1] Dies lässt sich besonders gut an den Bewerbungen um Olympische Sommerspiele festmachen. Offenkundig sind erwartbare Budgetüberschüsse des *Lokalen Organisationskomitees* sowie infrastrukturelle Stadtentwicklungsperspektiven Hauptfaktoren für den Entschluss zu einer Olympiabewerbung. Vgl. PREUß 1999, 309 ff.; RAHMANN et al. 1998, 85 f.; siehe auch KURSCHEIDT 2001c.

[2] Zu dieser Eventtypologie vgl. insbes. HALL 1992; GETZ 1991; RITCHIE 1984; siehe auch KURSCHEIDT 2000b und RAHMANN et al. 1998, 65 ff. Mittlerweile sollte man wohl die UEFA-Fußball-Europameisterschaft ebenfalls den Mega-Events zuordnen. US-amerikanische Autoren zählen auch die Topereignisse der dortigen Major League-Sportarten, wie v. a. den *Super Bowl* im US-Football hinzu, obwohl diese Events Olympiaden und Fußball-Weltmeisterschaften in der globalen Bedeutung sicherlich deutlich nachstehen. Vgl. etwa BAADE/MATHESON 2000a; PORTER 1999.

[3] Dies sind die Städte bzw. Regionen um Düsseldorf, Frankfurt, Hamburg, Leipzig und Stuttgart.

in Deutschland daran gelegen sein zu evaluieren, ob mit Sport-Mega-Events wirklich langfristige gesamtwirtschaftliche Siege oder nur ein „Fool's Gold"[4] zu erringen sind.

Angeregt durch die skizzierten Entwicklungen untersucht der vorliegende Beitrag die ökonomischen Implikationen auf der *nationalen volkswirtschaftlichen Ebene*, die durch den Wettbewerbsdruck auf der *globalen Ebene* zwischen den internationalen Bietern um die Austragungsrechte von Sportgroßveranstaltungen ausgelöst werden. Insbesondere wird, erstens, den ökonomischen Eigenschaften des Entscheidungsproblems eines Eventbewerbers sowie, zweitens, der Frage nach der sich daraus ergebenden Effizienz der institutionellen Vergabe- und Kontrollmechanismen bei Sport-Mega-Events hinsichtlich der Maximierung des sozio-ökonomischen Nutzens für die Austragungsregion nachgegangen. Zunächst werden das für Sportgroßveranstaltungen als typisch identifizierte, doppelt zweistufige Entscheidungsproblem für die Bieter theoretisch analysiert. Die weiteren Abschnitte stellen letzteres am aktuellen Beispiel der Fußball-WM 2006 in Deutschland empirisch dar. Erst am 15. April 2002 wurden die endgültigen zwölf lokalen Standorte, an denen die Spiele der WM ausgetragen werden sollen, vom Organisationskomitee 2006 (OK 2006) bekannt gegeben. Ein bestehendes volkswirtschaftliches Kosten-Nutzen-Modell wird hier so modifiziert, dass die ökonomischen Konsequenzen verschiedener alternativer Zusammenstellungen von 10 bis 12 Spielorten aus den zuletzt verfügbaren 16 Bewerberstädten simuliert und dem erwartbaren Ergebnis der tatsächlichen Auswahl des OK 2006 gegenübergestellt werden können. Die Diskussion dieser empirischen Analyse führt als Fazit schließlich zur Hinterfragung der Effizienz der Vergabe- und Kontrollmechanismen von Großereignissen durch die anbietenden Weltverbände im Sport, das Internationale Olympische Komitee (IOC) im Falle der OS und die Féderation Internationale des Football Association (FIFA) für die Fußball-Weltmeisterschaften.

2   Ökonomik von Sport-Mega-Events und Entscheidungsprobleme

2.1   Produktions- und Allokationsmerkmale

Die ökonomischen Strukturen, denen die Produktion von den hier besonders interessierenden Sport-Mega-Events unterliegt, stellen sich sehr vielschichtig dar.

---

[4]   Vgl. den Titel von BAADE/MATHESON 2000b: „Bidding for the Olympics: Fool's Gold?".

Daher müssen verschiedene ökonomisch-theoretische Erklärungs- und Beschreibungsmuster herangezogen werden. Zunächst ist für die *Nachfrageseite*, d. h. auf der Ebene und aus Sicht der bietenden ausrichtenden Region oder Nation, festzuhalten, dass es sich bei diesen Ereignissen weder um eine rein private Produktion noch um öffentliche Güter handelt. Die Austragung solcher Großveranstaltungen erfordert sowohl öffentliche wie private Inputs, betrifft eine Vielzahl von Individuen oder Interessengruppen und hat eine nennenswerte Auswirkung zumindest auf die regionale Wohlfahrt. Angesichts der erwähnten sozio-ökonomischen Effekte muss weiterhin von einem hohen Maß an tangiblen und intangiblen Externalitäten ausgegangen werden. Schließlich verursacht die erforderliche anspruchsvolle (Sport-)Infrastruktur hohe subadditive Fixkosten, so dass man die Produktion von Sportgroßereignissen durchaus als *natürliches Monopol* einordnen kann. Dem liegt die Überlegung zugrunde, dass – wie KÉSENNE/BUTZEN (1987) gezeigt haben – große Sportstätten tendenziell die typische Kostenstruktur eines (regionalen) natürlichen Monopols aufweisen (siehe auch SCHNIEDER 1997). Für Sport-Mega-Events müssen in der Regel mehrere neue Sportstätten speziell errichtet werden. Dominieren diese Infrastrukturinvestitionen die Gesamtkosten der Veranstaltungen, was in der Regel der Fall ist,[5] kann auf eine Produktionstechnologie geschlossen werden, die der eines natürlichen Monopols nahe kommt. Würdigt man diese ökonomischen Merkmale von Sport-Mega-Events in der Gesamtschau, so sind sie auf Grund einer Reihe von Marktunvollkommenheiten als öffentliche Großprojekte (sog. *major public projects*) zu charakterisieren. Dies ist insbesondere bei singulären Großereignissen der Fall, deren Einmaligkeit[6] aus Sicht der austragenden Region oder Nation das Projektcharakteristikum eines temporär und geografisch begrenzten Wirkungsbereichs untermauert.

Von der *Angebotsseite* her, d. h. auf der Ebene und aus Sicht der internationalen Dachverbände wie FIFA und IOC, sind Sport-Mega-Events nicht einmalig und sollten dies aus ökonomischen Gründen auch nicht sein. Es handelt sich um Veranstaltungsserien, die ein Markenprodukt darstellen und über welche die jeweiligen Anbieter das exklusive Verfügungsrecht der Vergabe an Ausrichter für ein bestimmtes Veranstaltungsjahr halten. Der Serien- und Markencharakter ist für eine

---

[5]   Für Olympische Sommerspiele vgl. dazu PREUß 1999; zu Fußball-Weltmeisterschaften siehe die hier präsentierten Zahlen im Anhang.

[6]   Die wiederholte Austragung eines Sport-Mega-Events kann nur sehr bedingt und wenn in großen Zeitabständen von ca. 30 Jahren geplant werden. Vgl. RAHMANN et al. 1998, 90; siehe auch PREUß 1999.

langfristig stabile Nachfrage von hoher Bedeutung und spart die Transaktionskosten, die bei einem Einzelevent durch die Etablierung des neu zu vermarktenden Labels anfallen. Die FIFA und das IOC sind somit *monopolistische Anbieter* in ihrem Marktsegment für (Sport-Mega-)Events (vgl. BAADE/MATHESON 2000b; KURSCHEIDT 2000b). Die institutionelle Konstellation, die zu der Produktion einer Veranstaltung der Serie an einem bestimmten Ort führt, ähnelt einem Franchising-System.[7] Nur im Gegensatz zu letzterem, welches inhärent auf eine langfristige Beziehung zwischen den beiden Vertragspartnern ausgerichtet ist, gilt der Kontrakt zwischen dem Ausrichter und Dachverband nur über ein Event aus der Serie in einem bestimmten Jahr und beinhaltet sogar explizit die Liquidation des lokalen OK.[8] Überdies sieht sich der potenzielle Ausrichter im Vorfeld des Vertragsabschlusses einem (engen) oligopolistischen Wettbewerb um das Austragungsrecht im Rahmen eines *auktionsähnlichen Vergabeverfahrens* gegenüber. Die globale Konkurrenz zwischen den Bietern hat im Zuge der gestiegenen Nachfrage nach Sport-Mega-Events noch zugenommen. Zugleich erhöht dies insofern die Komplexität des Verfahrens, als die Gebote der Interessenten nicht wie bei den üblichen Auktions- und Ausschreibungsformen an gut beobachtbaren (Einzel-)Größen wie Preise und Kostenaufstellungen für ein mehr oder weniger genau definiertes Leistungspaket bzw. Auktionsobjekt festgemacht werden können.[9] Es handelt sich vielmehr um relativ individuelle Angebote der Eventgestaltung in der Einflusssphäre des Bieters. Diese besteht aus einer Vielfalt von Merkmalen und Argumenten wie den Umfang, die Gestaltung und Verteilung von Sportstätten zur Durchführung der Wettkämpfe, diverse Konzepte zur Organisation von Teilaufgaben der Veranstaltungsaustragung sowie ein bestimmtes Eventmotto etc. Mithin bestehen die Gebote aus einem *Leistungspaket* von zahlreichen Qualitätsmerkmalen, die nur schwerlich mit einem konkreten „Preis" zu beziffern wären.

Um die Erfolgschancen seines Gebotes zu wahren bzw. noch zu erhöhen und um sich letztlich gegen die Wettbewerber durchzusetzen, hat ein Bieter nicht unerhebliche *transaktionsspezifische Investitionen* zu tätigen. Er muss zunächst für seine Bewerbungsidee in seinem Umfeld werben und Partner für die Zusammenstellung

---

[7] Vgl. zu der ökonomischen Natur von Franchising-Systemen etwa PICOT/DIETL/FRANCK 1999, 182 ff.; KUNKEL 1995.

[8] Vgl. FIFA 1999 für Fußball-Weltmeisterschaften.

[9] Vgl. etwa den vielzitierten Überblicksartikel von MILGROM 1989. Die „üblichen" Auktions- bzw. Ausschreibungsformen unterscheiden sich in den Regeln, wie der Preis bzw. das minimale Kostenangebot institutionell ermittelt wird.

des Leistungspaketes für das Gebot finden. Hier entstehen bereits Kosten, die sich noch deutlich erhöhen um die Aufwendungen für die eigentliche Bewerbungskampagne und gegebenenfalls um Infrastrukturinvestitionen schon in der Bewerbungsphase, die sein Interesse an dem Event sowie seinen hohen Vorbereitungsstand glaubhaft signalisieren. Für die Ziele des Anbieters der Eventaustragungsrechte sind diese transaktionsspezifischen Investitionen von großem Interesse, da sie sein Risiko hinsichtlich einer grundlegend falschen Bieterwahl sowie eines ex post nachlässigen oder mutwilligen Fehlverhaltens des lokalen Ausrichters minimieren (*adverse selection* und *moral hazard*).[10] Der Anbieter kann diese für ihn ohnehin vorteilhafte Situation noch weiter zu seinen Gunsten beeinflussen, indem er die Notwendigkeit und Anreize für transaktionsspezifische Investitionen in dem Vergabeverfahren noch verstärkt. Faktisch geschieht dies auch im Falle von Sport-Mega-Events infolge des gestiegenen Bieterwettbewerbes. Die FIFA und das IOC haben sukzessive die Qualitätsanforderungen an die Austragungspläne der Bewerber „nominal" erhöht. Weiterhin tragen sie aktiv zu einer wettbewerbsgetriebenen Qualitätsspirale der Gebote bei, indem sie weder die aus ihrer Sicht tatsächlich relevanten Entscheidungskriterien der Vergabe noch deren Gewichtung interpersonell transparent offen legen. Dieses Verhalten erweitert ihren diskretionären Handlungsspielraum, verschärft die Informationsasymmetrie zwischen Anbieter und den Nachfragern sowie unter den Bewerbern und steigert die Unsicherheit der Bieter über die relative Güte ihres Gebotes.

Einerseits trägt diese ökonomische Konstellation zwar zur Sicherung der Effizienz und Kontinuität der gesamten Veranstaltungsserie in dem Sinne bei, dass sie die Interessenangleichung zwischen Anbieter und örtlichen Eventausrichter fördert. Die Durchführung der Veranstaltung in minderer Qualität oder gar ein kurzfristiger Ausfall des Ereignisses in einem bestimmten Jahr könnten die Reputation und damit die Werthaltigkeit der Eventserie insgesamt massiv beschädigen. Andererseits darf das Drohpotenzial, über welches der Anbieter durch die transaktionsspezifischen Investitionen des Bieters als Pfand verfügt, nicht zu groß werden (*hold up-Risiko* für den Ausrichter).[11] Denn wenn die Höhe und Gefahr von versunkenen Kosten

---

[10] Vgl. analog PICOT/DIETL/FRANCK 1999, 182 ff., zur Analyse der allgemeinen Vertragsbeziehung zwischen Franchisegeber und Franchisenehmer in einem idealtypischen Franchising-System.

[11] Vgl. wiederum PICOT/DIETL/FRANCK 1999, 182 ff., zu analogen Problemen in üblichen Franchising-Systemen und DIETL/PAULI 2001 zu Investitionen in Fußballstadien.

(*sunk costs*), die der potenzielle Ausrichter bei stark verändertem oder Nicht-Zu-
standekommen der Transaktion in Kauf nehmen muss, ein „faires" Maß in der
Vertragsbeziehung übersteigt, leidet ebenfalls die Reputation sowohl des Anbieters
als Vertragspartner als auch der Veranstaltungsserie als solche. Es bestünde die Gefahr, dass die Nachfrage nach Events der Serie gänzlich abbricht, weil die Ziel-
setzungen der Bieter zu stark beeinträchtigt werden.[12] Um diese Problematik und
Effizienzimplikationen im Weiteren am Beispiel einer Fußball-Weltmeisterschaft
auch empirisch untersuchen zu können, ist die Perspektive und das Entscheidungsproblem eines potenziellen WM-Ausrichters von besonderem Interesse und genauer
zu betrachten.

2.2 Zweistufiges Entscheidungsproblem eines WM-Bewerbers

Es kann unterstellt werden, dass mit der Ausrichtung von Sport-Mega-Events von
Seiten der Bieter die *Maximierung des sozio-ökonomischen Nutzens* für die Austragungsregion verfolgt wird. Diese Annahme ist insofern plausibel, als die Organisa-
toren im engeren Sinne, d. h. die jeweiligen nationalen Sportverbände bzw. die von
ihnen zu gründenden Organisationskomitees, für die Durchführung der Veranstaltung – auf Grund des beschriebenen Charakters eines öffentlichen Großprojekts –
auf eine breite Unterstützung in der Bevölkerung und aus der Politik angewiesen
sind. Somit ist unter dem lokalen Ausrichter der Veranstaltung im weiteren Sinne
ein gemischt öffentlich-privates, gesellschaftliches „Organisationsnetzwerk" zu verstehen. Auch wenn hier noch andere Partikularinteressen eine Rolle spielen, so profitieren grundsätzlich alle Beteiligten von einer „gelungenen" Eventorganisation
und haben sicherlich keinen Vorteil von einer veranstaltungsbedingten Wohl-
fahrtsminderung. Will nun ein nationaler Fußballverband, als bewerbungsleitende
Organisation, bzw. ein Land eine FIFA-Weltmeisterschaft ausrichten, sieht er bzw.
es sich – rationale Planung vorausgesetzt – einem *doppelt zweistufigem Entscheidungsproblem* gegenüber. Auf der ersten Stufe muss zunächst anhand sozio-öko-
nomischer Kriterien geklärt werden, ob der erwartbare gesellschaftliche „Wert" der
Veranstaltung eine Bewerbung für die austragende Nation rechtfertigt. Weiterhin
gilt es aus strategischen Gesichtspunkten abzuwägen, ob die verfügbaren Ressourcen, politischen Konstellationen, Stärken der Mitbewerber etc. (interne und externe

---

[12] Dieser Effekt könnte beispielsweise eine Rolle gespielt haben bei der schwachen Nachfrage
nach OS in den 1970er Jahren. Siehe zu dieser Entwicklung PREUß 1999, 309 ff.

Organisationsanalyse) gute Chancen einer erfolgreichen Bewerbung versprechen. Letzteres liefert eine (subjektive) Einschätzung über die erwartete Höhe transaktionsspezifischer Investitionen und somit über das Risiko versunkener Kosten. Eine tendenziell positive Bewertung beider Ebenen würde für ernsthafte Bemühungen um die WM sprechen.

Um den „Wert" von Sport-Mega-Events zu bestimmen, haben sich die meisten Untersuchungen bisher auf den gesamtwirtschaftlichen Impakt des eventinduzierten Impulses konzentriert. Sie stützten sich vornehmlich auf makroökonomische Ausgabenmodelle im Rahmen von (einfachen) *Multiplikator-* und *Input-Output-Analysen*. Diese Ansätze (1) unterscheiden jedoch nicht klar zwischen positiven und negativen Auswirkungen des untersuchten Events, (2) beschränken sich oftmals auf kurzfristige Effekte, und selbst wenn ein längerer Zeithorizont berücksichtigt wird, können die langfristigen Wirkungen nicht konsistent intertemporal evaluiert werden, (3) vernachlässigen die erwähnten intangiblen Effekte, und (4) liefern kein theoretisch fundiertes Entscheidungskriterium (vgl. KURSCHEIDT 2001a und b). Demgegenüber wurde die *Kosten-Nutzen-Analyse (KNA)* explizit für diese Analyseanforderungen eines öffentlichen Großprojektes oder staatlichen Ausgabenprogramms entwickelt. Obwohl in der Praxis der Impaktanalyse noch die anderen Ansätze dominieren, befürworten Sportökonomen daher zunehmend die KNA als am besten geeignete Methodik zur *Entscheidungsunterstützung* bei Großevents, auch und gerade im Vorfeld der Austragung (vgl. u. a. KÉSENNE 1999a u. b; PREUß 1999; MAENNIG 1998; RAHMANN et al. 1998 und auch schon THÖNI 1984).

Die KNA kann als eine gesellschaftliche Investitionsrechnung bzw. -analyse für öffentliche Großprojekte charakterisiert werden, die auf eine rationale Entscheidungsfindung über die Ressourcenallokation nach dem Opportunitätskostenprinzip und ökonomischen Wohlfahrtskriterien ausgerichtet ist. Sie fußt auf einer flexiblen, klaren Analysestruktur zur Klassifizierung der Projektwirkungen in direkte vs. indirekte sowie tangible vs. intangible Kosten und Nutzen, wodurch die KNA sowohl qualitative wie quantitative Wirkungen gleichermaßen in einem geschlossenen methodischen Rahmen berücksichtigt. Nichtsdestotrotz ist ihr quantitativer Teil mit dem sog. *Nettogegenwartswert (NGW)* das Herzstück der KNA: eine hochaggregierte Kennziffer, die alle quantifizierbaren positiven und negativen Effekte des Projekts in einer einzigen monetären Größe abbildet. Sie wird durch die Aufsummierung aller diskontierten Nettonutzen, d. h. Nutzen minus Kosten, im Verlauf eines definierten Planungshorizonts errechnet. Nach dem *Kaldor-Hicks-Wohlfahrtskriterium* sollte ein positiver NGW eine Befürwortung des Projekts zur Folge haben, da somit zumindest potenziell eine Paretooptimalität hergestellt werden könnte. Denn die „Gewinner" des Projekts verfügen dann über die Mittel, „Verlierer" zu kompensieren und immer noch einen Nutzenzuwachs zu verzeichnen. Theoretisch sollte sich das Projekt mit dem höchsten positiven NGW gegen *alle* denkbaren Alternativprojekte durchsetzen (Opportunitätskostenprinzip), was sich jedoch in der Praxis aus analyse- und informationsökonomischen Gründen kaum realisieren lässt. Letztlich handelt es sich insbesondere bei so herausragenden Ereignissen wie Sport-Mega-Events mangels vergleichbarer bzw. planbarer Alternativen im gleichen gesellschaftlichen Funktionsbereich und mit den gleichen umfangreichen Auswirkungen um eine „Ja-oder-Nein"-Entscheidung für bzw. gegen die Austragung. Auch die KNA ist selbstverständlich kein methodisches „Allheilmittel" für die Analyse von Großevents. Sie weist auch verschiedene, in der Literatur hinlänglich bekannte theoretisch-methodische Problembereiche (z. B. die Wahl der Preise, des Diskontfaktors und Planungshorizonts) und Angreifbarkeiten in der Praxis auf (u. a. Objektivität des Analysten und politische Einflussnahme).[13]

Im Falle einer erfolgreichen Bewerbung muss auf der zweiten Entscheidungsstufe die genaue institutionelle Gestaltung der Event-Ausrichtung festgelegt werden. Dabei sind idealtypisch die grundlegenden strategischen Richtlinien der zweiten Entscheidungsebene im ersten Planungsschritt zu berücksichtigen. In diesem Sinne sind beide Entscheidungsstufen miteinander verwoben. Im Einzelnen sind die genauen Standorte der notwendigen (Sport-)Infrastruktur inklusive der entsprechenden baulichen Maßnahmen (u. a. Renovierung vs. Neubau) nach geeigneten Kriterien zu bestimmen. Dazu zählen im WM-Fall natürlich vor allem die Stadien aber auch der Sitz des OK sowie des internationalen Medienzentrums und weitere Standortfragen der Event-Logistik. Hierbei handelt es sich um eine *strategische Entscheidung unter institutionellen Restriktionen.* Letztere sind durch die nationalen Gegebenheiten des Ausrichterlandes sowie die (technischen) Anforderungen der FIFA an die zur Verfügung zu stellenden Infrastruktur vorgegeben. Auch auf der zweiten Entscheidungsstufe bleibt die gesellschaftliche Nutzenmaximierung weiterhin die dominierende Zielsetzung, die jedoch nun hinsichtlich der genauen Strategien der Standortauswahl mit Risiko- und sozio-politischen Überlegungen gewichtet werden muss. So sind vor allem zwei hinreichend differenzierte Basisstrategien vorstellbar: (1) *Risikominimierung,* d. h. eine (streng) an ökonomischen Kriterien orientierte Strategie, (2) *Entwicklungsziele* werden verfolgt, d. h. (sport-)politische Kriterien sind leitend, wozu auch diverse qualitative Sub- und Nebenziele zählen

---

[13] Vgl. zur KNA etwa BOARDMAN et al. 1996; MÜHLENKAMP 1994. In Bezug auf den Sport siehe v. a. KURSCHEIDT 2000b; MAENNIG 1998; RAHMANN et al. 1998.

können (u. a. geografische Verteilung der Spielorte, Stadt- und Raumplanung, Verteilungsgerechtigkeit, internationale Wettbewerbsfähigkeit der Sportinfrastruktur, sozio-kulturelle Belange) (Vgl. KURSCHEIDT 2001a und b; RAHMANN/KURSCHEIDT 2000).

Die nach diesen Strategien zusammengesetzte Standortwahl, die potenziell die Verwirklichung der genannten Zielgrößen maximieren sollte, muss auch verschiedene *institutionelle Restriktionen* berücksichtigen. Zunächst kann das OK nur aus einer begrenzten Anzahl von möglichen Spielorten wählen, die schon zu einem sehr frühen Zeitpunkt eine verbindliche Zusage getroffen haben, bei ihrer Auswahl ein WM-taugliches Stadion und weitere infrastrukturelle Gegebenheiten bereitzustellen. Weiterhin erlässt die FIFA eine Reihe von Bestimmungen, welche die Spielorteauswahl reglementieren bzw. beeinflussen. So umfasst eine FIFA-WM derzeit 64 Begegnungen von 32 teilnehmenden Mannschaften.[14] Nach den bisherigen Erfahrungen kann diese Anzahl an Spielen mit zehn (wie etwa in Frankreich 1998) bis zwölf Stadien angemessen durchgeführt werden. Die Ausrichtung der WM mit zwanzig Arenen wie in Korea und Japan 2002 dürfte wohl auch in Zukunft die Ausnahme bleiben, da es sich um eine gemeinsame Veranstaltung zweier Gastländer handelt. Die Auswahlfreiheit des lokalen OK ist dabei nicht unwesentlich eingeschränkt. Die letztendliche Entscheidungsgewalt liegt stets bei dem zentralen Organisationskomitee der FIFA, welches bei den wichtigen Entscheidungen schon im Vorfeld konsultiert werden muss. Jedoch sehen die FIFA-Regelungen keine genauen Anweisungen zu den Auswahlkriterien vor, so dass das lokale OK hier über einen gewissen Gestaltungsfreiraum verfügt. Ein zentraler Punkt, wie bereits angedeutet, sind die technischen Anforderungen der FIFA an die WM-Arenen. Die Spiele sollten entweder in Stadien mit kompletter Sitzplatzausstattung ausgetragen werden, oder die Stehplatzbereiche sind temporär in Sitzplätze umzuwandeln. Für die 48 Gruppenbegegnungen der ersten Turnierrunde soll eine Kapazität von mindestens 40000, für die 16 Play-offs von 50000 und für die Finalspiele von 60000 Sitzplätzen zur Verfügung stehen. Natürlich würde sich die FIFA und das OK auch Arenen mit größeren Kapazitäten von etwa 80000 und mehr Sitzplätzen nicht verweigern, da beide von den höheren Ticketeinnahmen anteilig profitieren. Darüber hinaus werden von der FIFA allgemein weitere Ausstattungsmerkmale empfohlen und damit quasi stillschweigend – zumindest für einige „vorbildliche" – WM-Stadien erwartet: voll überdachte Zuschauerränge, bewegliche Dachkonstruktionen,

---

[14] Vgl. FIFA 1999 zur aktuellen WM 2002 in Korea/Japan.

reine Fußballstadien ohne Laufbahnen um das Spielfeld, Videotafeln, integrierte Geschäfte und Restaurants sowie VIP-Lounges und Business Seats etc. (Vgl. FIFA o.D.; siehe auch DIETL/PAULI 2001; NORD-LB 2001; VORNHOLZ 2000). Die Investitionskosten für den Neubau einer derartigen Arena betragen je nach Ausführung etwa 100 Mill. € für ein „Basis-WM-Stadion" bis ca. 300 Mill. € und auch darüber für besonders große und anspruchsvolle Bauten.[15]

Hinsichtlich des Evaluierungsproblems auf der zweiten Entscheidungsstufe ergeben sich also eine Reihe von strategischen Optionen für die Auswahl der WM-Standorte, deren ökonomische Konsequenzen mit einer KNA abgebildet werden können. Folglich kann nun auch im Gegensatz zur ersten Stufe nach dem Opportunitätskostenprinzip zwischen Entscheidungsalternativen gewählt werden. Diejenige mit dem höchsten NGW sollte genommen werden. Dennoch muss der NGW immer noch größer als Null sein, da sonst die Bedingung der Evaluierung auf der ersten Stufe, das Kaldor-Hicks-Kriterium, verletzt wäre. Nun zeigt sich zunächst ein allgemeines analytisches Problem. Die Evaluierungsuntersuchung auf der ersten Entscheidungsstufe muss mit der auf der zweiten konsistent sein. Daraus resultiert im Speziellen das Analyseproblem, dass in der Regel zum Zeitpunkt der Vor- bzw. Machbarkeitsstudie die verfügbaren Standorte bzw. genaue Angaben dazu noch nicht bekannt sind. Demnach müssen diese neuen Informationen so in die erste Evaluierung eingeführt werden, dass das Untersuchungsdesign erhalten bleibt. Dies wird nun im Folgenden am Beispiel der Fußball-WM 2006 in Deutschland empirisch nachvollzogen.

3   Modifiziertes Kosten-Nutzen-Modell zur Fußball-Weltmeisterschaft 2006

3.1   Grundstruktur des Modells

Für den Fall der Fußball-WM 2006 liegt bereits eine Machbarkeitsstudie zu der beschriebenen ersten Entscheidungsstufe auf KNA-Basis von RAHMANN et al. (1998) vor. Die Autoren haben klar drei Haupteinflussfaktoren für den (sozio-)ökonomischen Impact identifiziert: (1) die Höhe der Stadioninvestitionen in der Prä-Event-Phase, (2) die Ausgaben ausländischer Touristen in der Präsenzphase, (3) das Nettoergebnis der Stadienbetreibung in der Post-Event-Phase. Dabei

---

[15] Siehe generell zu diesen Restriktionen auch RAHMANN/KURSCHEIDT 2000; FIFA 1999.

ist die Wirkung der Investitionen insofern ambivalent, als sie zunächst Kosten darstellen, deren Finanzierung zusätzlich Kapitalkosten in der Post-Event-Phase nach sich ziehen, allerdings auch Nutzen durch die Schaffung zusätzlichen Einkommens infolge der Multiplikatorwirkungen hervorrufen. Darüber hinaus korrelieren sie sogar positiv mit den Tourismusausgaben als indirekte Folge des Einflusses der Stadionkapazität und touristischen Attraktivität der jeweiligen Spielorte, wo investiert wird. Die Konsumausgaben der Touristen während des Events wirken natürlich unmittelbar positiv und werden auch multiplikatorverstärkt, solange sie nicht eventunabhängige Ausgaben verdrängen. Das Stadiengeschäft wird schließlich angesichts der in Deutschland überwiegend betriebswirtschaftlich nicht tragfähigen Arenen in der Summe für dauerhafte Defizite in der Post-Event-Phase sorgen (vgl. VORNHOLZ 2000; siehe auch DIETL/PAULI 2001; RAHMANN et al. 1998, 177 f.). Mithin kommt der Auswahl der Standorte eine strategische Schlüsselrolle zu. Nach der Vergabe der FIFA-WM 2006 an Deutschland vom 6. Juli 2000 befand sich das nationale OK in diesem wichtigen Auswahlprozess der zweiten Entscheidungsstufe, dessen Ergebnis am 15. April 2002 bekannt gegeben wurde (vgl. KURSCHEIDT/RAHMANN 2001).

Da die Standorte zum frühen Zeitpunkt der „Rahmann-Studie" noch nicht bekannt waren, mussten die Autoren ihre Resultate auf der Basis von anonymen standardisierten Szenarien berechnen. Diese wurden aus einem Portfolioansatz abgeleitet, der mögliche regionalökonomische Angebots- und Nachfragekonstellationen der potenziellen Spielorte modellierte (RAHMANN et al. 1998, 116 f.). Es wurden verschiedene realistische Hypothesen für die Auswahl von zehn Spielorten mithilfe alternativer Szenarienverteilungen gebildet. Um der Unsicherheit über die genaue Ausprägung der einfließenden Größen Rechnung zu tragen, wurden für die Schätzung (fast) aller Modellvariablen obere und untere Grenzen angesetzt (ebenda, 123 ff.), d. h. eine *worst-* und *best-case-Analyse* durchgeführt (vgl. z. B. BOARDMAN et al. 1996, 187 ff.). Die Wahrscheinlichkeit, den „wahren" Wert mit diesem Schätzintervall zu treffen, steigt folglich mit der Anzahl der berücksichtigten Variablen. Allerdings vergrößert sich mit der Zunahme an Variablen auch das Intervall möglicher Ergebnisse, welches damit auch eine Erhöhung des mit dem Event verbundenen Risikos anzeigt. Des Weiteren sind die Autoren von einem fünfzehnjährigen Planungshorizont vom Jahr 2000, der FIFA-Entscheidung für Deutschland, bis 2015 ausgegangen, um in hinreichendem Maße auch die Prä-Event-Phase sowie die langfristigen Wirkungen abzubilden. Die allgemeinen wirtschaftlichen Rahmenbedingungen wurden für die Schätzungen der Kosten-Nutzen-Werte als konstant unterstellt (d. h. u. a. keine Inflation, Konjunkturschwankungen, politisch-ökonomische Schocks) und daher auch die monetären Größen in Deutsche Mark (DM) zu dem damaligen aktuellen Preisindex von 1996 angegeben. Diese Annahme ist auch deshalb geboten, weil optimistische und pessimistische Erwartungen hinsichtlich des ökonomischen Umfelds bereits Grundlage für die oberen und unteren Schätzwerte der einzelnen Variablen sind und somit modellexogen einfließen.

3.2   Herleitung von Alternativen einer systematischen Auswahl von Spielorten

Auf der zweiten Entscheidungsstufe gilt es nun analytisch, dieses Kosten-Nutzen-Modell von RAHMANN et al. (1998) dahingehend konsistent zu modifizieren, dass die Konsequenzen alternativer Zusammensetzungen von den notwendigen zehn bis zwölf Stadien aus den sich tatsächlich bewerbenden 16 Spielorten zu simulieren. Dazu wird die grundlegende Modellstruktur und die damals verwendeten Kernvariablen, welche das Zusammenspiel der oben genannten Haupteinflussfaktoren abbilden, sowie die Berechnungsbasis 1996 in DM beibehalten.[16] Die essentielle quantitative Änderung besteht faktisch „nur" darin, dass sich die Investitionswerte gemäß der aktuellen Stadionplanungen in den Bewerberstädten sowie die entsprechenden Kapazitäten der Arenen ändern. Diese vordergründig geringfügige Modifikation der Werte treibt jedoch im Modell über die Auswahl der Spielorte sowie die Multiplikatorwirkungen alle weiteren zentralen Größen an: die Gesamtinvestitionen und -tourismusausgaben sowie die Kapitalkosten in der Post-Event-Phase. Auf Grund der damit zusammenhängenden komplexen Wechselbeziehungen ist dies nicht als eine triviale Datenaktualisierung zu sehen, zumal im Weiteren noch der Auswahlprozess zu modellieren ist.

Zu diesem Zweck müssen die 16 Bewerberstädte in das Nachfrage-Angebots-Schema der Autoren „eingepasst" werden (Vgl. RAHMANN et al. 1998, 119 ff.). Hierfür ist es erforderlich die potenziellen Spielorte nach relevanten Kriterien nachfrage- und angebotsseitig zu evaluieren. Als *Angebotsmerkmale* werden vor allem herangezogen: (1) aktuelle Qualität und Kapazität des lokalen Fußballstadions,

---

[16] Zu den Details und genauen Werten siehe Tab. 2 im Anhang. Vgl. auch RAHMANN/KURSCHEIDT 2000; RAHMANN et al. 1998, 123 ff.

(2) Verkehrs- und Hotelinfrastruktur, d.h. die lokale Logistikkompetenz, sowie (3) die generelle touristische Attraktivität. Die berücksichtigten *Nachfragemerkmale*, die insbesondere die Nettonutzenrückflüsse der Stadienbauten in der Post-Event-Phase determinieren, sind: (1) Bevölkerung und Einzugsgebiet, (2) lokale Kaufkraft, (3) Attraktionspotenzial und zu erwartender sportlicher Erfolg des lokalen Fußballclubs, sowie (4) Wettbewerb im Fußball- und sonstigem Freizeitmarkt (alles in Relation zu der geplanten Stadionkapazität in 2006). Da nicht alle Kriterien direkt oder weitgehend objektiv bewertet werden können, wird im Zweifel den „harten" Größen wie Angaben zum Stadion, Bevölkerungszahl oder Ligazugehörigkeit des Fußballclubs ein höheres Gewicht eingeräumt.[17] So lassen sich Auswahlkategorien für jede Bewerberstadt bestimmen, welche im Modell maßgeblich für alternative Zusammensetzungen der Spielorte nach den unterstellten strategischen Präferenzen der (rationalen) Entscheidungsträger sind.

Dazu werden die oben diskutierten Basisstrategien sowie die alternative Anzahl an Stadien von zehn bis zwölf Arenen herangezogen. Es ergeben sich *vier realistische Auswahlalternativen bzw. -hypothesen*: (1) eine risikominimierende Hypothese *HA* mit zehn Stadien, (2) eine Entwicklungsziel-Hypothese *HB* mit zehn Arenen, (3) eine risikominimierende Hypothese *A12* mit zwölf Stadien, und (2) eine Entwicklungsziel-Hypothese *B12* mit zwölf Spielstätten. Für alle Hypothesen werden gemäß der öffentlichen Diskussion sechs Standorte als vorab „gesetzt" eingestuft, drei aus politischen sowie drei aus ökonomischen und fußballerischen Gründen. Das Eröffnungsspiel wird voraussichtlich in München und das Finale in Berlin stattfinden. Des Weiteren wurde Leipzig frühzeitig als Spielort für die neuen Bundesländer festgelegt. Schließlich sollten Hamburg, Dortmund und Gelsenkirchen auf Grund ihrer modernen Stadien sowie ihrer Bedeutung als fußballerisch sehr etablierte Großstädte mit weitem Einzugsgebiet dabei sein. Es verbleiben also vier bis sechs weitere Standorte, die gemäß der Basisstrategien und ihrer obigen Evaluierung zu benennen sind. Im Modell wurden für die risikominimierende Strategie die Spielorte mit den geringsten Investitionskosten ausgewählt und für die Entwicklungsziel-Strategie diejenigen mit kompletten Stadionneubauten sowie kleinere und peripher gelegene Städte bevorzugt.[18] Hinsichtlich der Verteilung der 64 WM-Spiele auf die Stadien wurde aus Konsistenzgründen eine Gleichverteilung von 60 Begegnungen für alle Hypothesen unterstellt, d. h. 6 bzw. 5 Spiele pro Arena im

---

[17] Einen stilisierten, aber ausführlichen Überblick über diese Evaluierung bietet Tab. 1 im Anhang.
[18] Siehe Tab. 1 im Anhang.

Zehn- bzw. Zwölf-Stadion-Fall. Die verbleibenden vier Spiele (v. a. Eröffnungs-spiel, Finale, Semi-Finals) werden den größten Stadien zugeordnet, d. h. Berlin, München, Dortmund und Gelsenkirchen.

Als eine *strikt ökonomische Referenzhypothese* wird zusätzlich noch die rein theo-retische Optimalauswahl *OH* eingeführt. Sie abstrahiert vollständig von realisti-schen sozio-politischen Belangen (u. a. zumindest ein Spielort aus den neuen Bun-desländern) oder Konsensbedürfnissen (d. h. Beteiligung von mehr als den mindestens erforderlichen zehn Standorten). OH setzt sich aus den bestvorbereiteten Stadien (Szenarien 1 u. 2) sowie nächstbesten Szenario 3-Arenen mit hoher Nach-frageevaluierung zusammen.[19] Dies heißt faktisch, dass der eventinduzierte Zustrom ausländischer Kaufkraft zum geringsten ökonomischen „Preis" „gekauft" wird. Die Referenzhypothese liefert somit zumindest einen Anhaltspunkt für die Opportuni-tätskosten, die mit den anderen Auswahlalternativen in Kauf genommen werden müssen (vgl. RAHMANN/KURSCHEIDT 2000). Im Nachhinein ist allerdings die Hypothese A12 von besonderem Interesse, da die Entscheidung des OK sich letzt-lich nur in einer Nominierung von ihr unterscheidet: Statt Bremen wurde Hannover ausgewählt. Die Abweichung von der hier systematisch hergeleiteten Auswahl A12 ist damit auch im folgend zu diskutierenden Endergebnis sehr gering.[20]

4 Ergebnisse der modifizierten Kosten-Nutzen-Analyse

Abb. 1 zeigt das quantitative Gesamtergebnis des modifizierten Kosten-Nutzen-Modells in Form der jeweiligen NGW's für alle hypothetischen Auswahlalternati-ven im Verlauf des Planungshorizonts bis zum unterstellten Ende des Betrachtungs-zeitraums in 2015. Jede Hypothese weist zwei Graphen aus, einen für die günstigen Annahmen an der oberen Grenze der Schätzintervalle für die jeweiligen Variablen und einen für die ungünstigen Annahmen an der unteren Grenze. Gut erkennbar ist

---

[19] Im Vergleich zu früheren Berechnungen des modifizierten Modells in RAHMANN/KURSCHEIDT 2000 und KURSCHEIDT 2001c haben sich infolge der neuesten Daten und Baupläne sowie Auf- und Abstieg der örtlichen Fußball-Clubs geringfügige Verschiebungen der Einzelevaluierung der Standorte ergeben. So musste etwa Nürnberg (bisher oberer Bereich Szenario 3) im Verhältnis zu Stuttgart (bisher unterer Bereich Szenario 2) auch dem Szenario 2 zugeordnet werden und hätte nach der derzeitigen Situation auch in der Hypothese OH Berücksichtigung finden müssen, beispielsweise statt Köln; siehe Tabelle 1 im Anhang. Aus Gründen der Konsistenz mit den vorhergehenden Berechnungen und auf Grund des geringen Gewichts dieser Anpassung wurde jedoch auf eine neue Zusammenstellung der Hypothese OH verzichtet.

[20] Siehe auch die Tab. 6 und 7 im Anhang.

die fettgedruckte Linie der theoretischen Optimalhypothese OH als Referenzmarke. Es zeigt sich das für ein einmaliges Mega-Event erwartete Verlaufsschema der Graphen, welches mit den Ergebnissen von RAHMANN et al. (1998, 156 ff.) voll konsistent ist. Die Prä-Event-Phase wird durch den Kosteneffekt der substanziellen Gesamtinvestitionen dominiert,[21] die in der Vorbereitung für den Zeitraum von 2003 bis 2005 als gleichverteilt unterstellt werden. Naturgemäß bedeutet dies zunächst negative NGW's, die jedoch noch vor dem eigentlichen Event eine Anhebung infolge der ausgelösten Multiplikatoreffekte verzeichnen können. Diese sorgen in drei sich überlappenden „Wellen" für zusätzliches Einkommen und damit auch erste spürbare Nutzenbeiträge. Schon hier ist eine deutliche Differenzierung der Resultate im günstigen und ungünstigen Falle zu erkennen. Unter günstigen Rahmenbedingungen erfüllen die Investitionen die wirtschaftspolitische Hoffnung, dass ein hoher Grad an zusätzlicher Wirtschaftätigkeit angestoßen wird. Dies setzt sich mit reichlichen Konsumausgaben der ausländischen Gäste während der Veranstaltung fort, welche in der Folgeperiode dank der Multiplikatoren einen weiteren Schub erfahren. Dann jedoch ist die unmittelbare direkte und indirekte wirtschaftliche Impulswirkung des Events ausgelaufen. Die hohen Werte und geringen Unterschiede zwischen den einzelnen Hypothesen deuten dennoch darauf hin, dass die WM am oberen Ende der Ergebnisse für alle Auswahlalternativen bzw. -strategien einen gleichermaßen substanziellen Nutzenbeitrag liefern würde.

---

[21] Siehe auch Tab. 3 im Anhang.

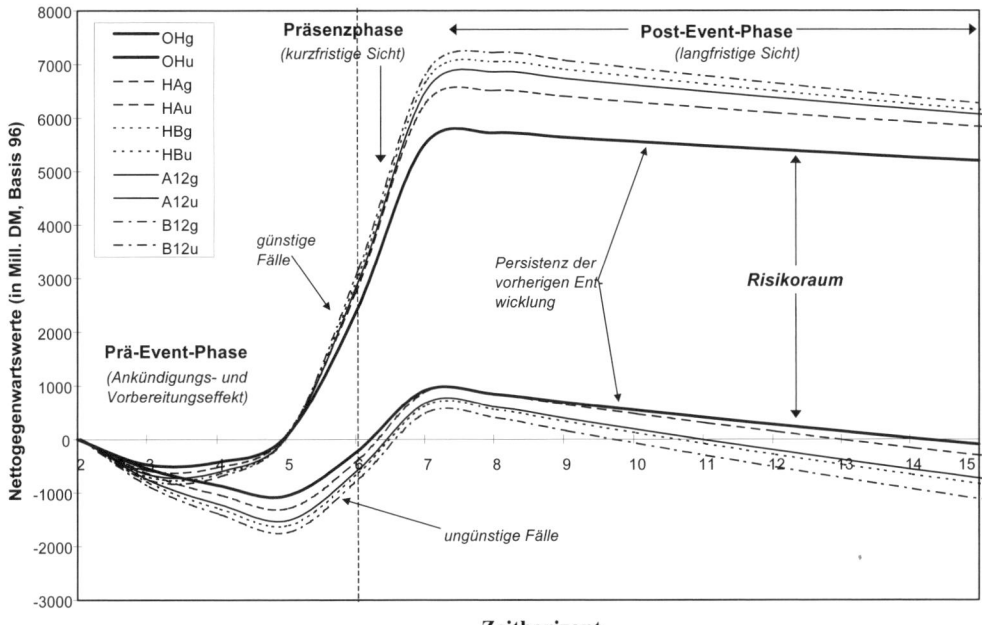

Abb. 1: Nettogegenwartswerte hypothetischer Auswahlalternativen

Vorsichtiger muss jedoch die Bewertung der Ergebnisse am unteren Ende ausfallen. Die Multiplikatorwirkungen entfalten sich weder auf die Investitionen noch auf die Tourismusausgaben in hinreichendem Ausmaß für einen nachhaltigen wirtschaftlichen Impuls. Auch weisen die Resultate der verschiedenen Hypothesen bereits in der Prä-Event-Phase eine sichtbare Spreizung auf, welche die mit den unterschiedlichen Auswahlstrategien verbundenen Risiken anzeigt. Selbst die Konsumausgaben zur WM können dann den Kostenüberhang durch die Investitionen nicht vollständig kompensieren. Erst die Multiplikatoren sorgen für einen vorübergehenden gesamtwirtschaftlichen Gewinn in der Folgeperiode. An dieser Stelle beginnt allerdings die problematische Post-Event-Phase. Sie bringt statt weiterer Zuflüsse nur die Belastungen der Finanzierung und der schwierigen Bewirtschaftung der Stadien mit sich, welche nun voraussichtlich für den gesamten Markt des gewöhnlichen Liga- und sonstigen Veranstaltungsgeschäfts überdimensioniert sind.[22] Es droht die Gefahr, dass die volkswirtschaftlichen Gewinne der WM wieder aufgezehrt werden, und ein beachtlicher Risikoraum zwischen dem oberen und unteren Ergebnis öffnet sich.

---

[22] Siehe auch Tab. 4 im Anhang.

Hier zeigt sich der analytische Vorteil der KNA gegenüber anderen Methoden. Denn nur eine aggregierte Größe wie der NGW, der die gesamten Effekte der Vorperioden diskontiert widerspiegelt, kann diese intertemporale Problematik adäquat aufdecken. Mithin ist in der langen Frist bis 2015 für die Auswahlalternativen ein sehr differenziertes Fazit zu ziehen: Unter optimistischen Erwartungen erzeugt die WM 2006 in der Tat einen nachhaltigen Wohlfahrtszuwachs von gut 5 Mrd. DM (Hypothese OH) bis ca. 6,3 Mrd. DM (Hypothese B12), und zwar relativ unabhängig von der jeweiligen Stadionauswahl. Auch für durchschnittliche Rahmenbedingungen kann noch mit einem aggregierten Gewinn von ca. 2,5 Mrd. DM gerechnet werden, der wohl aber kaum für einen national signifikanten Wachstumsimpuls ausreichen würde.[23] Bei pessimistischen Erwartungen muss man sich langfristig definitiv auf einen volkswirtschaftlichen Verlust und damit auf eine Verletzung der Kaldor-Hicks-Bedingung einstellen. Dies tritt umso früher nach dem Event ein und fällt umso höher aus, je risikoreicher bzw. politikgeleiteter die Spielorte ausgewählt werden. So weisen sowohl die Entwicklungsziel-Auswahl als auch die Zwölf-Stadien-Lösung schon vier (Hypothese B12) oder fünf (A12 und HB) Jahre nach der WM negative NGW's aus.[24] Alleine die risikominimierende Zehn-Stadien-Hypothese HA fällt erst sieben Jahre nach der WM leicht in den negativen Bereich und bringt in 2015 einen geringen Verlust von etwa 320 Mill. DM. Die Referenzhypothese OH ist schließlich die einzige, welche erst in 2015 mit ca. 97 Mill. DM negativ wird.

Es wird also sehr deutlich, dass jedes sozio-politische Zugeständnis bei der Spielorteauswahl mit einem „ökonomischen Preis" in Form eines Risikoanstiegs und/oder entgangener Nutzen (d. h. Opportunitätskosten) „bezahlt" werden muss. Dies gilt insofern auch für das obere Ende der Ergebnisse, als ex ante ein festes Vertrauen auf überdurchschnittliche Rahmenbedingungen eher einem Vabanquespiel als rationaler Entscheidungsfindung gleich käme. Denn ein nur geringfügiger Nutzenvorteil am oberen Ende – vor allem infolge günstiger Multiplikatoren – wird mit einem höheren Risikozuwachs am unteren Ende „erkauft". Daraus ergibt sich im Modell die Hypothese HA und damit die *risikominimierende Zehn-Stadien-Lösung* als eindeutig dominante Auswahlstrategie für einen rationalen risikoaversen

---

[23] Gleiches ist mangels Größe der Effekte im Verhältnis zur gesamtwirtschaftlichen Leistung, die in der Regel kaum 1% des BIP's ausmachen, auch unter günstigen Rahmenbedingungen kaum zu erwarten. Vgl. etwa SZYMANSKI 2002; FINER 2002; siehe auch KURSCHEIDT 2001c.

[24] Siehe auch Tab. 5 im Anhang.

Entscheider.[25] Jedoch kann nach den Modellergebnissen für keine der realistischen Auswahlalternativen die Verletzung der Kaldor-Hicks-Entscheidungsregel vollkommen ausgeschlossen werden. Dies trifft selbst für die theoretische Optimalhypothese zu, solange man von der Richtigkeit des langen Zeithorizonts bis 2015 ausgeht, was durchaus angezweifelt werden darf.[26] Nun ist allerdings zu berücksichtigen, dass die Ergebnisse am unteren Ende *worst case-Betrachtungen* darstellen. Erweist sich etwa der Zeithorizont als zu lang und einige der berechneten Variablen als etwas vorteilhafter als im worst case angenommen, dann stellen sich die Alternativen HA, A12 und HB schon etwas positiver dar, nicht aber die abgeschlagene Alternative B12. Außerdem könnte im Event-Management noch aktiv Einfluss auf bestimmte Variablen genommen werden. Dies wurde an anderer Stelle beispielsweise für Tourismusvariablen wie den Ausgaben der ausländischen Gäste gezeigt (vgl. KURSCHEIDT 2001c und 2000b). Da man in Deutschland bisher noch wenig Erfahrung mit den tatsächlichen Vermarktungspotenzialen der Fußball-Arenen neuen Typs hat, könnten auch hier noch Optimierungspotenziale liegen (vgl. Nord-LB 2001). Auch unterstellt das Modell in diesem Bereich beim derzeitigen Erkenntnisstand zwangsläufig noch relativ grobe Annahmen.[27] Schließlich sind Ergebnisse schon leicht über dem worst case nach den üblichen inferenzstatistischen Funktionen überproportional wahrscheinlicher. Trotz dieser Relativierungen des Modellergebnisses ist bei pessimistischen Erwartungen kaum mit einem strukturpolitisch interessanten Resultat zu rechnen. Dies ist allenfalls unter überdurchschnittlichen Rahmenbedingungen zu erwarten.

Wie ist nun vor dem Hintergrund dieser zurückhaltenden Modellevaluierung die tatsächliche Spielorteauswahl des OK 2006 zu bewerten? Zunächst ist festzuhalten, dass das OK 2006 offensichtlich die überragende strategische Bedeutung dieser Wahlentscheidung für die wirtschaftlichen Auswirkungen der WM grundsätzlich erkannt und berücksichtigt hat. Mit der geringen Abweichung von der Auswahlalternative A12 – Hannover statt Bremen – hat man sich für eine *risikominimierende Strategie* entschieden. Jedoch musste man wohl aus politisch-diplomatischen Gründen von einer konsequenten Verfechtung der Zehn-Stadien-Lösung absehen,

---

[25] Auch dieses Ergebnis ist konsistent mit der „Rahmann-Studie". Vgl. RAHMANN et al. 1998, 164 ff.; siehe auch KURSCHEIDT 2000b.

[26] Die „richtige" Länge des Planungshorizonts kann weder theoretisch noch empirisch eindeutig hergeleitet werden. Sie ist also stets Gegenstand einer Konvention aus Plausibilitätsüberlegungen.

[27] Siehe dazu die Tab. 2 und 4 im Anhang.

hätte man doch „namhafte" Städte außen vor lassen müssen.[28] Mithin hat man letztlich eine Auswahl mittleren Risikos (im Verhältnis zu den realistischen Alternativen) gleichsam als Konzessionsentscheidung getroffen, wie Abb. 2 zeigt. Dort ist die OK 2006-Auswahl nun mit der fettgedruckten Linie dargestellt. Da auch das Ergebnis von HB sehr nahe bei dem von A12 und der OK 2006-Entscheidung liegt sind diese Alternativen in Abb. 2 aus Gründen der Über-sichtlichkeit nicht mehr wiedergegeben.[29]

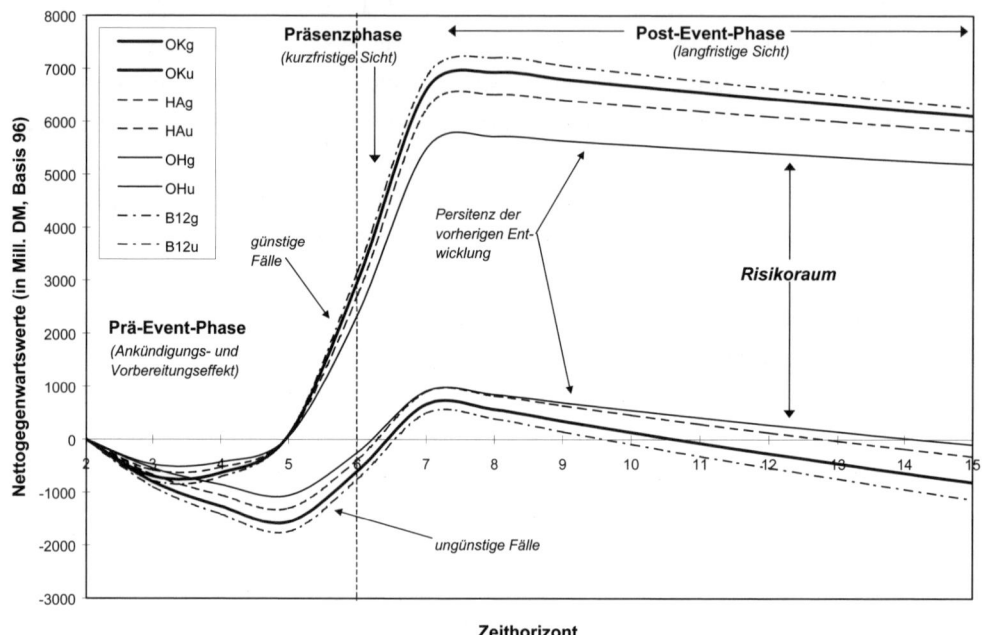

Abb. 2: Nettogegenwartswerte der OK-Auswahl im Vergleich zu Auswahlalternativen

Noch klarer lassen sich diese geringen Unterschiede an den Ergebnisdaten able-sen.[30] Die OK 2006-Auswahl schneidet relativ zu A12 nur geringfügig schlechter

---

[28] Der im OK 2006 für die Stadienfrage zuständige Horst R. Schmidt hätte – wohl in Anlehnung an die Empfehlung von RAHMANN et al. 1998, 164 ff. – lieber diese Lösung gesehen; vgl. u. a. HANDELSBLATT 2002a. Auch innerhalb des OK's war man sich in der Frage nicht ganz einig. Andere Stimmen hatten sogar eine Dreizehn-Stadien-Lösung präferiert, was die FIFA jedoch abgelehnt hat.

[29] Darüber hinaus macht die Abbildung von HB hier keinen Sinn mehr, da man sich ja gegen eine Zehn-Stadien-Lösung entschieden hat. HA und OH werden allerdings zum Vergleichsmaßstab mit abgebildet.

[30] Siehe die Tab. 6 und 7 im Anhang.

ab. Die Ursache liegt darin, dass mit dem Verzicht auf Bremen ein Szenario 1-Standort gegen einen Szenario 3-Standort ausgetauscht wurde. Diese Entscheidung ist denn auch mit den hier dargelegten ökonomisch-rationalen Kriterien nicht nachvollziehbar und rief verständlicherweise Reaktionen des Unverständnisses nach der Verkündung der OK 2006-Auswahl hervor. So war etwa von Seiten der Bremen-Befürworter und vielen Beobachtern vom „Kanzlerfaktor" in Anspielung auf die Herkunftsstadt von Bundeskanzler Gerhard Schröder die Rede. Die Opportunitätskosten dieser einen, scheinbar politisch motivierten Abweichung von A12 halten sich in engen Grenzen, jedoch mag die Glaubwürdigkeit des OK und der Kriterien in dem Vergabeprozess einen nicht unerheblichen Schaden genommen haben. Schließlich hat das OK es versäumt, ein (stichhaltigeres) tourismusstrategisches Argument zugunsten Hannovers im Vergleich zu Bremen anzuführen: Wegen der vorhandenen Expo- und Messeinfrastruktur eignet sich Hannover besonders gut, um die Imagewirkung der WM für zukünftige Impulse in der Eventbranche zu nutzen.[31] Dennoch stellt sich – zusätzlich zu den finanz- und verteilungspolitischen Bedenken auf Grund der Expo-Folgebelastungen – die Frage, ob Hannover dann nicht über ein (teuer erkauftes) Überangebot an Eventinfrastruktur verfügt.[32] Stattdessen wurde die fehlende Komplettüberdachung der Zuschauerränge des Bremer Stadions als (wenig überzeugende) Begründung genannt.[33] Wiederum (regional-)ökonomisch nachvollziehbar und sinnvoll war, auf das Überangebot an Bewerbern aus dem Rheinland mit der Nicht-Berücksichtigung von drei dortigen Spielorten zu reagieren. Insgesamt erscheint die regionale Verteilung der ausgewählten Standorte unter Verteilungs- und touristischen Gesichtspunkten sowie den gegebenen Restriktionen ausgewogen. Somit kann man zur OK 2006-Auswahl resümieren, dass eine Zehn-Stadien-Lösung ökonomisch zwar vorteilhafter gewesen wäre, die letztliche Entscheidung unter Berücksichtigung von Konsensbedürfnissen jedoch „vertretbar" ist.

---

[31] Vgl. KURSCHEIDT 2001c zu diesem Argument und dem ihm zugrunde liegenden sog. *Event-Leveraging*-Konzept.

[32] Schließlich stellt wahrscheinlich neben den Expo- und Messeeinrichtungen die Preussag-Arena bereits ein hinreichendes Eventanziehungspotenzial für die Größe Hannovers dar. Siehe auch VORNHOLZ 2000.

[33] Es handelt sich um 10000 betroffene Sitzplätze. Im Übrigen kann selbst bei vollständig überdachten Stadien je nach Wetterbedingungen keine Garantie dafür gegeben werden, dass nicht eine vergleichbare Zuschauerzahl gleichermaßen nass wird.

5 Fazit: Effizienzprobleme der Vergabemechanismen bei Sport-Mega-Events

Das Kosten-Nutzen-Modell der Fußball-WM 2006 bietet empirische Aufschlüsse über eine Reihe von Effizienzaspekten bei der Produktion von Sport-Mega-Events, die im zweiten Abschnitt theoretisch behandelt wurden. So zeigte sich deutlich die hohe (strategische) Bedeutung der Infrastrukturkosten (natürliches Monopol) und externer Effekte. Hinsichtlich letzterem stehen im dargelegten quantitativen Teil der KNA die Ausgaben auswärtiger WM-Touristen im Vordergrund. Für eine Reihe intangibler Effekte, die hier im Detail nicht expliziert werden (z.B. Image- und Werbewirkungen, aber auch das Hooliganproblem) (siehe dazu RAHMANN et al. 1998, 65 ff. und 106 ff.), ist ebenfalls mit substanziellen Externalitäten zu rechnen. Es bestätigen sich also die Anhaltspunkte für Marktunvollkommenheiten und den Charakter eines öffentlichen Großprojekts. Mithin lässt sich eine gewisse staatliche Beteiligung an dem Produktionsprozess von Sport-Mega-Events allokationstheoretisch durchaus legitimieren. Der effiziente Umfang öffentlicher Finanzierung lässt sich aus Messproblemen empirisch jedoch schwerlich bestimmen. Polit-ökonomische Überlegungen lassen allerdings eine ineffizient hohe Subventionierung befürchten, wie etwa BLANKART (1994, 441) allgemein für Ausschreibungsverfahren anmerkt: „Politiker versuchen, durch gezielte Vergabe von Aufträgen die Stimmen marginaler Wählergruppen zu gewinnen und dadurch im Wahlkampf zu siegen. Das Ergebnis der öffentlichen Auftragsvergabe weicht daher beträchtlich von dem ab, das etwa eine Nutzen-Kosten-Analyse erbringen würde." So hätte letztere nach dem obigen Modell der WM 2006 den Verzicht auf zwei weitere Standorte angeraten, was jedoch dem politischen Darstellungsinteresse zuwider gelaufen wäre. Folglich bestehen Anreize, die Kosten zu unterschätzen und Nutzen zu überschätzen sowie Partikularinteressen gegen die ökonomische Vernunft bzw. die Empfehlung einer KNA durchzusetzen.

Allein diese Verhaltensweise mag schon dazu führen, dass die grundsätzlich ökonomisch sinnvollen transaktionsspezifischen Investitionen ein effizientes Maß übersteigen. Dies wird jedoch durch einen „Rüstungswettlauf" infolge des Vergabeverfahrens noch verstärkt (vgl. KURSCHEIDT 2000b). So ist beispielsweise die von den 16 WM-Bewerberstädten angegebene Gesamtsumme der geplanten Investitionen in Stadien seit Mitte/Ende 2000 von rund 2,7 Mrd. DM auf aktuell ca. 3,13 Mrd. DM angestiegen, und damit wird das Ende der Kostenentwicklung noch nicht erreicht sein (vgl. RAHMANN/KURSCHEIDT 2000). Denn faktisch findet ein zweistufiger Auktionsprozess statt: in der ersten Entscheidungsstufe zwischen den internationalen Bietern auf globaler Ebene und dann zwischen den nationalen Bewerberstädten auf der zweiten Stufe.[34] Beide Male beinhaltet er das dafür typische Risiko einer ruinösen Konkurrenz, den sog. „Fluch des Gewinners" (*winner's curse*).[35] Sind die Bieter hinreichend homogen, d.h. sie könnten die Veranstaltung zu (nahezu) gleichen Kosten produzieren, dann wird in der Eventausschreibung nach dem Niedrigstpreisverfahren der Bieter zum Zuge kommen, der auf Grund von Kalkulationsunsicherheiten im Vorfeld am stärksten seine *wahren Kosten* unterschätzt. Analog tritt das gleiche Risiko und Bietergebnis auf, wenn die Eventbieter in Überschätzung des zu erwartenden Nutzens aus dem Sportereignis ihr gebotenes Leistungspaket aufbessern, um die Attraktivität des Gebotes und Chancen der Auswahl in der Auktion zu erhöhen. In beiden Fällen macht der „Gewinner" der Ausschreibung Verlust. Dies führt zu einer *doppelten* systemimmanenten Unterschätzung der Kosten und somit zu einer ineffizienten Spirale an Geboten *in beiden Stufen* infolge des Bieterwettbewerbs, der international angestoßen wird und sich dann in der zweiten Stufe auf der regionalen Ebene des Ausrichterlandes fortsetzt. Da die Kriterien in dem Prozess relativ intransparent sind, kaum kostendämpfende Maßnahmen eingebaut werden und polit-ökonomische Anreize zum Abweichen von wirtschaftlich sinnvollen Kriterien bestehen, wird das ineffiziente Bieterverhalten kaum abgefedert. Das Ergebnis ist, dass individuelles Rationalverhalten zu kollektiver Irrationalität führt, welches umso stärkere Ausmaße annimmt, je härter der Bieterwettbewerb ist.

Der winner's curse ist jedoch auch ohne regulativen Eingriff durch einen *Lernprozess der Bieter* zu heilen, der sie dazu bringt, einen Sicherheitsaufschlag auf ihre Kosten zu berücksichtigen bzw. die Qualität ihres Gebotes über einen „sicheren" Kostenbetrag hinaus nicht zu erhöhen. Dies würde aber beinhalten, dass man als erfahrener bzw. besonnener Bieter ein oder mehrere Male *bewusst* auf den Eventzuschlag verzichtet, um faktisch einen anderen Mitbewerber in die Verlustsituation des winner's curse zu drängen. Nun würde dies bei Sport-Mega-Events bedeuten, dass sich ein interessiertes Land mit sehr kostenbewussten Olympia- und WM-

---

[34] Bei OS findet dies quasi umgekehrt statt: zunächst kristallisiert sich ein nationaler Bewerber heraus, der dann für das nationale Olympische Komitee auf globaler Ebene in den Wettbewerb tritt.

[35] Vgl. vor allem MILGROM 1989; siehe auch BLANKART 1994, 425 ff.

Bewerbungen – wohlmöglich über Jahrzehnte – im internationalen Bieterwettbewerb zurückhalten müsste, bis sich durch den (langwierigen) Lernprozess auch
bei anderen Bewerbern diese Einsicht durchgesetzt hat. Angesichts der genannten
polit-ökonomischen Anreize und der Unter- bzw. Überschätzungsanreize sowie der
Einmaligkeit der Veranstaltungen aus Bietersicht, erscheint ein solcher Lernprozess
für Sport-Mega-Events abwegig. Obwohl international bekannt ist, dass sich Gast-
geberstädte bzw. -nationen bereits mit der Austragung der Großereignisse verkal-
kuliert haben und die Anforderungen an die Ausrichtung weiter steigen, wächst
dennoch weiter die Bieternachfrage. Diese Situation können die vergebenden Weltverbände, IOC und FIFA, mittels ihrer Monopolmacht über die Eventserien zur
Sozialisierung privater Kosten und Ausfüllung diskretionärer Handlungsspielräume
ausnutzen. Dies wiegt umso schwerer, als der gesamte Vergabeprozess sowie allgemein das Gebaren dieser Dachorganisationen des (Fuß-ball-)Sports mangels
Transparenz anfällig für Korruption sind und sie dadurch schon stark an Glaubwürdigkeit eingebüßt haben.[36]

In der Gesamtschau muss aus ökonomischer Sicht das Fazit gezogen werden, dass
sich die *nationale Ausrichtung von Sport-Mega-Events unter erheblichem globalen
Druck* vollzieht. Aus Effizienzgründen wären demnach eine stärkere unabhängige
Kontrolle, mehr Transparenz und alternative Allokationsmodelle angeraten. Dazu
könnten etwa folgende Punkte zählen, die sogar teilweise schon aufgegriffen wurden: (1) eine Verkürzung des Auktionszeitraums, um die transaktionsspezifischen
Investitionen im Vorfeld auch zeitlich zu begrenzen; (2) eine Vorauswahl durch
eine regionale Beschränkung, etwa nach einem Rotationsprinzip, würde den globalen Druck auf die Spirale der Gebote etwas abfedern; (3) ökonomische und Kosten-
kriterien sollten in dem Vergabeprozess glaubhaft gestärkt werden. Auf diesem Feld
besteht allerdings noch ein erheblicher Forschungsbedarf, sodass sich Sportökonomen diesen Fragestellungen in der Zukunft mehr zuwenden sollten.

---

[36] Vgl. etwa MAENNIG 2002; PREUß 2000. Das IOC hatte bereits in Verbindung mit der Vergabe
der Winterspiele an Salt Lake City einen Korruptionsskandal überstanden. Auch bei der FIFA
werden immer wieder Vorwürfe in diese Richtung erhoben, denen jedoch bisher noch nicht
zwingend von unabhängiger Seite nachgegangen wurde.

Literatur

BAADE, R. A./MATHESON, V. (2000a): An Assessment of the Economic Impact of the American Football Championship, the Super Bowl, on Host Communities. Reflets et perspectives de la vie économique 39(2-3), 35-46.

BAADE, R. A./MATHESON, V. (2000b): Bidding for the Olympics. Fool's Gold? Konferenzbeitrag zur internationalen Sportökonomiktagung "Conferência Sobre Economia do Desporto", Centro de Investigação Sobre Economia Portuguesa (CISEP), Instituto Superior de Economia e Gestão, Universidade Technica de Lisboa, Lissabon, Portugal, 2./3. November 2000. Erscheint 2002. In: SZYMANSKI, S./BARROS, C./IBRAHIM, M. (Hrsg.): Transatlantic Sport. The Comparative Economics of North American and European Sports. Aldershot.

BOARDMAN, A. E./GREENBERG, D. H./VINING, A. R./WEIMER, D. L. (1996): Cost-Benefit Analysis. Concepts and Practice. Upper Saddle River.

BLANKART, C. B. (1994): Öffentliche Finanzen in der Demokratie. Eine Einführung in die Finanzwissenschaft, 2. Aufl. München.

DIETL, H./PAULI, M. (2001): Möglichkeiten privater Stadionfinanzierung im deutschen Profifußball vor dem Hintergrund der Fußball-Weltmeisterschaft 2006. Betriebswirtschaftliche Forschung und Praxis 53, 502-517.

DFB (1999): Willkommen im Fußball-Land – Bewerbung des Deutschen Fußball-Bundes um den FIFA-Weltpokal 2006. Bewerbungsbroschüre, Frankfurt/M, März 1999.

FIFA (o.D.): Technical Recommendations and Requirements for the Construction or Modernisation of Football Stadia, 3. Aufl. Zürich. Siehe insbes. den deutschsprachigen Abschnitt: Technische Empfehlungen und Anforderungen für den Neubau oder die Modernisierung von Fußballstadien, 106-139. Verfügbar in: FIFA online, http://www.fifa.com.

FIFA (1999): Regulations 2002 FIFA World Cup Korea/Japan. Zürich, Juli 1999. Verfügbar in: FIFA online, http://www.fifa.com.

FINER, J. (2002): The Grand Illusion. Far Eastern Economic Review, March 7, 2002, 32-36.

GETZ, D. (1991): Festivals, Special Events and Tourism. New York.

HALL, C. M. (1992): Hallmark Tourist Events. Impacts, Management and Planning. London.

HANDELSBLATT (2002a): Handelsblatt-Thema. Wettrüsten um die Fußball-WM, 12./13.4.2002, 2.

HANDELSBLATT (2002b): Der Kampf um die Ausrichtung der Spiele hat begonnen, 16.5.2002, 44.

KÉSENNE, S. (1999a): Miscalculations and Misinterpretations in Economic Impact Analysis. In: JEANRENAUD, C. (Hrsg.): The Economic Impact of Sport Events. Neuchâtel, 29-39.

KÉSENNE, S. (1999b): Kosten-Nutzen-Analysen von Sport Events. In: HORCH, H.-D./HEYDEL, J./SIERAU, A. (Hrsg.): Professionalisierung im Sportmanagement. Aachen, 337-342.

KÉSENNE, S./BUTZEN, P. (1987): Subsidizing Sport Facilities. The Shadow Price-Elasticities of Sports. Applied Economics 19, 101-110.

KUNKEL, M. (1995): Franchising und asymmetrische Informationen. Eine institutionenökonomische Untersuchung. Wiesbaden.

KURSCHEIDT, M. (2000a): Le poids macro-économique du sport et le spectacle sportif. Méthodologie, résultats empiriques et perspectives économiques pour le cas de l'Allemagne. Reflets et perspectives de la vie économique 39(2-3), 47-60.

KURSCHEIDT, M. (2000b): Strategic Management and Cost-Benefit Analysis of Major Sport Events. The Use of Sensitivity Analyses Shown For the Case of the Soccer World Cup 2006 in Germany. Arbeitspapiere des Fachbereichs Wirtschaftswissenschaften N.F. Nr. 69, Universität Paderborn, Oktober 2000.

KURSCHEIDT, M. (2001a): Evaluating, Bidding for, and Managing Sports Mega Events. Theoretical and Methodological Issues of an Integrated Approach to the Economic Analysis of Sporting Events. In: PANHELLENIC ASSOCIATION OF SPORTS ECONOMISTS AND MANAGERS (PASEM) (Hrsg.), Economic Impact of Major Sport Events. Athen, 95-104.

KURSCHEIDT, M. (2001b): La economía de los grandes eventos deportivos: implicaciones de una perspectiva de coste-beneficio. In: OTERO MORENO, J. M. (Hrsg.): Incidencia económica del deporte. Málaga, 100-110.

KURSCHEIDT, M. (2001c): Strategisches Tourismusmanagement bei Sportgroßveranstaltungen. Ein ökonomischer Ansatz mit Daten zur Fußball-WM 2006. Konferenzbeitrag zur Herbsttagung der Deutschen Gesellschaft für Tourismuswissenschaft (DGT) zum Thema „Sport und Tourismus", Hochschule Harz, Wernigerode, 6.-8. Dezember 2001. Erscheint 2002. In: DREYER, A. (Hrsg.): Sport und Tourismus. Wiesbaden.

KURSCHEIDT, M./RAHMANN, B. (2001): Die Förderung der Provinz würde mit bis zu einer Milliarde Verlust bestraft. Handelsblatt 15.12.2001.

MAENNIG, W. (1998): Möglichkeiten und Grenzen von Kosten-Nutzen-Analysen im Sport. Sportwissenschaft 28(3-4), 311-327.

MAENNIG, W. (2002): On the Economics of Doping and Corruption in International Sports. Journal of Sports Economics 3(1), 61-89.

MILGROM, P. (1989): Auctions and Bidding. A Primer. Journal of Economic Perspectives 3(3), 3-22.

MÜHLENKAMP, H. (1994): Kosten-Nutzen-Analyse. München.

NORD-LB (2001): Die Finanzierung von Fußballstadien. (Serie „Global Markets") Hannover, Juni 2001.

OK-DEUTSCHLAND 2006 (2002): Homepage des Lokalen Organisationskomitees für den FIFA-Weltpokal 2006, http://www.ok-deutschland2006.de/stadien/, Stand: 3. April 2002.

PICOT, A./DIETL, H./FRANCK, E. (1999): Organisation. Eine ökonomische Perspektive, 2. Aufl. Stuttgart.

PORTER, P. K. (1999): Mega-Sports Events as Municipal Investments. A Critique of Impact Analysis. In: FIZEL, J./GUSTAFSON, E./HADLEY, L. (Hrsg.): Sports Economics. Current Research. Westport/CT, London, 61-73.

PREUß, H. (1999): Ökonomische Implikationen der Ausrichtung Olympischer Spiele von München 1972 bis Atlanta 1996. Kassel.

PREUß, H. (2000): Economic Aspects of the Olympic Games and Possible Consequences of a Corruptible Practice of Awarding. In: MÜLLER, N./MESSING, M. (Hrsg.): Blickpunkt Olympia. Entdeckungen, Erkenntnisse, Impulse. Kassel, 322-336.

RAHMANN, B./KURSCHEIDT, M. (2000): The Soccer World Cup 2006 in Germany: Choosing Match Locations By Applying a Modified Cost-Benefit Model. Konferenzbeitrag zur internationalen Sportökonomiktagung "Conferência Sobre Economia do Desporto", Centro de Investigação Sobre Economia Portuguesa (CISEP), Instituto Superior de Economia e Gestão, Universidade Technica de Lisboa, Lissabon, Portugal, 2./3. November 2000. Erscheint 2002 in: SZYMANSKI, S./BARROS, C./IBRAHIM, M. (Hrsg.): Transatlantic Sport. The Comparative Economics of North American and European Sports. Aldershot.

RAHMANN, B./WEBER, W./GROENING, Y./KURSCHEIDT, M./NAPP, H.-G./PAULI, M. (1998): Sozio-ökonomische Analyse der Fußball-Weltmeisterschaft 2006 in

Deutschland. Gesellschaftliche Wirkungen, Kosten-Nutzen-Analyse und Finanzierungsmodelle einer Sportgroßveranstaltung. Köln.

RITCHIE, J. R. B. (1984): Assessing the Impact of Hallmark Events. Journal of Travel Research 23(2), 2-11.

SCHNEIDER, U. (1993): Stadtmarketing und Großveranstaltungen. Berlin.

SCHNIEDER, C. (1997): Kriterien zur Optimierung des Bäderbetriebs. Die Wohlfahrtswirkungen unterschiedlicher institutioneller Arrangements für den Betrieb von Bädern – eine empirische Analyse auf der Grundlage der Theorie der natürlichen Monopole. Büren.

SCHULZE, G. (2000): Die Erlebnis-Gesellschaft. Kultursoziologie der Gegenwart, 8. Aufl. Frankfurt/M., New York.

SZYMANSKI, S. (2002): The Economic Impact of World Cup 2002. Konferenzbeitrag zur internationalen Fußballfachtagung „Football Expo 2002 Symposium", Cannes, Frankreich, 9. Januar 2002.

THÖNI, E. (1984): Sport und Ökonomie. Kosten-Nutzen-Analyse als Entscheidungshilfe für Sport(Groß-)Veranstaltungen. Schimmelpfeng-Review 33, 89-92.

VORNHOLZ, G. (2000): Die Arena – Veranstaltungshalle ohne ausreichende ökonomische Perspektive? Der langfristige Kredit 14, 13-19.

Anhang

Tab. 1: Evaluierung der Bewerberstädte und Auswahlhypothesen

#	5.1.1.1.1 STADT	Stadion (Angebot) derzeitige „WM-Reife" [b]	(geplante) Investition in € [c]	Kapazität in 2006 [d]	Nachfr. Einwohner (ca. in Tsd.)	Ligazugehörigkeit '01/'02	Evaluierung Angebotsseite [e]	Nachfrageseite [f]	Szenario [g]	Auswahlkategorie [h]	Hypothesen [a] OH	HA	HB	A12	B12	Auswahl des OK
1	Berlin*	gering	242	76.000	3.400	BL	gering	hoch	3	rückst.		X	X	X	X	**X**
2	Bremen	hoch	28	43.000	550	BL	hoch	hoch	1	gut	X	X		X		
3	Dort-mund*	voll	36	60.000	595	BL	hoch	hoch	1	gut	X	X	X	X	X	**X**
4	Düssel-dorf	gering	184	51.500	570	RL	gering	mittel	4	rückst.			X		X	
5	Frank-furt/M	gering	126	48.000	650	2.L	gering	hoch	3	unent.	X		X	X	X	**X**
6	Gelsen kirch.*	gering	192	52.000	285	BL	gering	hoch	3	unent.	X	X	X	X	X	**X**
7	Ham-burg*	voll	0	50.000	1.700	BL	hoch	hoch	1	gut	X	X	X	X	X	**X**
8	Hanno-ver [i]	gering	61	45.000	525	2.L	mittel	mittel	3	unent.						**X**
9	Klau-tern	hoch	48,3	48.500	100	BL	mittel	hoch	2	gut	X	X		X	X	**X**
10	Köln	gering	110	45.000	1.000	BL	gering	hoch	3	unent.	X	X	X	X	X	**X**
11	Leipzig *	gering	90,6	44.000	530	RL	gering	mittel	4	rückst.		X	X	X	X	**X**
12	Lever-kusen [j]	voll	2,8	22.500	160	BL	hoch	hoch	1	gut	X					—
13	M'glad-bach	gering	87	43.000	270	BL	mittel	mittel	3	unent.			X		X	
14	Mün-chen [k]*	gering	280	66.000	1.300	BL	gering	hoch	3	unent.	X	X	X	X	X	**X**
15	Nürn-berg	hoch	56	45.500	490	BL	mittel	hoch	2	gut				X	X	**X**
16	Stutt-gart	hoch	56	60.000	550	BL	mittel	hoch	2	gut	X	X		X		**X**

wobei: OH = ökonomische Optimalhypothese der verfügbaren Stadien mit 10 Spielorten, HA = risikominimale Hypothese mit 10 Spielorten, HB = Entwicklungsziel-Hypothese mit 10 Spielorten, A12 = risikominimale Hypothese mit 12 Spielorten, B12 = Entwicklungsziel-Hypothese mit 12 Spielorten

Quelle: OK-DEUTSCHLAND 2006 (2002), HANDELSBLATT (2002a), DFB (1999), eigene Evaluierung.

[*] Städte, die aus (sport-)politischen Gründen in den realistischen Hypothesen HA, HB, A12, und B12 als vorab „gesetzt" unterstellt werden.

[a] Städte, welche für die entsprechende Hypothese ausgewählt wurden, sind mit „X" gekennzeichnet.

[b] Die derzeitige „WM-Reife" wird im Verhältnis zu den technischen Anforderungen der FIFA sowie den internationalen „Standards" bei modernen Stadienbauten eingeschätzt; vgl. FIFA o.D.

[c] Angaben in Mill. €, Stand: 13. April 2002. In der KNA werden diese Werte mittels des aktuell verfügbaren, offiziellen Preisindices für 2001 zur Basis 1996 deflationiert, um die Konsistenz der Daten mit den Angaben von RAHMANN et al. 1998 zu wahren. Daher wird an DM als Währungsmaßstab festgehalten. Die Werte in € ergeben sich aus der Multiplikation mit dem Faktor 0,51129 und entsprechender Rundung.

[d] Sitzplatzkapazitäten, die für das Jahr 2006 geplant sind, Stand: 13. April 2002.

[e] Evaluierungskriterien: derzeitige Qualität und Kapazität des Fußballstadions, Verkehrs- und Hotelinfrastruktur, touristische Attraktivität.

[f] Evaluierungskriterien: Bevölkerung und Hinterland, lokale Kaufkraft, Attraktionspotenzial (insbes. Ligazugehörigkeit in der Saison 2001/'02 sowie die Größe und der Enthusiasmus der Fanbasis) und der erwartbare zukünftige sportliche Erfolg des ansässigen Fußballclubs, Wettbewerbsintensität im Fußball- und Freizeitmarkt (alle Variablen in Relation zu der geplanten Stadionkapazität in 2006).

[g] Einstufung der lokalen ökonomischen Konstellation nach den standardisierten Szenarien in RAHMANN et al. 1998, 119 ff.; mit: 1 = positiv, 2 = wahrscheinlich positiv, 3 = unsicher, 4 = wahrscheinlich negativ.

[h] Auswahlkategorien: gut vorbereitet (Szenarien 1-2), unentschieden (2-3), rückständig (3-4).

[i] Auf Grund der relativ schwachen Evaluierung (unentschieden, Szenario 3) und der erwarteten Finanzlasten durch die Ausrichtung der EXPO 2000 wird Hannover in keiner der Hypothesen berücksichtigt.

[i] Auf Grund der relativ schwachen Evaluierung (unentschieden, Szenario 3) und der erwarteten Finanzlasten durch die Ausrichtung der EXPO 2000 wird Hannover – entgegen der letztlichen Auswahl des OK – in keiner der Hypothesen berücksichtigt.

[j] Die Kapazität des Leverkusener Stadions entspricht bei weitem nicht den Anforderungen der FIFA (mind. 40000 für Gruppenspiele), wird jedoch allgemein als sehr gut konstruiert und ausgestattet erachtet. Daher wird es zumindest in der Hypothese OH berücksichtigt, jedoch nicht in den anderen. Darüber hinaus hat Leverkusen kurz vor der Bekanntgabe der Entscheidung des OK seine Kandidatur zurückgezogen. Dort soll die Deutsche Nationalmannschaft ihr Quartier beziehen.

[k] Das Olympiastadion in München ist die einzige Arena, die mit dem FC Bayern and TSV 1860 München zwei Erstligavereine beherbergt. Daher weist es bei weitem die höchste Kapazitätsauslastung auf und ist somit für die Betreiber wohl auch die profitabelste Spielstätte in Deutschland. Da dies ein Spezialfall ist und exakte Daten dazu nicht verfügbar sind, wird das Olympiastadion aus Konsistenz- und Vorsichtsgründen hinsichtlich der Szenarieneinstufung und Evaluierungskriterien wie alle anderen Arenen behandelt, d.h. das Modellergebnis unterschätzt (ggf. deutlich) das mögliche tatsächliche Ergebnis. Darüber hinaus, gibt es noch eine Reihe von Unsicherheiten über die Details des neuen Stadionbaus, der erst am 21. Oktober 2001 durch einen Bürgerentscheid ermöglicht wurde.

[l] Prinzipiell könnte die Arena „Auf Schalke" in Gelsenkirchen hier auch mit einem Investitionswert von Null angesetzt werden, da das Stadion zu Beginn der Saison 2001/'02 fertig gestellt wurde. Bei genauerer Betrachtung sprechen allerdings weiterführende Überlegungen sowie Vorsichts- und Konsistenzgründe dafür, in diesem besonderen Fall die volle Investitionssumme der WM 2006 zuzurechnen. Entgegen der oft zu lesenden Darstellung wird die Finanzierung der Arena voraussichtlich überwiegend aus öffentlichen Mitteln bestritten. Die zunächst geplante Investitionssumme von 358 Mill. DM (ex post ca. 17 Mill. DM mehr) wurde neben weiteren (zu einem geringen Teil auch öffentlichen) Quellen durch einen Konsortialkredit über 225 Mill. DM finanziert, der zu 80% durch eine Landesbürgschaft (!) abgesichert ist. Angesichts von zu erwartenden jährlichen Kapitalkosten von mind. 25 Mill. DM zusätzlich zu den Betriebskosten und der sporttypischen Erfolgsunsicherheit des FC Schalke 04, der für die hauptsächliche Kapazitätsauslastung sorgen muss, kann eine langfristig profitable Betreibung des Stadions durchaus angezweifelt werden (vgl. zur Arena „Auf Schalke" insbes. VORNHOLZ 2000, siehe weiterhin zu den Problemen der Stadionfinanzierung auch RAHMANN et al. 1998, 177 ff.). Unterstellt man also, dass die beträchtlichen Landesmittel (ca. 180 Mill. DM) auf kurz oder lang zum Einsatz kommen, stellt sich die Frage nach der ökonomischen Legitimation dieser öffentlichen Subventionierung. Diese könnte industriepolitischer Natur sein (z.B. um NRW durch die modernste europäische Arena und den ersten deutschen sog. „Superdome" neben dem Metrorapid und anderen

„Leuchtturmprojekten" als Technologiestandort zu positionieren) oder einfach allgemeinen Darstellungs- bzw. Werbeinteressen des Landes NRW dienen. Diese landespolitische Argumentation lässt sich nur dann einigermaßen nachvollziehbar stützen, wenn der Nutzen der Arena nicht nur der Stadt Gelsenkirchen und dem FC Schalke 04 zugute kommt, sondern gleichermaßen als „Aushängeschild" für NRW über die Landes- und Nationalgrenzen hinaus wahrgenommen wird. Dies ist insbesondere der Fall bei Sport-Mega-Events wie der Fußball-WM 2006 oder einer zukünftigen Europameisterschaft in Deutschland. Somit können die Investitionen für die Arena „Auf Schalke" zumindest zum Teil der WM 2006 zugerechnet werden, auch wenn die Bürgschaft nicht voll genutzt wird, da auch eine solche auf dem „freien" Markt einen Preis hätte. Aus Gründen der Konsistenz mit den anderen Spielorten im Modell sowie vorsichtshalber wird hier die gesamte Investitionssumme angesetzt.

Tab. 2: Daten-Inputs und Dynamik des modifizierten Kosten-Nutzen-Modells

Variablen	(Zeitpunkt t)	Schätzintervalle					
		obere Grenze			untere Grenze		
Investitions-kosten[*][†]	Szenario 1	74,9 Mill. DM (Dortmund)			0 Mill. DM (Hamburg)		
(nach Plänen der Bieterstädte) (zu 1/3 in t =3 bis 5)	Szenario 2	116,5 Mill. DM (Stuttg., Nürnb.)			87,4 Mill. DM (Kaiserslautern)		
	Szenario 3	582,7 Mill. DM (München)			110,4 Mill. DM (Hannover)		
	Szenario 4	382,9 Mill. DM (Düsseldorf)			163,9 Mill. DM (Leipzig)		
Nutzenrückflüsse	Szenario 1	9,6 Mill. DM			6,4 Mill. DM		
aus dem	Szenario 2	9,6 Mill. DM			5,0 Mill. DM		
Stadionbetrieb	Szenario 3	9,6 Mill. DM			5,0 Mill. DM		
(von t =6 bis t =15)	Szenario 4	6,4 Mill. DM			1,5 Mill. DM		
	Hypoth.	OH	HA	A12	OK 2006	HB	B12
5.1.1.2 SZENARIEN-	Szenario 1	4	3	3	2	2	2
verteilung[*]	Szenario 2	2	2	3	3	0	2
(von t =0 bis t=15)	Szenario 3	4	4	5	6	6	6
	Szenario 4	0	1	1	1	2	2
Betriebskosten *(t =6 bis t =15)*		*(für alle Szenarien)* 9,6 Mill. DM			*(für alle Szenarien)* 6,4 Mill. DM		
Kapitalkosten *(t =6 bis t =15)*		*(für alle Szenarien)* 9,5 % der Investition als Annuität (Zinsen + Tilgung)					
Kapazitätsauslastung		90 %			75 %		
Anteil „ausländischer Tickets"		*(für alle Szenarien)* 32 % aller Tickets					
Anteil Journalisten-Tickets		*(für alle Szenarien)* 0,36 % aller Tickets					
Ausgaben pro „ausländischem Ticket"		*in t = 6:* 1.440 DM			*in t = 6:* 960 DM		
Überschuss des OK's *(t = 6)*		150 Mill. DM			0 DM		
Multi-	Zeitpunkt:	*in t = 4:*	*in t = 5:*	*in t = 6:*	*in t = 4:*	*in t = 5:*	*in t = 6:*
plika-	für Investitionsausgaben	1,1[§]	1	0,8	0,4[§]	0,2	0,2
toren[‡]	für Tourismusausgaben	*in t = 7:* 2,45			*in t = 7:* 2		
Diskontfaktor		4 %					

* Modifizierte Variable (alle anderen nominalen Größenveränderungen resultieren aus der Multiplikation mit Prozentwerten)

† Die untere Grenze der Investitionsschätzung übernimmt die in DM umgerechneten, offiziellen Angaben aus 2002 in Tabelle 1. Diese Werte werden in dem Modell zur Basis 1996 deflationiert, um die Konsistenz der Daten mit den Angaben von RAHMANN et al. (1998) zu wahren. Da die wahren Baukosten die ursprünglichen Planungen in der Regel spürbar übersteigen, wird die obere Grenze mit 115% des Wertes der unteren angesetzt.

‡ Beide Multiplikatoren wurden vom *Rheinisch-Westfälisches Institut für Wirtschaftsforschung (RWI), Essen*, berechnet. Der Investitionsmultiplikator (Multiplikator für öffentliche Bauinvestitionen) ist dynamisch über drei Perioden und wurde mit einem ökonometrischen Konjunkturmodell ermittelt. Der Multiplikator für die Tourismusausgaben (Multiplikator für „marktbestimmte Dienstleistungen des Gastgewerbes und der Heime", Nr. 52, Input-Output-Tabelle des Statistischen Bundesamtes) ist statisch und aus einem ökonometrischen Input-Output-Modell abgeleitet.

§ Der Wert der Multiplikatoren wird um eine Einheit in der ersten Folgeperiode auf die Ausgaben vermindert (d.h. Multiplikatorwert – 1), um sicherzustellen, dass nur das *zusätzlich* erzeugte Einkommen durch den Impuls der Investitions*kosten* (!) letztlich als Nutzen gewertet wird.

Tab. 3: Gesamte Investitionskosten und Tourismusausgaben der modifizierten Hypothesen

	OH		HA		HB		A12		B12	
	günstig	un-günstig	günstig	un-günstig	günstig	un-günstig	güns-tig	un-güns-tig	güns-tig	un-güns-tig
Investi-tions-kosten[*] (in Mill. DM '96)	1590,8	1829,37	1959,51	2253,43	2438,48	2804,3	2288,84	2632,16	2627,21	3021,30
Touris-musausg. (in Mill. DM '96)	1345,4	747,44	1476,66	820,37	1454,01	807,78	1444,36	802,42	1426,54	792,52

- Siehe die Anmerkung unter † in Tab. 2.

Tab. 4: Gesamte periodenbezogene Nettonutzenrückflüsse der Stadien der modifizierten KNA

	Nettonutzenrückflüsse pro periode (in Mill. DM, Basis 1996) (t = 6 bis t = 15)									
	OH		HA		HB		A12		B12	
	günstig	un-günstig	günstig	un-günstig	günstig	un-günstig	günstig	un-günstig	günstig	un-günstig
Nutzenrück-flüsse	96	55,6	92,8	50,7	89,6	45,8	112	60,7	108,8	55,8
Betriebskosten	64	96	64	96	64	96	76,8	115,2	76,8	115,2
Kapitalkosten	151,12	173,79	186,15	214,08	231,66	266,40	217,44	250,06	249,59	287,02
lfd. Kosten	215,12	269,79	250,15	310,08	295,66	362,40	294,24	365,26	326,39	402,22
Nettonutzen-rückflüsse	-119,12	-214,19	-157,35	-259,38	-206,06	-316,60	-182,24	-304,56	-217,59	-346,42

Tab. 5: Ausgewählte Nettogegenwartswerte der modifizierten KNA

Zeit-hori-zont	Nettogegenwartswerte (in Mill. DM, Basis 1996)									
	OH		HA		HB		A12		B12	
	günstig	un-günstig	günstig	un-günstig	günstig	ungünstig	günstig	ungünstig	günstig	ungünstig
4	-426,07	-854,85	-524,83	-1053,0	-653,12	-1310,4	-613,04	-1230,0	-703,67	-1411,8
5	53,35	-1055,3	65,71	-1299,0	81,77	-1617,7	76,76	-1518,5	88,10	-1742,9
6	2356,32	-248,36	2723,93	-381,70	3049,53	-638,54	2941,38	-570,25	3169,22	-753,64
7	5495,94	910,22	6247,03	896,34	6711,84	632,70	6535,61	684,57	6857,68	493,74
8	5718,86	842,83	6513,87	816,59	7036,42	537,96	6848,43	590,25	7210,61	387,79
9	5635,17	692,34	6403,31	634,35	6891,65	315,52	6720,39	376,27	7057,74	144,39
10	5554,69	547,64	6297,01	459,13	6752,44	101,63	6597,28	170,53	6910,74	**-89,64**
11	5477,32	408,51	6194,80	290,64	6618,59	**-104,03**	6478,90	**-27,31**	6769,40	**-315,67**
12	5402,91	274,72	6096,51	128,64	6489,89	**-301,78**	6365,07	**-217,53**	6633,50	**-531,04**
13	5331,37	146,09	6002,01	**-27,14**	6366,14	**-491,92**	6255,62	**-400,44**	6502,83	**-739,09**
14	5262,58	22,40	5911,14	**-176,92**	6247,15	**-674,76**	6150,38	**-576,31**	6377,18	**-939,14**
15	5196,44	**-96,53**	5823,77	**-320,94**	6132,73	**-850,55**	6049,19	**-745,42**	6256,36	**-1131,5**

Tab. 6: Ausgewählte Nettogegenwartswerte der OK-Auswahl im Vergleich

Zeit-hori-zont	Nettogegenwartswerte (-differenzen) (in Mill. DM, Basis 1996)									
	absolut		Differenzen zu den Hypothesen							
	OK 2006		Diff. zu OH		Diff. zu HA		Diff. zu A12		Diff. zu B12	
	günstig	un-günstig	günstig	un-günstig	günstig	ungünstig	günstig	ungünstig	günstig	ungünstig
4	-629,03	-1262,1	-202,97	-407,23	-104,20	-209,07	-15,99	-32,09	74,64	149,75
5	78,76	-1558,1	25,41	-502,73	13,046	-258,10	2,00	-39,62	-9,35	184,87
6	2987,84	-599,81	631,52	-351,46	263,91	-218,11	46,45	-29,56	-181,38	153,83
7	6612,78	659,48	1116,84	-250,74	365,75	-236,86	77,18	-25,09	-244,90	165,74
8	6933,09	562,72	1214,23	-280,11	419,23	-253,87	84,67	-27,53	-277,52	174,93
9	6801,07	343,18	1165,90	-349,16	397,76	-291,18	80,68	-33,10	-256,67	198,78
10	6674,12	132,08	1119,43	-415,56	377,11	-327,05	76,85	-38,45	-236,62	221,71
11	6552,06	**-70,90**	1074,74	-479,41	357,26	-361,55	73,16	-43,60	-217,35	243,76
12	6434,69	**-266,08**	1031,78	-540,80	338,18	-394,71	69,62	-48,55	-198,81	264,96
13	6321,83	**-453,74**	990,46	-599,83	319,82	-426,61	66,21	-53,31	-180,99	285,35
14	6213,32	**-634,19**	950,74	-656,59	302,18	-457,27	62,94	-57,88	-163,86	304,95
15	6108,98	**-807,70**	912,54	-711,17	285,21	-486,76	59,79	-62,28	-147,38	323,80

Tab. 7: Nutzenrückflüsse, Kosten und Tourismusausgaben der OK-Auswahl im Vergleich

Lfd. Nutzen und Kosten pro periode, Inv.-kosten und Tourismusausgaben

(in Mill. DM, Basis 1996)

	absolut		**Differenzen zu den Hypothesen**							
	OK 2006		**Diff. zu OH**		**Diff. zu HA**		**Diff. zu A12**		**Diff. zu B12**	
	günstig	un-günstig	günstig	un-günstig	günstig	un-günstig	günstig	un-günstig	günstig	un-günstig
Nutzenrückflüsse	112	59,3	16	3,7	19,2	8,6	0	-1,4	3,2	3,5
Betriebskosten	76,8	115,2	12,8	19,2	12,8	19,2	0	0	0	0
Kapitalkosten	223,11	256,58	71,99	82,79	36,96	42,50	5,67	6,52	-26,47	-30,44
lfd. Kosten	299,91	371,78	84,79	101,99	49,76	61,70	5,67	6,52	-26,47	-30,44
Nettonutzen-rückflüsse	-187,91	-312,48	-68,79	-98,29	-30,56	-53,10	-5,67	-7,92	29,67	33,94
Investitions-kosten[*] *(in Mill. DM '96)*	2348,6	2700,8	757,80	871,47	389,04	447,40	59,71	68,67	-278,66	-320,46
Tourismus-ausgaben *(in Mill. DM '96)*	1448,6	804,86	103,17	57,31	-28,10	-15,61	4,19	2,33	22,02	12,23

Determinanten der kurzfristigen TV-Nachfrage in der Formel 1

Superstar- vs. Spannungseffekte und Implikationen für die Wettbewerbspolitik

Ingo Kipker

Zusammenfassung

Die Formel 1-Rennserie erfreut sich wachsender Popularität in Deutschland. Seit Anfang der neunziger Jahre haben sich die TV-Zuschauerzahlen bei den zeitgleichen Übertragungen mehr als verfünffacht. In der vorliegenden Arbeit wird erstmalig untersucht welche Determinanten diese Zuschauerentwicklung verursacht haben könnten. Dabei werden im Rahmen einer empirischen Analyse die Auswirkungen von Superstar- und Spannungsindikatoren analysiert. Die Ergebnisse der Untersuchungen werden anhand von ausgewählten Arrangements der Wettbewerbspolitik der Formel 1 diskutiert. Damit wird ein erster Schritt unternommen, mit Lösungsansätzen aus der Sportökonomie eine Hilfestellung für die wachsenden wirtschaftlichen Strukturierungsprobleme der Formel 1-Championship zu leisten.

1 Formel 1 als wissenschaftliches Neuland

Über die Determinanten der Zuschauernachfrage im professionellen Teamsport liegen eine Vielzahl von internationalen Studien vor. Während sich die Arbeiten über den professionellen Teamsport im amerikanischen und europäischen Raum auf die Stadionnachfrage konzentrieren, so ist die TV-Nachfrage eher noch wissenschaftliches Neuland. Auffällig ist auch, dass der professionelle Motorsport – trotz der empirischen Reichhaltigkeit und wirtschaftlichen Bedeutung – erst von wenigen sportökonomischen Autoren beachtet wurde (BECKER/HUSELID 1992).

Die Spannung des sportlichen Wettbewerbs wird als zentrale Determinante der Zuschauernachfrage nach Sportereignissen angesehen. In diesem Zusammenhang sind die institutionellen Arrangements der Wettbewerbsverfassung darauf ausgerichtet, spannungsfördernde und -erhaltende Effekte zu generieren. Aktuelle empirische Arbeiten stellen jedoch den Nutzen exogener Eingriffe zu Gunsten der sportlichen Ausgeglichenheit in Frage, da Marktanteile und -potenziale nicht ausreichend berücksichtigt werden (FORREST/SIMMONS 2000; SZYMANSKI 2000). HAUSMAN/LEONARD (1996) zeigen eindrucksvoll für die NBA, welche positiven externen Effekte durch den Superstar Michael Jordan erzielt wurden. Sie argumentieren auch, dass diese positiven Externalitäten von Superstars nur bei einem erfolgreichen Großstadtteam möglich sind.

In Bezug auf die vorliegende Arbeit ist daher zu untersuchen, welche Determinanten die kurzfristige TV-Nachfrage in der Formel 1 (F1) beeinflussen.[1] Dabei werden als kurz- bis mittelfristige Spannungsindikatoren die Tabellenstände des jeweiligen Renntages anhand von gängigen Konzentrations- und Häufigkeitsmaßen (FRICK 1997) ausgewertet und mit der Wirkung von Superstarindikatoren im Rahmen einer linearen Regressionsgleichung verglichen (OLS-Schätzung).

Die FIA, als oberste Rechtsinstanz der F1, richtet ihre Arrangements darauf aus, die Leistungsstärke der Teams anzugleichen, um eine spannende Rennserie zu gewährleisten. Die vorliegende Arbeit diskutiert, ob diese exogenen Eingriffe in das Wettbewerbsergebnis notwendig, förderlich oder schädigend sind. Ferner wird die Untersuchung Aufschlüsse über die Konsumentenpräferenzen im Hinblick auf die Gestaltung der Wettbewerbsdesigns im Sinne der Standortwahl (Auswahl der Rennstrecke) und Ressourcenwahl (Auswahl der Fahrer) liefern.

Kapitel 2 liefert eine kurze Einführung in das Wettbewerbsdesign der Rennserie Formel 1. Im *Kapitel 3* wird die zentrale Datengrundlage, die deutsche TV-Nachfrage bei zeitgleichen Übertragungen von F1-Rennen, dargestellt. *Kapitel 4* beinhaltet einen Überblick über mögliche Determinanten der Zuschauernachfrage nach F1-Übertragungen. Die unterschiedlichen Kennzahlen zur Messung der Wettbewerbsintensität und somit der Spannung sowie ausgewählte Befunde zur Entwicklung der sportlichen Ausgeglichenheit werden in *Kapitel 5* bewertet. Der Einfluss dieser Indikatoren und einzelner Superstarvariablen auf die TV-Nachfrage wird im *Kapitel 6* im Rahmen einer Modellschätzung analysiert. Im Anschluss werden im

---

[1]   Als kurzfristige Nachfrage wird im Folgenden die TV-Nachfrage am jeweiligen Renntag verstanden und nicht Durchschnittswerte über die gesamte Saison hinweg.

Kapitel 7 Implikationen für ausgewählte Elemente des Wettbewerbsdesigns der Formel 1 diskutiert. *Kapitel 8* beinhaltet eine abschließende Bewertung und gibt einen Ausblick auf zukünftige Forschungsperspektiven.

2　Wettbewerbsdesign der Formel 1 Championship

Die Formel 1 Championship wurde 1950 etabliert und ist seitdem das populärste Motorsportereignis der Welt.[2] In der Anfangsphase wurden nur sieben Rennen (Grands Prix) ausgetragen, die Zahl wurde jedoch seit den sechziger Jahren kontinuierlich erhöht. Seit den neunziger Jahren finden in einer Saison zwischen 16 und 17 Rennen an unterschiedlichen Rennstrecken statt. Die Anzahl der Teilnehmer ist seit den siebziger Jahren auf zwölf Teams limitiert. Jedes Team darf mit maximal zwei Rennwagen an einem Grand Prix teilnehmen. Die Anzahl der Fahrer und die Zulassung unterliegen strengen Regulierungen. In der Regel werden das Chassis und der Motor des Rennwagens von unterschiedlichen Herstellern geliefert. Der erste Namen in der Teambezeichnung nennt den Chassis-, der zweite Namen den Motorlieferanten (z. B. McLaren/Mercedes).

Ein Grand-Prix-Wochenende findet unabhängig von der Rennstrecke nach dem gleichen Format und nach der gleichen lokalen Uhrzeit statt. Das Freie Training wird am Freitag (11:00-12:00, 13:00-14:00) und am Samstag (9:00-9:45, 10:15-11:00) ausgetragen. Die jeweils schnellste Runde im Qualifikationstraining (Sa. 13:00-14:00) entscheidet über die Startaufstellung am kommenden Renntag. Qualifiziert sind nur die Fahrer, die eine Rundenzeit aufweisen können, die die Bestzeit um maximal 7% überschreitet. Das Rennen startet gegen 14:00 Uhr Ortszeit und dauert zwischen einer bis maximal zwei Stunden.

Ein Grand Prix führt in jedem Rennen über eine Distanz von rund 305 km. Da die Rennstrecken unterschiedlich lang sind, variiert die Anzahl der notwendigen Runden (rund 45-90) erheblich.[3] Der Fahrer der als erster die mit der o.a. Rundenzahl die Ziellinie erreicht hat den Grand Prix gewonnen. Für jeden Grand Prix werden Punkte nach Zieleinfahrt vergeben: Der Sieger erhält zehn Punkte, die folgenden

---

[2]　In der Saison 1999 haben weltweit insgesamt rund 57 Mio. TV-Zuschauer die Rennen verfolgt.
[3]　Die Rennstrecke in Monaco hat die kürzeste Rennstrecke (3,4 km), während Spa über die längste Strecke verfügt (6,9 km) (siehe Abbildung 8).

fünf Fahrer erhalten jeweils 6, 4, 3, 2, 1 Punkte.[4] Der Fahrer mit den meisten Punkten am Ende der Saison hat die Fahrermeisterschaft gewonnen. Neben der Fahrerwertung existiert noch eine – allerdings weniger bedeutende – Konstrukteurswertung, in der die erzielten Punkte beider Fahrer pro Team addiert werden.

3 Zuschauernachfrage bei Formel 1-Übertragungen

Neben dem Fußball erzielt die Formel 1 in Deutschland die höchsten Einschaltquoten (UFA Sports 2000). Der Sender RTL hat seit 1984 die Rechte der F1 und überträgt seit Anfang der neunziger Jahre die Rennen vollständig live im FreeTV. Eine valide Zuschauermessung wird seit 1992 vorgenommen. Der Datensatz aller Grand-Prix-Rennen (1992-2000, 147) wurde für die folgende Untersuchung verwendet. Die Zuschauerzahlen sind seit 1992 um 500% gestiegen, durchschnittlich verfolgten in der Saison 2000 rund 10 Mio. deutsche Zuschauer die Übertragung bei RTL. Beeindruckend sind insbesondere die Marktanteile bei der für die Werbewirtschaft attraktiven Zielgruppe der 14- bis 49-Jährigen (Abbildung 9).

Bei Einzelbetrachtung der Zuschauernachfrage werden – neben dem signifikanten der Anstieg – die eratischen Schwankungen innerhalb einer Saison ersichtlich. Auffallend ist auch, dass der Marktanteil (ZN MA) und die Nachfrage in Millionen (ZN Mio) negativ zueinander korrelieren.

Die Rennen im asiatischen und pazifischen Raum mit aus europäischer Sicht frühen Startterminen (04:00-08:00 MEZ) erzielen in Deutschland eine geringe Nachfrage in Mio., aber auf Grund der geringen sonstigen Nachfrage einen extrem hohen Marktanteil. Die Grand Prix in der amerikanischen Zeitzone erzeugen hingegen (18:00-20:00 MEZ) eine hohe absolute Nachfrage, aber im Hinblick auf die Konkurrenz zu anderen attraktiven TV-Formaten einen geringeren Marktanteil. Hohe absolute und relative Nachfragewerte sind hingegen in der europäischen Nachmittagszeit (14:00-15:00 MEZ) zu erzielen.

---

[4] Die Punktwertung wurde in der Vergangenheit mehrmals modifiziert. Bis 1959 erhielt der Fahrer mit der schnellsten Runde einen Zusatzpunkt. In den fünfziger Jahren wurden dem Gewinner acht, seit den sechziger Jahren nur neun Punkte gutgeschrieben.

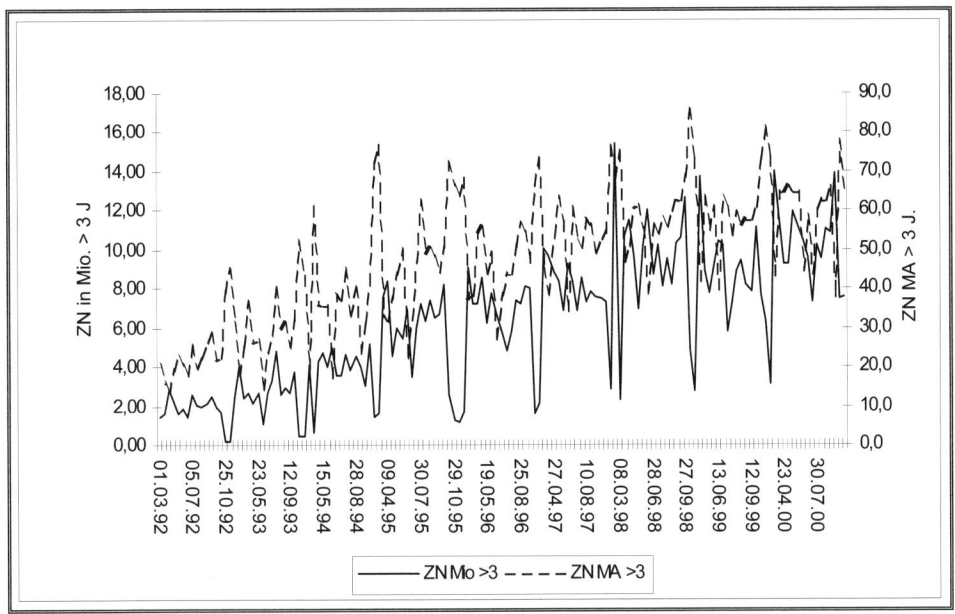

Abbildung 1: Entwicklung der TV-Zuschauernachfrage auf Grand-Prix-Basis (Zuschauer in Mio. älter als drei Jahre, Datenquelle: RTL Medienforschung)

4   Mögliche Determinanten der TV-Zuschauernachfrage

Die Nachfrage nach zeitgleichen TV-Übertragungen von Formel 1-Rennen wird von mehreren Determinanten beeinflusst. Neben länder- und sportartspezifischen Besonderheiten lassen sich die Einflussfaktoren der Nachfrage in fünf Kategorien zusammenfassen. Bei den TV-spezifische Faktoren dürfte bspw. die Übertragungsform einen erheblichen Einfluss auf die TV-Zuschauerzahlen haben, da der einzige deutsche Abonnentensender Premiere World nur über einen geringen Marktanteil verfügt. Auch das Konkurrenzangebot in anderen Programmen dürfte die Zuschauernachfrage beeinflussen. Ferner könnten auch das Sendeformat (z.B. Anzahl und Form der Werbeunterbrechungen) und die Popularität der Moderation einige Effekte auf Zuschauerzahlen generieren. Bei den soziodemografischen Faktoren sind die Bedeutung der Sportart und die Größe der Bevölkerung in Kombination mit der Reichweite der Übertragung als Determinanten zu berücksichtigen.

TV-spezifische Faktoren	Soziodemografische Faktoren	Qualitätsfaktoren	Superstar- & Spannungsfaktoren	Residualfaktoren
Übertragungs-form (FreeTV, PayTV) Konkurrenz-angebote im Fernsehen Sendeformat Qualität der Moderation	Popularität der Sportart Bevölkerungsgröße & Reichweite	Attraktivität der Rennstrecke Unfallanfälligkeit der Rennstrecke Attraktivität des Rahmen-programms	Attraktivität der Rennteams Attraktivität der bzw. einzelner Fahrer Spannung des Rennausgangs bzw. Meister-schaftsausgangs	Wetter Jahreszeit Weitere Kon-kurrenzangebote

Abbildung 2: Beispiele für Determinanten der TV-Nachfrage nach F1-Rennen[5]

Die Attraktivität der Rennstrecke in Bezug auf Überholmöglichkeiten und Unfallan-fälligkeit könnte ebenfalls Auswirkungen auf die TV-Nachfrage erzeugen. Die Attraktivität von Fahrern (z.B. nationale Identität, Charisma) und Teams (z.B. na-tionale Identität, Marke) und die Spannung des Rennausgangs könnten die Zu-schauerzahlen maßgeblich beeinflussen. Gutes oder schlechtes Wetter, Fest- und Feiertage und weitere Konkurrenzangebote könnten den Interessenten davon ab-halten oder dazu animieren F1-Übertragungen zu konsumieren. Die folgende empi-rische Untersuchung fokussiert sich auf die Determinanten Superstar- und Span-nungsfaktoren.

5 Messung der sportlichen Wettbewerbsintensität

5.1 Kennzahlen zur Messung der sportlichen Wettbewerbsintensität

In der sportökonomischen Literatur werden unterschiedliche Kennzahlen verwendet, um die Ausgeglichenheit des Wettbewerbs und somit letztlich auch die Spannung zu quantifizieren. Dabei wird zwischen drei zeitlich abgegrenzten Gleichgewichtsebenen unterschieden (vgl. HEINEMANN 1995, 180):

---

[5] Zu einem Überblick über internationale Arbeiten zur Untersuchung der Zuschauernachfrage von Sportereignissen siehe HEINEMANN (1995, 178 ff.) und CAIRNS/JENNETT/SLOANE (1986, 5-56).

- Die Unsicherheit des Renn- bzw. Spielausgangs (Uncertainty of Race bzw. Match Outcome) beschreibt das *kurzfristige* Spannungselement, das auch auf Grund des Zwischenstands im Meisterschaftswettkampf entsteht. Als Determinanten der Ausgewogenheit werden Rangpositionen der beteiligten Fahrer bzw. Teams oder Wettquoten auf den Rennausgang verwendet.

- Die Unsicherheit des Titelkampfs (Uncertainty of Championship Outcome) bezieht sich auf die *mittelfristige* Ungewissheit des Ausgangs der Rennserie. Bei der Messung werden die Punktdifferenzen in den Saisonabschlusstabellen verwendet.

- Die dritte Gleichgewichtsebene misst die Konzentration von Meisterschaften auf einen Fahrer oder die Dominanz einer (kleinen) Gruppe von Fahrern und somit die *langfristige* Ausgeglichenheit des sportlichen Wettbewerbs (Absence of Long-Term-Dominance).

Bei der Analyse der *kurzfristigen* sportlichen Gleichgewichtsindikatoren (KSGI) wird angenommen, dass die Nachfrage nach Sportereignissen durch die Wettbewerbsintensität während der Saison beeinflusst wird. Dabei wird davon ausgegangen, dass ein sportlich ausgeglichener Wettbewerb nur ein geringes Leistungsgefälle zwischen den Fahrern (ausgedrückt durch die Punktdifferenzen) während der Saison zulässt. Der *Variationskoeffizient* (VC) ermöglicht den Vergleich von Streuungen der Punkte der jeweils zwanzig besten Fahrer unter Berücksichtigung der unterschiedlichen Mittelwerte. Die *Standardabweichung* (SA) ist ein absolutes Streuungsmaß, das den Vergleich von Streuungen der Punktdifferenzen ermöglicht. Die *Spanne* (SW) zeigt die Punktdifferenz zwischen dem Erst- und Letztplatzierten an. Sie indiziert somit das Leistungsgefälle zwischen den stärksten und schwächsten Fahrern. Für alle Kennzahlen gilt: Je höher der Wert, desto größer ist das sportliche Ungleichgewicht.

Die gleichen Indikatoren werden bei der Messung des *mittelfristigen* sportlichen Gleichgewichts zwischen allen Fahrern berechnet. Die mittelfristige Wettbewerbsintensität bezieht sich auf den Ausgang der Rennserie und basiert auf den Abschlusstabellen der einzelnen Fahrer- bzw. Konstrukteurswertung. Neben den aufgeführten Konzentrationsmaßen werden die *Punktabstände* am Saisonende zwischen dem Erst- und Zweitplatzierten (D1-2) und dem Erst- und Drittplatzierten (D1-3) berechnet.

Bei der Messung der *langfristigen* sportlichen Ausgeglichenheit werden vier Kennzahlen verwendet. Die *Anzahl Champions* (AC) zeigt an, wie viele unterschiedliche Piloten im Untersuchungszeitraum die Fahrerwertung gewonnen haben. Ein hoher Wert deutet auf einen langfristig ausgeglichenen Wettbewerb hin. Die *Anzahl der Wechsel* (AW) zeigt an, wie oft die Meisterschaft von einem Fahrer auf den anderen gewechselt ist. Gewinnt ein Fahrer die Meisterschaft mehrmals hintereinander, so ist dieser Indikator entsprechend niedrig. Die Kennzahlen *Top1* (T1) und *Top3* (T3) geben die Dominanz des besten bzw. der drei besten Fahrers wieder. Die gleichen Werte werden auch die Konstruktionswertung berechnet. Hohe (absolute und relative) Werte deuten auf eine Konzentration von sportlichen Erfolgen auf eine geringe Anzahl von Teams hin.

5.2   Ausgewählte Ergebnisse zur sportlichen Wettbewerbsintensität

Aus den empirischen Befunden der *kurzfristigen* Gleichgewichtsindikatoren im Zeitraum 1992-2000 kann kein eindeutiger langfristiger Trend abgeleitet werden (siehe Abbildung 3). Vielmehr schwanken die Indikatoren von Saison zu Saison. Das öffentlich vermutete, wachsende sportliche Ungleichgewicht in der Formel 1 durch die Dominanz von M. Schumacher und Ferrari ist anhand der gewählten Kurzfrist-Determinanten nicht zu bestätigen.

	SA	VC	SW
1992	17,6	1,6	75,0
1993	15,5	1,5	61,5
1994	14,4	1,7	66,0
1995	15,5	1,3	54,0
1996	15,8	1,2	56,2
1997	12,9	1,2	42,1
1998	16,9	1,4	55,1
1999	14,3	1,2	39,3
2000	15,8	1,3	58,2

Abbildung 3: Durchschnitt der kurzfristigen Gleichgewichtsindikatoren Fahrerwertung (1992-2000, Eigene Berechnung)

Auch die *mittelfristigen* Gleichgewichtsindikatoren zeigen keinen kontinuierlichen Trend an. Die Indikatoren deuten eher an, dass sich ausgeglichene mit weniger ausgeglichenen Phasen abwechseln. Die Kennzahlen bestätigen, dass die Rennserien 1991-1993, 1995-1996, 1998 und 2000 weniger ausgewogen waren.

Die geringen Abstände zwischen dem Gesamtwertungssieger und den Verfolgern (D1-D2) machen hingegen deutlich, dass die Meisterschaft erst in den letzten Rennen entschieden wurde. Die Messgröße (D1-D3) zeigt auch, dass der Meisterschaftsausgang in der Endphase immer zwischen zwei Fahrern entschieden wird. Der Indikator Max. misst die erreichte Punktzahl des Gewinners der Fahrer- bzw. Teamwertung.

	SA	D1-2	D1-3	VC	SW
1992	26,8	52	55	1,8	108
1993	25,4	26	30	1,8	99
1994	23,3	1	51	1,6	92
1995	24,5	33	53	1,6	102
1996	26,7	19	38	1,5	97
1997	21,9	3	39	1,4	81
1998	28,0	14	44	1,5	100
1999	24,0	2	22	1,4	76
2000	32,1	19	35	1,6	108

Abbildung 4: Mittelfristige Gleichgewichtsindikatoren Formel 1 Fahrerwertung (1992-2000, Eigene Berechnung)

Der langjährige Vergleich der mittelfristigen Kennzahlen seit der Gründung der Formel 1 in den fünfziger Jahren zeigt eine kontinuierliche Erhöhung der sportlichen Disparität an (siehe Abbildung 5). Der Anstieg der Indikatoren SA und Max. dürfte dabei auch aus der deutlichen Zunahme der Teams und somit auch Fahrer bis 1970 resultieren.

	1950-9	1960-69	1960-69	1970-9	1970-9	1980-9	1980-9	1990-9	1990-9
	Fahrer	Fahrer	Konstr.	Fahrer	Konstr.	Fahrer	Konstr	Fahrer	Konstr.
SA	8,9	12,3	18,3	16,8	26,3	19,4	36,0	24,5	46,6
D1-2	8,5	13,2	--	12,7	--	9,4	--	17,9	--
VC	1,4	1,5	1,0	1,4	1,2	1,5	1,4	1,6	1,5
Max.	35,7	49,3	51,2	62,4	81,6	69,7	123,0	92,9	143,9

Abbildung 5: Mittelfristige Gleichgewichtsindikatoren Formel 1 Fahrer- und Konstrukteurswertung (1950-2000, Eigene Berechnung)

Die *langfristigen* Gleichgewichtsindikatoren nehmen in der Entwicklung konstante Werte an. Die Anzahl der Champions und Wechsel könnte auf eine hohe Ausgewogenheit hindeuten, während die Dominanzkennzahlen hingegen zeigen, dass rund 20 bis 30% der Titel in der Fahrerwertung und 40 bis 50% der Titel in der Konstruktionswertung von einem Fahrer bzw. einem Team gewonnen werden. Die T3 Dominanz zeigt auch, dass die Formel 1 von maximal drei Teams dominiert wird. Die Überlegenheit ist so groß, dass kein weiteres Team Titelchancen umsetzen konnte.

Fahrerwertung	Anzahl Champions	Anzahl Wechsel	T1 Dominanz	T3 Dominanz
	Fahrer / Konstrukteur	Fahrer / Konstrukteur	Fahrer / Konstrukteur	Fahrer / Konstrukteur
1950-1959	5	5	0,6	0,8
1960-1969	7 / 6	9 / 8	0,2 / 0,3	0,6 / 0,7
1970-1979	7 / 4	9 / 7	0,2 / 0.4	0,6 / 0,9
1980-1989	6 / 3	8 / 5	0,3 / 0,4	0,7 / 1,0
1990-1999	7 / 3	6 / 5	0,2 / 0,5	0,6 / 1,0

Abbildung 6: Langfristige Indikatoren Formel 1 Fahrer- & Konstrukteurswertung (1950-2000, Eigene Berechnung)

6   Empirische Befunde zur kurzfristigen TV-Nachfrage

Im Folgenden soll der Einfluss des sportlichen Leistungsgefälles auf die deutsche TV-Zuschauernachfrage analysiert werden. Um den statistischen Zusammenhang analysieren zu können, wird die TV-Nachfrage als abhängige Variable sowie die unterschiedlichen Indikatoren als unabhängige Variablen determiniert.

Um die beschriebenen erratischen Schwankungen in Abhängigkeit von der Übertragungszeit zu eliminieren, wird der Betrachtungsraum auf die europäischen Rennen in der Zeit von 13:00 bis 16:00 Uhr MEZ (insges. 88 Rennen) abgegrenzt. Dabei werden die Jahre mit Jahres-Dummys JD [0,1] berücksichtigt. Die Spannung wird anhand eines kurz- und mittelfristigen Spannungsindikators in die Gleichung integriert. Neben der Spannung dürfte auch die Popularität einzelner deutscher Fahrer für eine deutliche Zuschauernachfrage sorgen. Als Superstarvariablen werden die Endpositionen [1, 24] der deutschen Fahrer (Michael Schumacher SPMS, Ralf Schumacher SPRS, Heinz-Harald Frentzen SPHF) berücksichtigt.

Insbesondere der verletzungsbedingte Ausfall von Michael Schumacher in der Saison 1999 dürfte aufschlussreiche Ergebnisse bez. der Effekte dieses Superstars liefern. Dabei wird eine OLS-Schätzung mit folgender Funktion berechnet:[6] TVN = $\alpha 0 + \alpha 1$ KSGI + $\alpha 2$ MSGI(t-1) + $\alpha 3$ SPMS + $\alpha 4$ SPRS + $\alpha 5$ SPHF + $\alpha 6$ JD + ε. Die folgende Abbildung enthält die aussagekräftigsten Ergebnisse aus rund 30 Schätzungen mit unterschiedlicher Variablenauswahl und -zusammensetzung.

---

[6] Der T-Wert ist der Quotient aus den berechneten Koeffizienten und deren Standardfehler. Das zugehörige Signifikanzniveau bezieht sich auf die Absicherung dieser Koeffizienten gegen null. Die Werte der T-Statistik sind jeweils in Klammern unter dem Koeffizienten angegeben. Werte, die signifikant von null verschieden sind, werden mit einem Stern (*) gekennzeichnet, wobei drei Stufen des Signifikanzniveaus zu unterscheiden sind.

Variable	M1	M2	M3
KSGI	- 0,0109	- 0,0111	- 0,0011
(hier SW)	(-1,854)**	(-1,856)**	(-0,130)+
MSGI(t-1)	- 0,0786	- 0,0817	- 0,0244
(hier SW-1)	(- 1,948)**	(- 1,948)**	(- 1,330)+
SPMS	- -	0,0183	0,0039
		(1,240)***	(0,294)+
SPRS	- -	- -	- 0,0004
			(- 0,190)+
SPHF	- -	- -	- 0,0143
			(- 0,659)+
Constant	11,490	11,665	7,053
	(7,166)***	(7,181)***	(3,526)**
R^2	,236	,247	,113
R^2 (adj.)	,218	,240	,051
F-Wert	12,282	9,070	,687
Fälle	88	86	32
Abhängige Variable TVN, + n.s.; * p < 0,1; ** p < 0,05; *** p < 0,01			

Abbildung 7: Determinanten der kurzfristigen deutschen TV-Nachfrage (1992-2000)

Die Ergebnisse der Regressionsschätzung deuten auf eine signifikante, wenn auch geringe Auswirkung der Spannungsindikatoren auf die TV-Zuschauernachfrage hin. Beide Spannungsindikatoren KSGI (hier SW) und MSGI (hier SW-1) nehmen ein negatives Vorzeichen an, was zudem darauf hindeutet, dass die Zuschauer eher eine geringe Disparität bevorzugen. Beide Spannungsindikator erreichen jedoch nur bei alleiniger Integration in die Gleichung ein signifikantes Niveau. Bei der Integration der Superstarvariable von M. Schumacher steigt die Aussagekraft der Modellschätzung an und der Indikator erreicht ein signifikantes Niveau. Bei der Integration aller Indikatoren in die Modellgleichung erzielt keine Variable ein aussagekräftiges Niveau. Insgesamt liefern die Modellschätzungen mit R^2-Werten mit maximal 24% einen sehr niedrigen Erklärungsbeitrag.

Die Ergebnisse der Modellschätzung legen nahe, dass die Leistung der deutschen Fahrer Heinz-Harald Frentzen und Ralf Schumacher keinen signifikanten Einfluss auf die Zuschauernachfrage haben. Die Werte bei Frentzen nehmen sogar in allen Modellschätzungen die falschen Vorzeichen an, die Werte von R. Schumacher erreichen kein signifikantes Niveau. Diese Ergebnisse könnten auch damit zusammenhängen, dass R. Schumacher erst in der Saison 1999 in die Formel 1 eingestiegen ist und Heinz-Harald Frentzen auf Grund seiner zurückhaltenden Darstellung geringe Nachfrageeffekte generieren dürfte.

Die signifikanten Auswirkungen der Performance von Superstars, insbesondere von M. Schumacher sind auch bei den Sendern bekannt. Daher werden detaillierte Zuschauerquoten nicht auf Minutenbasis veröffentlicht, da ansonsten werbende Sponsoren auf Grund der massiven Quotenrückgänge nach dem Ausscheiden von M. Schumacher mit Preisreduktionen drohen dürften. RTL versucht daher durch eine nachfolgende Zusammenfassung und Analyse von einzelnen Rennszenen so genannte Spill-Over-Effekte zu generieren und so die Zuschauer auch nach dem Ausscheiden eines deutschen Fahrers zu halten. Beim verletzungsbedingten Ausfall von M. Schumacher während der Rennserie 1999 gingen die Einschaltquoten tatsächlich signifikant zurück. RTL konnte jedoch Schumacher-Fans zum TV-Konsum animieren, indem Liveschaltungen an das Krankenbett ausgestrahlt und das kurzfristige Comeback des Piloten in Aussicht gestellt wurden.

7 Implikationen für die Wettbewerbspolitik

7.1 Exogene Eingriffe zur Angleichung der Wettbewerbsintensität

Die FIA, als Organisator der Rennserie, ist darauf bedacht, regelmäßig Arrangements einzuführen, um das sportliche Leistungsgefälle zu nivellieren. Aktuell werden Arrangements wie die Beschränkung der Anzahl der Rennwagen und Restriktionen bei Testfahrten diskutiert. Dadurch könnte der wirtschaftliche und letztlich auch sportliche Vorteil von finanzkräftigen Teams reduziert werden. Die Betrachtung der Sanktionen der FIA legt darüber hinaus die Vermutung nahe, dass exogene Eingriffe des Organisators dann erfolgen, wenn dominante Teams sich an der Tabellenspitze nachhaltig absetzen und somit die Unsicherheit des Rennserienausgangs kontaminieren. Dabei wird davon ausgegangen, dass eine ausgeglichene

Wettbewerbsintensität die Zuschauernachfrage erhöht und so den Vermarktungswert positiv beeinflusst.

Erfolgreiche Fahrer und Teams ziehen Sympathisanten und Interessenten an und
erschließen ihre brachliegenden Zuschauerpotenziale. Aus Vermarktungssicht erscheint daher ein komplett ausgeglichener Wettbewerb ebenfalls nicht sinnvoll, da
das Vermarktungspotenzial von attraktiven Teams (Drawing Potential) nicht ausgeschöpft werden kann. Nach den Untersuchungen von HAUSMAN/LEONARD 1997 in
der NBA könnte eine Ausgeglichenheit der Spielstärke sogar negative Effekte auf
den Vermarktungserfolg des Wettbewerbs generieren. Dies wird zwangsläufig dann
eintreten, wenn Starspieler nicht an dem Ort ihres höchsten Grenzwertproduktes
eingesetzt werden. Demnach ist die Dominanz von M. Schumacher seit Mitte der
neunziger Jahre eher positiv zu werten, da so die Nachfragepotenziale in den wichtigsten Märkten der Formel 1 Deutschland und Italien ausgeschöpft werden. Bezieht
man die Befunde von HAUSMAN/LEONARD auf die Formel 1 erscheint es auch
sinnvoll, dass Piloten mit den höchsten Sympathiewerten in das beste Rennauto
alloziert werden, so dass der maximale Vermarktungswert ausgeschöpft werden
kann.

Bei der vorliegenden ersten Untersuchung wurden individuelle Präferenzen und
Marktpotenziale vernachlässigt. Fraglich ist daher, ob ein komplett nivellierendes
Leistungsniveau von den Zuschauern als spannend bzw. attraktiv empfunden wird.[7]
Gewinnt ein Fahrer bzw. ein Team mehrmals hintereinander, könnte eine Spannung
dadurch aufgebaut werden, wann und wie diese Serie beendet wird. Dabei genießen
Rennen mit „David-gegen-Goliath"-Duellen in der Startaufstellung eine hohe Zu-
schauernachfrage mit der Hoffnung, der Spitzenfahrer könnte verlieren (Giant-Kil-
ling).

In Bezug auf die untersuchten Indikatoren werden diese „Spannungseffekte" nicht
berücksichtigt. Des Weiteren wurde bisher der Spannungsaufbau über die drei
Renntage mit dem Training nicht analysiert. Darüber hinaus könnte ein bestimmter
Zuschaueranteil in der Hoffnung auf spektakuläre Unfälle angezogen werden.

---

[7]   Diese Befunde weisen Parallelen zu Untersuchungen im europäischen Fußball auf. „Some
      degree of imbalance may actually be preferred by some fans ... ." FORREST/SIMMONS (2000, 3).

7.2 Verteilung der Teilnahmerechte an Fahrer

Seit der Rennserie 2000 nehmen an der Formel 1 mit Nick Heidfeld vier deutsche Piloten teil. Dabei ist fraglich, ob hierdurch zusätzliche Nachfrageimpulse bei den deutschen Fernsehzuschauern erzeugt werden können oder ob ein gewisser Sättigungseffekt wahrzunehmen ist. Die Modellschätzung hat gezeigt, dass die Fahrer R. Schumacher und H. Frentzen keine signifikanten Nachfragezuwächse liefern konnten. Demnach wäre es aus Gesamtvermarktungsaspekten sinnvoller diese Positionen mit Fahrern aus anderen Ländern zu besetzen, um so Vermarktungspotenziale ausschöpfen zu können. Vermutlich ist den Verantwortlichen der Sättigungseffekt bekannt und die Einbindung der jungen Fahrer R. Schumacher und N. Heidfeld dient dazu, rechtzeitig erfolgreiche Nachfolger für M. Schumacher und H. Frentzen aufzubauen.

7.3 Europäisierung der Rennserie

In den neunziger Jahren ist die Formel 1 verstärkt auf den europäischen Markt ausgerichtet worden. Zum einen wurde die Anzahl der Rennen in Europa zu Lasten der Rennen im südamerikanischen Raum erhöht, zum anderen wurde die Anzahl der europäischen Piloten signifikant gesteigert. Dies dürfte verstärkt der Herkunft der Teams Rechnung tragen, aber auch den Vermarktungspotenzialen des europäischen Marktes gerecht werden. Des Weiteren ist die Formel 1 von den einheitlichen Startterminen in lokaler Uhrzeit abgewichen, um die Rennen zu einer zuschauerfreundlicheren Zeit in Europa übertragen zu können: Der Grand Prix in Japan wurde um bis zu zwei Stunden nach hinten verlegt, das Rennen in Kanada um drei Stunden nach vorne. Aus Vermarktungsgesichtspunkten erscheint diese Flexibilisierung – entgegen der auf Standards zielende Markenregeln (KIPKER/PARENSEN 1999) – sinnvoll, da die Einhaltung der Standardstartzeit auf Grund der unterschiedlichen und wechselnden Zeitzonen vom Konsumenten nicht bewusst wahrgenommen wird.

8 Resümee und Ausblick

Die Bestrebungen der FIA hin zu einer nivellierenden Angleichung kann bezogen auf einen der wichtigsten Märkte der Formel 1 abgelehnt werden. Ebenso erscheint die komplette Vernachlässigung des sportlichen Gleichgewichts voreilig. Der Erhalt der sportlichen Wettbewerbsintensität dürfte bis zu einem bestimmten Grad erstrebenswert sein. Die Frage bez. einer effizienten Kombination von kurz-, mittel- und langfristiger Ausgeglichenheit und des optimalen Grades an Wettbewerbsintensität zur Optimierung der Zuschauernachfrage und der Vermarktungserlöse bleibt vorerst ungelöst. Die Konsumentenpräferenzen dürften auch länderspezifisch voneinander abweichen. Demnach existiert kein allgemein gültiger Optimierungsansatz.

In diesem Zusammenhang erscheint auch ein Optimierungsansatz zur Verteilung von Fahrerlizenzen schwierig. Die empirischen Befunde könnten auf einen Sättigungseffekt bei der Anzahl deutscher Fahrer hindeuten. Bei der verstärkten Europäisierung der Rennserie hat die FIA die Vermarktungspotenziale erkannt und genutzt. Daneben stellen die Klärung der Einnahmenteilung und Allokation der Verfügungsrechte die größte Herausforderung der FIA dar. Nur eine zunehmende Berücksichtigung der Interessen der Teams wird in Zukunft einen Konkurrenzwettbewerb in Eigenorganisation der Teams verhindern können. Die Sportökonomie ist aufgefordert, hier Lösungsansätze zu entwickeln und anzubieten.

Zukünftige Untersuchungen der Determinanten der Zuschauernachfrage sollten längere Zeiträume und weitere Determinanten (Bsp. Superstar- und Gleichgewichtswirkungen) berücksichtigen, um die Trade-Off-Beziehung zwischen sportlichem Gleichgewicht und Starwirkungen weiter zu konkretisieren.

ANHANG

NR.	DATUM	LAND	KURS	KM	RUNDEN	KM GESAMT
1	03.03.02	Australien	Melbourne	5,30	58	307,57
2	17.03.02	Malaysia	Sepang	5,54	56	310,35
3	31.03.02	Brasilien	Interlagos	4,29	72	309,02
4	14.04.02	San Marino	Imola	4,93	62	305,66
5	28.04.02	Spanien	Barcelona	4,73	65	307,32
6	12.05.02	Österreich	Spielberg	4,32	71	306,65
7	26.05.02	Monaco	Monte Carlo	3,37	78	262,63
8	09.06.02	Kanada	Montreal	4,42	69	305,05
9	23.06.02	Europa	Nuerburgring	5,15	60	308,94
10	07.07.02	Großbritannien	Silverstone	5,24	60	314,40
11	21.07.02	Frankreich	Magny-Cours	4,25	72	306,00
12	28.07.02	Deutschland	Hockenheim	4,57	67	306,46
13	18.08.02	Ungarn	Budapest	3,97	77	305,92
14	01.09.02	Belgien	Spa	6,97	44	306,59
15	15.09.02	Italien	Monza	5,77	53	305,81
16	29.09.02	USA	Indianapolis	4,98	75	373,20
17	13.10.02	Japan	Suzuka	5,86	53	310,79

Abbildung 8: Rennplan der Formel 1 Saison 2001

Jahr	Zuschauer in Mio >3 Jahre	Zuschauer Marktanteil >3 J.	Zuschauer in Mio 14-49 J.	Zuschauer Marktanteil 14-49 J.
1992	1,77	23,76	1,03	26,24
1993	2,56	30,22	1,51	35,19
1994	3,63	40,25	2,10	44,74
1995	5,62	47,31	3,04	51,62
1996	6,45	48,40	3,55	53,41
1997	7,93	55,37	4,22	60,68
1998	9,17	59,36	4,87	64,50
1999	8,48	59,72	4,68	63,69
2000	9,90	59,83	5,01	62,60

Abbildung 9: Entwicklung der durchschnittlichen TV-Zuschauernachfrage in der Formel 1 (Eigene Berechnung, Datenquelle: RTL Medienforschung)

ABKÜRZUNGSVERZEICHNIS

AC   Anzahl der Champions
AW   Anzahl der Wechsel im Meisterschaftsausgang
D1-2   Differenz zwischen Erst- und Zweitplatziertem
F1   Formel 1
KSGI   Kurzfristiger sportlicher Gleichgewichtsindikator
MSGI   Mittelfristiger sportlicher Gleichgewichtsindika-
tor
LSGI   Langfristiger sportlicher Gleichgewichtsindikator
SA   Standardabweichung
SPMS   Superstarindikator M. Schumacher
SPRS   Superstarindikator R. Schumacher
SPHF   Superstarindikator H. Frentzen
SW   Spannweite, Spanne
T1   Top 1, hier Dominanzkennzahl
TVN   TV-Nachfrage
VC   Variationskoeffizient

Literatur

BECKER, B.E. und HUSELID, M.A. (1992): The Incentive Effects of Tournament Compensation Systems. Administration Science Quarterly 37, 336-350.

CAIRNS, J., JENNETT, N. und SLOANE, P.J. (1986): The Economics of Professional Team Sports: A Survey of Theory and Evidence. Journal of Economic Studies 13/1, 3-80.

FORREST, D. und SIMMONS, R. (2000): Outcome Uncertainty and Attendance Demand in Sport: The Case of English Soccer. Discussion Paper, University of Salford.

FRICK, B. (1997): Kollektivgutproblematik und externe Effekte im professionellen Team-Sport. Diskussionspapier 2/97, Universität Greifswald.

HAUSMAN, J.A. und LEONARD, G.K. (1997): Superstars in the National Basketball Association: Economic Value and Policy. Journal of Labor Economics 15, 586-624.

HEINEMANN, K. (1995): Einführung in die Ökonomie des Sports. Schorndorf: Hofmann.

KIPKER, I. (2001). Die ökonomische Strukturierung von Teamsport-wettbewerben. Aachen: Shaker.

KIPKER, I. und PARENSEN, A. (1999): Strukturierungsprobleme europäischer Fußballwettbewerbe am Beispiel der Champions League und European Super League. BFuP 2/99, 136-150.

KUYPERS, T. und SZYMANSKI, S. (1999): Winners and Losers: The Business Strategy of Football. London: Penguin.

SZYMANSKI, S. (2000): Income Equality, Competitive Balance and the Attractiveness of Teams Sports: Some Evidence and a Natural Experiment from English Soccer. Unpublished Discussion Paper, Imperial College London.

UFA SPORTS (2000): UFA Fußballstudie 2000. Hamburg.

Determinanten der TV-Nachfrage in der Formel 1 – Eine kritische Würdigung empirischer Untersuchungen zu Superstar- und Spannungseffekten

Korreferat zu Ingo Kipker

Herbert Woratschek

1 Einordnung des Beitrags von Kipker

Die Formel 1 ist wissenschaftlich bislang kaum beleuchtet. Insofern stößt der Beitrag von KIPKER (2002) „Determinanten der kurzfristigen TV-Nachfrage in der Formel 1 – Superstar- vs. Spannungseffekte und Implikationen für die Wettbewerbspolitik" in eine Marktlücke. Die auf der Jahrestagung Arbeitskreis Sportökonomie 2002 in Paderborn im Koreferat aufgezeigten und im Plenum diskutierten Probleme wurden von Kipker konstruktiv aufgenommen, so dass sich die nachfolgenden Ausführungen weniger auf das dort gehaltene Koreferat, sondern vielmehr auf die hier vorliegende schriftliche Version beziehen.

Die Ausführungen von KIPKER beruhen u.a. auf FRICK (1997), der den Einfluss verschiedener Indikatoren des Spannungsgrades auf die Zuschauernachfrage nach Stadiontickets im Profisport empirisch untersucht hat. Dabei wird der Spannungsgrad über die Ausgeglichenheit sportlicher Wettbewerbe definiert.

Der Anspruch ist jedoch weiterführender, da zusätzlich auch der Einfluss von Superstareffekten gemessen werden soll. Das „Versus" im Titel legt nahe, dass die relativen Stärken des Einflusses zwischen Spannungsgrad und Superstareffekten bestimmt werden sollen. Zudem sollen Implikationen für die Wettbewerbspolitik abgeleitet werden.

Es ist zu prüfen, ob der Ansatz theoretisch geeignet und die gewählte empirische Vorgehensweise problemadäquat ist.

2   Kritik aus theoretischer Sicht

2.1   Spannungsgrad als Einflussfaktor der Zuschauernachfrage

Der Wert für den Zuschauer besteht im Spannungsgrad des Wettbewerbs, der als Kollektivgut interpretiert werden kann (FRICK/WAGNER 1998, S. 331). Es wird demzufolge angenommen, dass der Spannungsgrad eine zentrale Determinante der Nachfrage nach TV-Live-Übertragungen ist (ex-post Betrachtung). Es ist allerdings plausibler anzunehmen, dass die Nachfrage vom <u>erwarteten</u> Spannungsgrad abhängt (ex-ante Betrachtung). Geht man weiter davon aus, dass Erwartungen aufgrund gemachter Erfahrungen gebildet werden, dann kann man Indikatoren des Spannungsgrades vorangegangener Perioden heranziehen um die Nachfrage nach TV-Live-Übertragungen zu modellieren. Insofern lässt sich die Vorgehensweise von KIPKER durchaus theoretisch rechtfertigen.

Diese Vorgehensweise hat zur Konsequenz, dass jüngere Erfahrungen über den Wettbewerbsausgang einen stärkeren Einfluss auf die Nachfrage haben als ältere Erfahrungen. KIPKER greift hierzu auf HEINEMANN zurück, der drei Ebenen des Spannungsgrades (kurz- mittel- und langfristige Ausgeglichenheit des sportlichen Wettkampfes) unterscheidet. Die Nachfragefunktion von KIPKER (2002) enthält als kurzfristigen Spannungsgrad die Unsicherheit über den Rennausgang, der über die Rangpositionen der Fahrer operationalisiert wird. Aus Abb. 7 wird ersichtlich, dass er die Spannweite zugrunde legt. Diese wird als Punktdifferenz zwischen dem Erst- und Letztplatzierten eines Rennens operationalisiert. Eine nähere Begründung hierzu erfolgt nicht. Alternativ werden an dieser Stelle noch der Variationskoeffizient oder die Standardabweichung genannt. Die mittelfristige Spannung wird ebenfalls als Spannweite gemessen, diesmal jedoch auf die Abschlustabelle der vorangegangenen Rennserie bezogen. Für den langfristigen Spannungsgrad werden zwar unterschiedliche Kennzahlen genannt, aber keine dieser Kennzahlen fließt in die der empirischen Untersuchung zugrunde liegenden Nachfragefunktion ein.

Damit wird im Modell die Erwartung über den Spannungsgrad auf den Erfahrungen der aktuellen Saison und der letzten Saison gebildet. Allerdings sind somit die Erfahrungen über den Spannungsgrad nur durch den jeweils letzten Tabellenstand innerhalb einer Saison und der Abschlusstabelle der vorangegangenen Saison gebildet worden. Damit werden zwei Zeitpunkte hervorgehoben, die nicht das gesamte Spektrum des Lernprozesses der Zuschauer wiedergeben.

Eine Erweiterung könnte erfolgen, indem man für die älteren Erfahrungen generell Diskontierungsfaktoren berücksichtigt und z.B. innerhalb einer Saison nicht nur den letzten Tabellenstand als Referenzpunkt für den Spannungsgrad verwendet. Derartige Modellierungen könnten z.B. analog zu der aus dem Marketing bekannten Ankerpreistheorie erfolgen (WINER 1986, S. 251; DILLER 1991, S. 98-100; SCHMALEN 1995, S. 14; WORATSCHEK 1998, S. 123-133). In der Ankerpreistheorie wird ein Referenzpreis gebildet, der sozusagen den „Preiserwartungen" der Konkurrenten entspricht. Diese Preiserwartungen lassen sich letztendlich aus der gesamten Preisgeschichte erklären (Woratschek 1998, S. 124). Dies geschieht durch die Integration einer Lernhypothese, welches die zuletzt registrierten Erwartungsirrtümer revidiert (CAGON 1956; CASPERS 1982, S. 41).

Die Erwartungen bezüglich des Spannungsgrades dürften ähnlich gebildet werden. Die Zuschauer bilden aufgrund der gemachten Erfahrungen eine Erwartung über den Spannungsgrad des nächsten Rennens. Dabei „lernen" die Zuschauer, indem sie den erlebten Spannungsgrad des jeweils letzten Rennens und die vorher gehegten Erwartungen darüber einbeziehen. Die letzten Erfahrungen korrigieren sozusagen die ursprünglichen Erwartungen. Die Erwartungen des bevorstehenden Spiels werden annahmegemäß gebildet, indem ein gewichteter Mittelwert aus den Erfahrungen des letzten Rennens und den ursprünglichen Erwartungen darüber gebildet wird.

Es lässt sich zeigen, dass unter der genannten Annahme die Erwartungen über den Spannungsgrad eines Rennens in Periode t, den tatsächlichen Spannungsgraden der gesamten „Renngeschichte" entspricht. Dies ist im mathematischen Anhang näher ausgeführt. Formal ist die hier vorgeschlagene Vorgehensweise nicht nur mit der Ankerpreistheorie, sondern auch mit den distributed lag-Ansätzen vergleichbar, welche die Nominalverzinsung aus dem vergangen Realzinssatz und der Inflationsrate erklären (FISHER 1930; KOYCK 1954; ALMON 1965)

Was bedeutet dies für die Modellierung des Spannungsgrades?

Der erwartete Spannungsgrad eines Rennens in Periode t lässt sich unter den genannten Bedingungen aus den Indikatoren der Spannung der vergangenen Rennen ermitteln, ohne dass man die Zuschauer nach ihren Erwartungen befragt. Dabei genügt es sogar, wie die Formel im mathematischen Anhang zeigt, dass man auf wenige Perioden der Vergangenheit zurückgreift, aber eben nicht nur auf eine einzige.

Fraglich ist allerdings, ob man der Spannung eines sportlichen Wettkampfs mit seinen vielfältigen Erscheinungsformen damit wirklich gerecht wird. Sicherlich könnte die sportliche Ausgeglichenheit ein Element dessen sein, was die Spannung in einem sportlichen Wettbewerb ausmacht. Spannung könnte bei der Formel 1 aber auch z. B. darin bestehen, inwieweit die Rennen unfallfrei verlaufen oder inwieweit man bisher aufgestellten Rekorden nahe kommt oder neu aufstellt. Insofern hängt der gemessene Einfluss auf die Nachfrage stark davon ab, wie Spannung in einer empirischen Untersuchung operationalisiert wird. Denkbar wäre eine Zusammenfassung der verschiedenen Indikatoren zu einer einzelnen Maßgröße des Spannungsgrads. Ansätze liefern PEEL/THOMAS (1988), die sich an den Wettquoten orientieren.

In einer empirischen Untersuchung muss das zu untersuchende hypothetische Konstrukt operationalisiert und der Sachverhalt somit eingegrenzt werden. Dabei ist es häufig zwangsläufig der Fall, dass von der Alltagssprache abstrahierende und eingeschränkte Definitionen gewählt werden. Wenn bei HEINEMANN (1995), FRICK (1997) oder KIPKER (2002) von Spannung die Rede ist, darf Spannung lediglich im Sinne einer Ausgeglichenheit des sportlichen Wettbewerbs interpretiert werden.

Der Spannungsgrad durch den Konstruktionswettbewerb wird zwar von KIPKER (2002) erwähnt, geht aber nicht in seine weitere Analyse ein. Denkbar ist aber, dass die Identifikation mit der Sportart teilweise über die Herstellermarke erfolgt, z.B. Ferrari für die Italiener. In diesem Fall wäre die Marke der Superstar. Die relevante Spannung würde dann über die Konstrukteurswertung erfasst.

Es ist offensichtlich, dass es über die durch Ausgeglichenheit eines Wettbewerbs erzeugte Spannung weitere sportliche Faktoren gibt, die einen Einfluss auf die TV-Nachfrage haben. Daher untersucht KIPKER (2002) zusätzlich den Einfluss von

Superstareffekten auf die aktuelle Zuschauernachfrage. Darüber hinaus werden andere zeitlich bedingte Einflüsse in die Spezifikation der Nachfragefunktion aufgenommen, indem Dummy-Variablen spezifiziert werden.

2.2 Nachfragefunktion

Die TV-Nachfragefunktion von KIPKER (2002) baut auf den Ausführungen von FRICK (1997) auf, der die Zuschauernachfrage von Stadionbesuchern schätzt. Die Übertragbarkeit von FRICKS Ansatz zur Prognose der Verkaufszahlen von Stadiontickets auf die Nachfrage nach TV-Übertragungen ist zu überprüfen.

Es spricht einiges dafür, dass die Nachfrageentscheidungen der Konsumenten nach Tickets anders gefällt werden als die Nachfrageentscheidungen nach TV-Sportübertragungen. So werden beispielsweise die Tickets u.a. im Vorverkauf bestellt oder gar für ein Jahr abonniert, wohingegen die Entscheidung, eine Sportübertragung im Fernsehen zu konsumieren, auch sehr kurzfristig gefällt werden kann, z.B. in Abhängigkeit des Wetters. Der Kauf eines Stadiontickets könnte somit längerfristigen Größen (z.B. mittelfristiger Spannung) folgen, während die Nachfrage nach TV-Übertragungen von der Spannung der letzten Übertragungen abhängen könnte. Dann wäre jedoch eine Operationalisierung der TV-Nachfrage in Abhängigkeit mittelfristiger Spannungsindikatoren nicht problemadäquat.

Es stellt sich zudem die Frage, ob die Nachfrage von TV-Live-Sendungen oder TV-Aufzeichnungen (oder gar die Gesamtnachfrage) modelliert werden soll. KIPKER (2002) scheint den Fokus auf die Live-Nachfrage zu legen, da der Einfluss der Sendezeit problematisiert wird.

Die Konzentration auf die TV-Live-Nachfrage ist durchaus zu rechtfertigen, wenn auch konstatiert werden muss, dass Substitutionseffekte existieren, wenn nach einer Live-Sendung viele Aufzeichnungen gesendet werden. Dies war z.B. während der im Jahr 2002 stattfindenden Fußball-Weltmeisterschaft offensichtlich, da die Live-Sendungen in Deutschland tagsüber stattfanden, während viele Fans durch ihre Arbeit an diesem Freizeitvergnügen verhindert waren. Daher wäre es auch interessant zu ermitteln, welchen Einfluss die Substitution eventuell vorhandener Aufzeichnungsangebote auf die TV-Live-Sendungen haben. Dies gilt insbesondere für Sportereignisse, die zu ungünstigen Zeiten (z.B. morgens) live gesendet werden.

Die Ticketnachfrage ist eher als lokal und zeitlich begrenztes Monopol zu modellieren, wohingegen die Zuschauernachfrage nach Sportsendungen mit „branchenfrem-
den" Unterhaltungsangeboten stärker konkurriert. FC Bayern gegen Schalke 04 live
im Olympiastadion gibt es nur zu einem bestimmten Zeitpunkt und an einem bestimmten Ort. Formel 1 TV-Übertragungen sind nahezu überall per TV erhältlich.
Die Bedürfnisse des Fernsehkunden können zum Zeitpunkt einer bestimmten
Sportübertragung auch durch konkurrierende Sportsendungen und nichtsportliche
Unterhaltungssendungen befriedigt werden. Bei der Modellierung der TV-Live-
Nachfrage besteht zudem das Problem, dass die Live-Sendungen auch mit den Aufzeichnungen des gleichen Sportwettbewerbs konkurrieren. Daher sollte zumindest
der Einfluss des Angebots von Aufzeichnungen auf die Nachfrage von Live-Sen-
dungen modelliert werden.

Der Einfluss der Konkurrenz auf die TV-Nachfrage führt dazu, dass unterschiedli-
che Sendezeiten die Berücksichtigung unterschiedlicher Wettbewerber erfordert.
Die negative Korrelation von Marktanteil und absoluter Nachfrage (und die erratischen Schwankungen der Nachfrage) in Abbildung 1 der Ausführungen von
KIPKER (2002) kommt zustande, weil an dieser Stelle unterschiedliche relevante
Märkte gemeinsam abgebildet werden. Anders als bei der Ticket-Nachfrage eines
Sportwettbewerbs konkurriert die Nachfrage nach TV-Übertragungen unmittelbar
mit anderen TV-Unterhaltungsangeboten. An dieser Stelle wäre eine Diskussion
über die Definition des relevanten Marktes als auch die Konzeption des evoked sets
äußerst hilfreich (BAUER 1989; BAUER/HERRMANN 1992). Das evoked set ist jene
Teilmenge an Alternativen, die dem Verbraucher bei seiner Auswahlentscheidung
bewusst ist (HOWARD/SHETH 1969, S. 26). Evoked sets werden im Marketing zur
Modellierung von Kaufentscheidungen herangezogen.

Die relevanten Konkurrenten von TV-Sportübertragungen sind morgens, mittags
und abends völlig unterschiedlich. Morgens konkurriert die Sportsendung mit Talk-
shows für Hausfrauen, abends mit Unterhaltungsangeboten für ein breiteres Publi-
kum, wie z.B. „Wetten-dass" mit Thomas Gottschalk. Das evoked set der Fernsehzuschauer dürfte in Abhängigkeit der Sendezeit unterschiedlich ausfallen, so dass
eine zeitliche Segmentierung der TV-Märkte angeraten erscheint. Damit entfällt
auch die negative Korrelation, wie Abbildung 1 zeigt.

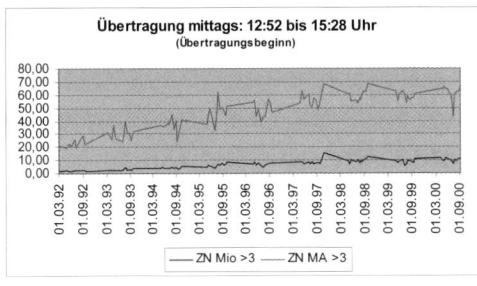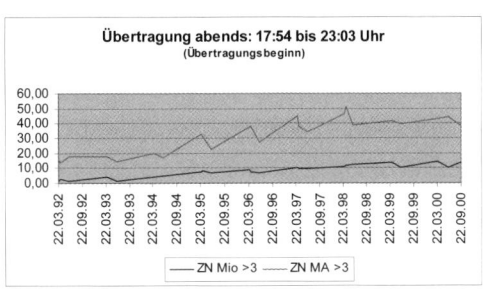

Abbildung 1: Zeitlich Segmentierte TV-Märkte

KIPKER berücksichtigt dies zwar nicht im theoretischen aber im empirischen Teil seiner Arbeit, indem er sich auf Sendungen beschränkt, die in der Zeit von 13:00 bis 16:00 Uhr MEZ übertragen wurden (KIPKER 2002, S. 11).

In Abbildung 1 sind trotz zeitlicher Segmentierung weitere zeitliche Einflüsse erkennbar. Eine Erweiterung der bisherigen Modellierungen der TV-Nachfrage nach Sportübertragungen könnte daher in einer Dynamisierung der Nachfrageentwicklung auf Basis der Literatur zu dynamischen Nachfragemodellen bestehen. In diesem Fall läge es nahe, Carry Over- und Obsoleszenzraten zu modellieren (SIMON 1992, S. 251-275; HENZE 1994, S. 221; WORATSCHEK 1998, S. 120-123).

Kipker geht es hauptsächlich um die Abschätzung des relativen Einflusses von Spannungsgrad und Superstareffekten. Daher ist es nur folgerichtig, wenn er Variablen beider Gruppen in die Nachfragefunktion und die Regressionsgleichung aufnimmt.

3   Kritik aus empirischer Sicht

3.1   Operationalisierung: Spannungsgrad

Es ist unmittelbar evident, dass die Spannung eines Sportwettbewerbs von vielen Faktoren abhängt, die eigentlich die Messung psychologischer Variablen notwendig macht. Die Forschungsökonomie zwingt dazu, auf objektive Indikatoren auszuweichen, welche den Spannungsgrad möglichst einfach erfassen.

Sofern es sich um reaktive und nicht um formative Indikatoren handelt, ist die fehlende Vollständigkeit der Beschreibung des hypothetischen Konstruktes kein Mangel (CHIN/GOPAL 1995). Diese Bedingung scheint bei der Operationalisierung des

Spannungsgrades über das Wettbewerbsergebnis bzw. die Punktedifferenz erfüllt zu sein. Insofern ist diese Vorgehensweise von KIPKER theoretisch zu legitimieren.

Damit stellt sich lediglich die Frage nach dem „richtigen" Maß" für den Indikator „Spannungsgrad". Da die Spannung im Sinne einer Ausgeglichenheit des sportlichen Wettbewerbs von KIPKER definiert wurde, wird für den kurzfristigen Spannungsgrad die Standardabweichung der Punkte im Tabellenstand der laufenden Saison und für den mittelfristigen Spannungsgrad die Standardabweichung der Punkte in der Abschlusstabelle der Vorsaison verwendet.

3.2   Operationalisierung: Superstareffekte

Die Superstareffekte werden durch die Endpositionen der deutschen Fahrer [1, 24] operationalisiert. Eine nähere Begründung hierfür erfolgt nicht. Diese Vorgehensweise ist jedoch mit zwei Problemen behaftet.

Zum einen führen logische Überlegungen dazu, dass Multikollinearität zwischen den Endpositionen der einzelnen Fahrer existieren kann. Steht Michael Schuhmacher auf Platz 1, dann können die anderen Fahrer nicht mehr denselben Platz einnehmen, etc. Multikollinearität führt aber zur Inneffizienz der Schätzwerte einer Regressionsanalyse (BACKHAUS et al. 2000, S. 41-43). Obwohl theoretisch Multikollinearitäten nahe liegen, wurde eine empirische Überprüfung nicht vorgenommen (z.B. durch Betrachtung der Korrelationen zwischen den unabhängigen Variablen und Ermittlung der Toleranzwerte).

Zum anderen ist die Operationalisierung der Endposition als metrische Variable problematisch, da es sich an und für sich um eine ordinal skalierte Variable handelt. Dies hat auch zur Folge, dass der Einfluss der Endposition des Superstareffekts einen linearen Einfluss auf die Nachfrage haben soll. Dies bedeutet, dass jede Änderung der Rangposition eines Fahrers eine konstante Nachfrageänderung bewirkt.

Besonders kritisch ist, dass die Endposition der Superstars nicht „zeitversetzt" modelliert wurde. Wie soll die bei einer Nachfrageentscheidung noch nicht feststehende Endposition einen Einfluss auf die Nachfrage ausüben?

3.3   Operationalisierung: Zeitliche Einflüsse

Der Einfluss der Jahreszahl JV [1992,2000] wird inhaltlich nicht begründet. Man kann ihn allenfalls aus dem steigenden Trend der Nachfrage nach Formel 1 TV-Übertragungen ableiten. Dann steht allerdings ein Wachstumsmodell dahinter, bei dem die Gründe für die Steigerung nicht bekannt sind und dennoch modelliert werden. Dies kann in Abhängigkeit der Vorjahresnachfrage modelliert werden, also als Wachstumsmodell. Dies wurde bereits als Erweiterung der sportökonomischen Nachfragemodelle in Abhängigkeit des Spannungsgrades diskutiert.

Denkbar ist aber auch die Dummy-Kodierung der Jahreszahlen. Dann wird die zusätzliche Nachfrage geschätzt, die auf unbekannte (aber nicht zufällige) Gründe zurückzuführen ist. Diese Gründe sind jedoch wiederum einer bestimmten Periode zuordenbar (z.B. Modeerscheinung). KIPKER wählt die Variante mit der Dummy-Codierung. Im empirischen Teil werden aber leider keine Aussagen über den Einfluss unterschiedlicher Jahre auf die TV-Nachfrage abgeleitet. Ebenfalls vermisst man die Regressionskoeffizienten der Dummies in den Modellvarianten.

4   Kritik an den Implikationen

Die empirischen Ergebnisse lassen leider keine Implikationen für die Wettbewerbspolitik zu, da die Regressionskoeffizienten ausnahmslos nahe bei Null liegen oder nicht signifikant sind. Daher ist folgende Implikation von KIPKER (2002) aus der empirischen Schätzung nicht erklärbar: „Die Modellschätzung hat gezeigt, dass die Fahrer R. Schuhmacher und H. Frentzen keine signifikanten Nachfragezuwächse liefern konnten. Demnach wäre es aus Gesamtvermarktungsaspekten sinnvoller diese Positionen mit Fahrern aus anderen Ländern zu besetzen, umso Vermarktungspotentiale ausschöpfen zu können." Eine nicht vorhandene Signifikanz kann nicht beweisen, dass fehlende Nachfragezuwächse auf die unabhängigen Variablen zurückzuführen sind.

Selbst wenn einzelne Regressionskoeffizienten als signifikant getestet werden, ist aufgrund des geringen Einflusses (Regressionskoeffizienten nahe Null) angezeigt, die Konfidenzintervalle für die Regressionskoeffizienten zur Interpretation heranzuziehen. Den Ausführungen von KIPKER kann hierzu leider nichts entnommen

werden, aber es ist zu vermuten, dass hier Vorzeichenwechsel bei einer üblicher-
weise 95%igen Vertrauenswahrscheinlichkeit zu verzeichnen sind. In diesem Fall
ist der geschätzte Einfluss keineswegs zuverlässig, da die Richtung des vermuteten
Einflusses sich in der Realität umkehren kann (BACKHAUS et al. 2000, S. 32). Dies
würde aber bedeuten, dass auch in Bezug auf Michael Schuhmacher keine zuverläs-
sigen Aussagen auf Basis der empirischen Schätzung getroffen werden können.

5 Fazit

Die Prognose der Nachfrage nach TV-Übertragungen auf Basis von Spannungseffekten ist ein hochinteressantes Arbeitsfeld. Die TV-Nachfrage für Formel 1 ist
unzureichend erforscht. Insofern wird von KIPKER (2002) eine Forschungslücke in
der Sportökonomie identifiziert und aufgegriffen.

Die ausgewählten theoretischen Grundlagen sind für die Nachfrage nach Stadiontickets sicherlich gut geeignet. Es sollten jedoch Anpassungen auf die spezifischen
Bedingungen der TV-Übertragungen erfolgen. Die Sportökonomie ist eine relativ
junge Disziplin, die hierzu auf die Ausarbeitungen benachbarter Disziplinen zurückgreifen sollte. Die vorangegangenen Ausführungen haben diesbezüglich einige
Ansatzpunkte zur Erweiterung aufgezeigt (Abgrenzung des relevanten Marktes,
dynamische Aspekte, Substitutionseffekte, relevante Einflussfaktoren).

Die empirischen Ergebnisse der Untersuchung von KIPKER (2002) lassen aufgrund
von Verfahrensmängeln keine Implikationen für die Wettbewerbspolitik zu. Daher
sind für zukünftige Forschungen erweiterte Spezifikationen der Regressionsmodelle
und geänderte Operationalisierungen der zentralen Einflussfaktoren der TV-Nachfrage zu empfehlen.

KIPKERS Beitrag ist in dieser Hinsicht als ein erster Schritt für die Analyse der TV-
Nachfrage nicht nur der Formel 1, sondern aller Sportübertragungen zu verstehen.
Hierzu liefert sein Beitrag wertvolle Anregungen und genügend Stoff für weitere
Diskussionen. Es verbleibt die Hoffnung, dass die Berücksichtigung der erwähnten
Kritikpunkte einen bescheidenen Beitrag leistet, die von KIPKER dankenswerter-
weise aufgegriffene und existierende Forschungslücke in der Sportökonomie zu
schließen.

6   Anhang

Die Abhängigkeit des Spannungsgrades von der gesamten Renngeschichte wird wie folgt verdeutlicht, wobei $\dot{p}_t$ den erwarteten Spannungsgrad eines Rennes in Periode t und p_{t-1} den erlebten Spannungsgrad der Vorperiode darstellt. Der Parameter $\lambda =]0,1[$ steht für die Gewichtung, mit der die Erwartungen der Vorperiode in die aktuelle Erwartungsbildung eingeht. Gibt man λ exogen als Konstante vor und setzt für die Erwartungen der Vorperiode die entsprechenden Beziehungen ein, ergibt sich:

$$\dot{p}_t = (1-\lambda)p_{t-1} + \lambda\dot{p}_{t-1} = (1-\lambda)p_{t-1} + \lambda\big[(1-\lambda)p_{t-2} + \lambda\dot{p}_{t-2}\big]$$
$$= (1-\lambda)p_{t-1} + \lambda(1-\lambda)p_{t-2} + \lambda^2\dot{p}_{t-3}$$
$$= (1-\lambda)p_{t-1} + \lambda(1-\lambda)p_{t-2} + \lambda^2\big[(1-\lambda)p_{t-3} + \lambda\dot{p}_{t-4}\big] = \ldots.$$
$$= (1-\lambda)p_{t-1} + \lambda(1-\lambda)p_{t-2} + \lambda^2(1-\lambda)p_{t-3} + \lambda^3(1-\lambda)p_{t-4}\ldots usw.$$

$$\dot{p}_t = (1-\lambda)\sum_{\tau=0}^{\infty}\lambda^\tau p_{t-1-\tau}$$

Der Spannungsgrad ergibt sich somit aus der gesamten Renngeschichte. Man erkennt aus der Gleichung, dass der Einfluss des Spannungsgrades eines Rennens mit zunehmender „Vergangenheit" abnimmt, d.h. je weiter ein Rennen in der Vergangenheit liegt, desto geringer ist der Einfluss auf den erwarteten Spannungsgrad eines Rennens in Periode t. Dies ist plausibel, da die Erwartungen über den Spannungsgrad eines Rennens durch die Erfahrungen der jüngeren Vergangenheit stärker beeinflusst werden dürfte als durch weit zurückliegende Erfahrungen. Je kleiner der Parameter λ ist, desto stärker ist der Einfluss der Erfahrungen aus dem letzten Rennen und desto geringer ist der Einfluss der vergangenen Erwartungen. Dies zeigt folgende Tabelle, die den Einfluss des Spannungsgrades der vergangenen Rennen auf den erwarteten Spannungsgrad in Abhängigkeit von den Parametern zeigt:

λ^τ Lambda	Vorperiode 1	2	3	4	5
0,1	0,10	0,01	0,00	0,00	0,00
0,2	0,20	0,04	0,01	0,00	0,00
0,3	0,30	0,09	0,03	0,01	0,00
0,4	0,40	0,16	0,06	0,03	0,01
0,5	0,50	0,25	0,13	0,06	0,03
0,6	0,60	0,36	0,22	0,13	0,08
0,7	0,70	0,49	0,34	0,24	0,17
0,8	0,80	0,64	0,51	0,41	0,33
0,9	0,90	0,81	0,73	0,66	0,59

Die Tabelle zeigt auch, dass i.d.R. die Einbeziehung weniger zurückliegender Perioden genügt, um den Einfluss der gesamten „Geschichte des Spannungsgrades" annähernd abzubilden. Gleichzeitig wird deutlich, dass i.d.R. mehr als eine Vorperiode berücksichtigt werden sollte.

Literatur

ALMON, S. (1965): The Distributed Lag Between Capital Appropriations and Expenditures. In: Econometria, Vol. 33, S. 65-79.

BACKHAUS, K./ERICHSON, B./PLINKE, W./WEIBER, R. (2000): Multivariate Analysemethoden – Eine anwendungsorientierte Einführung, 9. Aufl., Berlin u.a.

BAUER, H. H. (1989): Marktabgrenzung – Konzeption und Problematik von Ansätzen und Methoden zur Abgrenzung und Strukturierung von Märkten unter besonderer Berücksichtigung von marketingtheoretischen Verfahren, Berlin.

BAUER, H.H./HERRMANN, A. (1992): Eine Methode zur Abgrenzung von Märkten. In: ZfB, 1992, S. 1341-1360

CAGON, Ph. (1956): The Monetary Dynamics of Hyperinflation, in: Friedman, M. (Hrsg.): Studies in the Quantity Theory of Money, Chicago 1956.

CASPERS, R. (1982), Preiswahrnehmung und Preisreaktion. In: Böcker, F. (Hrsg.): Preistheorie und Preisverhalten, München, 1982, S. 27-46.

CHIN, W.W., GOPAL, A. (1995): Adoption Intention in GSS: Importance of Beliefs. In: Data Base Advances, Vol. 26, S. 42-64.

DILLER. H. (1991): Preispolitik, Stuttgart u.a.

FISHER, I. (1930): The Theory of Interest, New York.

FRICK, B. (1997): Kollektivgutproblematik und externe Effekte im professionellen Team-Sport: „Spannungsgrad" und Zuschauerentwicklung im bezahlten Fußball. In: HORCH, H.D. (1999): Professionalisierung im Sportmanagement – Beiträge des 1. Kölner Sportökonomie-Kongresses, Aachen, S. 144-160.

FRICK, B., WAGNER, G. (1998): Sport als Forschungsgegenstand der Institutionen-Ökonomik. In: Sportwissenschaft, S. 328-343.

HEINEMANN, K. (1995): Einführung in die Ökonomie des Sports. Schorndorf.

HENZE, A. (1994): Marktforschung, Grundlage für Marketing und Preispolitik, Stuttgart.

HOWARD, J.A./SHETH, J.N. (1969): The Theory of Buyer Behavior, New York.

KIPKER, I. (2002): Determinanten der kurzfristigen TV-Nachfrage in der Formel 1 – Superstar- vs. Spannungseffekte und Implikationen für die Wettbewerbspolitik (im vorliegenden Buch abgedruckt).

KOYCK, L.M. (1954): Distributed Lags and Investment Analysis, Amsterdam.

PEEL/THOMAS (1988): The Demand for Football: Some Evidence on Outcome Uncertainty. In: Empirical Economics Vol. 17, S. 323-331.

SCHMALEN, H. (1995): Preispolitik, Stuttgart und Jena.

SIMON, H. (1992): Preismanagement: Analyse, Strategie, Umsetzung, 2. Aufl., Wiesbaden.

WINER, R.S. (1986): A Reference Price Model of Brand Choice for Frequently Purchased Products. In: Journal of Consumer Research, Vol. 13, S. 250-256.

WORATSCHEK, H (1998): Preisbestimmung von Dienstleistungen, Markt- und nutzenorientierte Ansätze im Vergleich, Frankfurt/Main.

Sportlicher Erfolg und Kapitalmarktbewertung –
Das Beispiel der Borussia Dortmund GmbH & Co. KgaA

Arne Feddersen/Wolfgang Maennig

Zusammenfassung

Bis 1998 waren die Fußballvereine in Deutschland als Idealvereine i.S.d. § 21 BGB organisiert. Die Rechtskonstruktion des Vereins, zugeschnitten auf den nichtwirtschaftlichen Geschäftsbetrieb, scheint jedoch den Anforderungen des modernen Profifußball nach nur noch begrenzt zu entsprechen. So wird – neben der klaren Geschäftsorientierung der Bundesligen – darauf verwiesen, dass die Organisationsstrukturen eines Vereins in der Regel nicht geeignet seien, ein Fußballunternehmen professionell zu führen (WGZ-BANK 2001, S. 50). Zudem wird angeführt, dass die Rechtsform des Vereins keine effiziente Finanzierung über die Kapitalmärkte ermögliche.

Konsequenter Weise schuf der DFB-Bundestag mit einem Beschluss („Eckwertepapier") am 24. 10. 1998 die rechtlichen Voraussetzungen, um die Lizenzspielerabteilung von Fußballvereinen in eine Kapitalgesellschaft auszugliedern. Inzwischen haben einige Bundesligavereine diese Möglichkeiten genutzt (Bayer 04 Leverkusen Fußball GmbH, VfL Wolfsburg GmbH, die FC Bayern München AG, ...). Lediglich der Ballspielverein Borussia 09 e.V. Dortmund (BVB) hat darüber hinaus den Börsengang gewagt.[1]

Die erste Notierung der BVB-Aktie erfolgte am 31. Oktober 2000 und betrug 11,00 €, dies entsprach dem Emissionspreis. Am Ende des ersten Handelstages schloss das Papier mit 10,05 € deutlich im Minus (DAHLKE/ROTT 2001, S. 3). Zum Abschluss des Beobachtungszeitraumes am 22. 04. 2002 wurde die BVB-Aktie mit

---

[1] Dabei wurde die Rechtsform der Kommanditgesellschaft auf Aktien (KgaA) gewählt. Die Lizenzspielerabteilung des BVB Dortmund e.V. wurde in die Borussia Dortmund GmbH & Co. KgaA ausgegliedert, wobei die Borussia Dortmund Geschäftsführungs-GmbH als Komplementär fungiert, deren alleiniger Gesellschafter der Stammverein ist.

5,20 € gehandelt, dies entspricht einem Kursverlust im Vergleich zum Ausgabekurs von 52,7%.[2] Das Börsenumfeld hat sich im gleichen Zeitraum allerdings ebenfalls verschlechtert. So sank der DAX von 6975 Punkten am 31.10.2000 auf 5.205 Punkte am 22.04.2002 (-24,8%).[3]

Die vorliegende Untersuchung soll die Kursentwicklung der BVB-Aktie empirisch analysieren. Dabei soll insbesondere geklärt werden, ob und in welchem Umfang sportlicher Erfolg, welcher tendenziell die Vermarktungs- und Erlöspotentiale erhöht, entsprechend der Effizienzmarkthypothese (FAMA 1970) ohne zeitliche Verzögerung und vollständig Einfluss auf die Aktienkursentwicklung nimmt (COPELAND/WESTON 1988, S. 331).

Bisher wurden erst wenige empirische Arbeiten über Aktien von Fußballkapitalgesellschaften veröffentlicht. LEHMANN/WEIGAND (1998) nehmen eine Panelanalyse der Aktienkurse von englischen Proficlubs vor. DAHLKE/ROTT (2001) analysieren die BVB-Aktie nicht ökonometrisch, sondern widmen sich den allgemeinen Problemen von Fußballaktien und borussiaspezifischen Problemstellungen. Andere Abhandlungen zum Thema Fußballaktien befassen sich hauptsächlich mit den juristischen Rahmenbedingungen. Die vorliegende Untersuchung stellt somit unseres Wissens die erste ökonometrische Analyse des Aktienkurses der Aktie der Borussia Dortmund GmbH & Co. KgaA dar.

1   Theoretische Grundlagen der Kapitalmarkteffizienzhypothese

Ein perfekter Kapitalmarkt zeichnet sich durch

- Abwesenheit von Transaktionskosten,
- perfekten Wettbewerb, auch auf den zugrunde liegenden Produktmärkten,
- kostenlose und sofort von allen Individuen wahrgenommene Informationen,
- nutzenmaximierende Individuen mit rationalen Erwartungen

aus (COPELAND/WESTON 1988, 330–332).

---

[2]   Ihren niedrigsten Wert verzeichnete die BVB-Aktie am 21. 12. 2001 mit 4,65 €. Der maximale Kursverlust beläuft sich somit auf 57,7%.

[3]   Im gleichen Zeitraum betrugen die Verluste des EURO STOXX 50 27,5 %, des CDAX 24,2 %, des MDAX 9,4 % und des Nemax50 78,1 %. Der Bloomberg-Fußballindex KICK verlor 44,7%.

Für einen effizienten Kapitalmarkt sind die Annahmen weniger restriktiv (THEURILLAT 1996, S. 12 - 15): Φ_t bezeichne die zum Zeitpunkt t verfügbare und bez. der Preissetzung relevante Informationsmenge. Φ_t^m bezeichne die Informationsmenge, die im Zeitpunkt t von den Marktteilnehmern verwendet wird ($\Phi_t^m \subseteq \Phi_t$ und $\Phi_t^m \leq \Phi_t$). Ein effizienter Kapitalmarkt impliziert sodann, dass sich in ihm alle verfügbaren relevanten Informationen vollständig und unverzüglich widerspiegeln: $\Phi_t^m = \Phi_t$.

FAMA (1970, S. 384) unterscheidet drei entsprechend der zugrunde liegenden Informationsmenge zu unterscheidende und unterschiedlich empirisch testbare Formen der Kapitalmarkteffizienz. Bei der schwachen Form der Kapitalmarkteffizienz besteht die Informationsmenge Φ_t^m lediglich aus den vergangenen Realisationen des Preises. Hierdurch ergibt sich folgender Informationsvektor $\Phi_t^m = \{p_{t-1}, p_{t-2}, p_{t-3}, ...\}$. Bei schwacher Effizienz enthält der jeweilige Preis zu jedem Zeitpunkt alle Informationen, die sich aus der eigenen Zeitreihe und somit aus der historischen Entwicklung ableiten lassen (THEURILLAT 1996, S. 14 f.). Hieraus ergibt sich die Schlussfolgerung, dass sich vergangene Preise nicht zu Prognosen nutzen lassen, um eine überdurchschnittliche Rendite zu erzielen. Um die Kapitalmarkteffizienz in ihrer schwachen Form empirisch zu überprüfen, wird versucht Abhängigkeiten zwischen aufeinander folgenden Kursdifferenzen festzustellen (SCHNITTKE 1989, S. 14 f.). Mittelstarke Kapitalmarkteffizienz geht davon aus, dass sowohl die vergangenen Preise als auch alle öffentlich verfügbaren und relevanten Informationen in den Preisen eskomptiert werden ($\Phi_t^m = \{p_{t-1}, p_{t-2}, p_{t-3}, ...; I_1, I_2, I_{3,} ...\}$). In einem Markt, der den Forderungen der mittelstarken Informationseffizienz genügt, ist es nicht möglich durch schnelle Informationsgewinnung und -verarbeitung eine überdurchschnittliche Rendite zu erzielen, da sich die Kurse sofort auf dem neuen Niveau einpendeln (SCHNITTKE 1989, S. 15). Eines der Hauptinteressen von Tests der mittelstarken Markteffizienz liegt in der Anpassungsgeschwindigkeit der Preise an neue verfügbare und relevante Informationen (FAMA 1970, S. 388).

Bei starker Effizienz spiegeln sich nicht nur die vergangenen Kurse und öffentlich verfügbare Informationen, sondern auch jegliches anderes relevante Wissen in den Preisen wider. Der Informationsvektor besteht in diesem Fall neben den bisher genannten Informationen auch aus sog. Insider-Informationen (THEURILLAT 1996, S. 15) sowie allem anderen Wissen, auch dem gerade erst gedachte (SCHNEIDER

1980, S. 553). Es ist auf stark effizienten Märkten demnach nicht möglich, durch die Nutzung von monopolistischen Informationen überdurchschnittliche Renditen zu erzielen, weil sich die Kurse unverzüglich an die neuen Informationen anpassen. Die starke Kapitalmarkteffizienz lässt sich empirisch nicht überprüfen, da nicht alle notwendigen Informationen vorliegen.[4]

Für die folgende Untersuchung der Kapitalmarkteffizienz der BVB-Aktie bietet es sich auf der Grundlage dieser Überlegungen an, auf schwache und mittelstarke Effizienz zu testen.

2   Fußballaktien aus theoretischer Sicht

2.1   Renditechancen der BVB-Aktionäre

Das primäre Interesse eines Aktionärs gilt in der Regel der Rendite seines finanziellen Engagements. Dies soll auch für den Fußballaktionär unterstellt werden. Die Rendite hängt dabei in erster Linie vom Kaufpreis sowie der Höhe der laufenden Erträge ab. Renditepotentiale resultieren daher aus der Emissionsrendite (bei Zeichnung der Neuemission), der Dividendenzahlung und der Kursentwicklung (LEHMANN/WEIGAND 1998, S. 107).

Aus den in der Einleitung genannten Daten ergibt sich – unter Vernachlässigung von Transaktionskosten – eine Emissionsrendite von null (DAHLKE/ROTT 2001, S. 2).[5] Dividenden wurden für die BVB-Aktie bislang nicht ausgezahlt (BORUSSIA DORTMUND 2001); auch für die Zukunft sind die Chancen hierfür eher schlecht (LEHMANN/WEIGAND (1998, S. 108). Als wesentliches Potential zukünftiger Renditen verbleibt somit die Kursentwicklung, welche im Folgenden in den Vordergrund gestellt wird.

---

[4]   Gegen die empirische Relevanz spricht u.a., dass selbst strenge Rechtsvorschriften gegen Insiderhandel, wie sie z.B. das deutsche und amerikanische Recht vorsieht, nicht verhindern, dass Insider mit Hilfe ihres Wissens immer wieder erhebliche, wenn auch nicht legale, Gewinne erzielen können (SCHNEIDER 1980, S. 553).

[5]   Nach ERHARDT (1997) beträgt die durchschnittliche Emissionsrendite in Deutschland 14% bei bankbegleiteten Emissionen.

2.2   Besonderheiten von Fußballaktien

Fußballaktien weisen im Vergleich zu Unternehmen aus anderen Branchen einige Unterschiede in den juristischen bzw. satzungsbedingten Rahmenbedingungen auf, die bei der Beurteilung der zukünftigen Kursentwicklung von Bedeutung sind (DAHLKE/ROTT 2001, S. 6 f.).

So hat der DFB bei seinem o.g. Beschluss u.a. festgelegt, dass der Stammverein bei einer Ausgründung einer Kapitalgesellschaft (möglich sind die Formen GmbH, AG und KgaA[6]) bestehen bleiben muss und weiterhin einen erheblichen Einfluss auf seine Tochtergesellschaft ausüben soll. Der Stammverein muss grundsätzlich mindestens 50% der Stimmanteile zuzüglich einer Stimme bei einer GmbH oder AG halten.[7] Sollte die Tochtergesellschaft in Form einer KgaA geführt werden, so muss der Stammverein zur Einflusssicherung entweder selbst als Komplementär (Vollhafter) oder als alleiniger Anteilseigner einer Komplementär-GmbH oder Komplementär-AG auftreten (WGZ-BANK 2001, S. 42). Hieraus ergibt sich, dass eine Übernahme der Tochtergesellschaft ausgeschlossen ist. Somit wird allerdings auch verhindert, dass im Markt eine „Übernahmephantasie" entsteht, die sich kurssteigernd auswirken kann (LEHMANN/WEIGAND 1998, S.108).[8]

Zudem sind die Fußballunternehmen in wichtigen Bereichen der Vermarktung, insbesondere bez. der Fernsehübertragungsrechte, in ihren Verfügungsrechten beschränkt. „Auf diese Art und Weise reduzieren sich jedoch die Gewinnerzielungsmöglichkeiten und somit auch die Ertragsaussichten derjenigen Clubs, die bei einer dezentralen Vermarktung besser abschneiden würden. Diese Abhängigkeiten und die Eingebundenheit in die Ligaorganisation haben zur Folge, dass neben den

---

[6] Für weitere Informationen zur Ausgestaltung der Rechtsform im deutschen Fußball und die genauen Regelungen für die Borussia Dortmund KgaA siehe WGZ-BANK (2001, S. 37–48) sowie DAHLKE/ ROTT (2001, S. 7).

[7] Ausnahmsweise dürfen Unternehmen, die seit mehr als 20 Jahren den Fußballsport des Muttervereins ununterbrochen und in erheblichem Maße gefördert haben, mehr als 50% der Stimmrechte halten. Von dieser Ausnahmeregelung haben bisher Bayer Leverkusen und der VfL Wolfsburg Gebrauch gemacht. Hier sind die Bayer AG bzw. die Volkswagen AG Mehrheitseigner der in eine GmbH ausgegliederten Lizenzfußballabteilungen (WGZ-BANK 2001, S. 43).

[8] Die Fußballkapitalgesellschaften dürften im Übrigen aufgrund der mangelnden Gefahr einer feindlichen Übernahme einen relativ geringeren Anreiz zur Kurspflege haben.

Rechten des Unternehmens auch die Rechte der einzelnen Aktionäre beschränkt sind." (DAHLKE/ROTT 2001, S. 7)

Diese – im Vergleich zu Unternehmen in anderen Märkten – besonders hohen Anforderungen an die Koordinierung im Bereich der Vermarktung und in anderen Bereichen (z.B. Spielpläne, Meisterschaftsregeln) bedeuten, dass die Fußballunternehmen und deren Aktivitäten nur unvollkommen über das Modell des maximierenden Einzelunternehmens erklärt werden können. Angemessen erscheint die Analyse der unternehmerischen Fußballaktivitäten im Rahmen eines Kartell oder Joint Venture-Modells (FLYNN/GILBERT 2001).

Die hier gerade beschriebenen Besonderheiten von Fußballaktien sollen später bei der Auswahl der im Rahmen der ökonometrischen Analyse verwendeten Variablen berücksichtigt werden.

3   Daten und Vorgehensweise

Als abhängige Variable dient der Börsenkurs der Borussia Dortmund GmbH & Co. KgaA vom Tag der Emission, dem 31. 10. 2000, bis zum 22. 04. 2002.

Was die erklärenden Variablen betrifft, so wurden das allgemeine Börsenumfeld in Form des Composite DAX (CDAX) abgebildet. Dieser beinhaltet alle deutschen Werte des Amtlichen Handels, des Geregelten Marktes und des Neuen Marktes, die im elektronischen Handel (Xetra) an der Frankfurter Wertpapierbörse gelistet sind (DEUTSCHE BÖRSE 2002, S. 6). Dieser Index erscheint dabei der geeigneteste, da hier die gesamte Entwicklung des Börsenumfeldes berücksichtigt wird. Andere Aktienindizes, wie z.B. der DAX, der NEMAX oder der EURO STOXX 50 erscheinen weniger geeignet, da die in ihnen enthaltenen Unternehmen von ihrer gesamten Struktur deutlich von der Borussia Dortmund GmbH & Co. KgaA divergieren. Das fußballspezifische Börsenumfeld wird durch den KICK-Index von Bloomberg abgebildet, welcher 19 Aktien von Fußballkapitalgesellschaften aus Großbritannien beinhaltet (o.V. 2002, S. 28).

Als Variable für den sportlichen Erfolg wurde die relative Tabellenposition des BVB gewählt, welche die Punkte des BVB zu den Punkten des Bundesligatabellenführers ins Verhältnis setzt. Da die Tabellenposition zu Beginn einer Saison nur wenig Aussagen über die zukünftige Endplatzierung ermöglicht, wurde die relative Tabellenposition gewichtet. Dabei wurde davon ausgegangen, dass sich zu Beginn einer Saison die Aktionäre eher an der Endplatzierung der vergangenen Saison orientieren als an der wenig aussagekräftigen aktuellen Platzierung. Der Einfluss der vorherigen Endplatzierung dürfte dabei mit Fortschreiten der laufenden Saison abnehmen. Die Variable für den gewichteten relativen Tabellenplatz (*GTP*) wurde im Einzelnen wie folgt berechnet:

$$GTP_{ST} = \frac{ST}{34} T_A + \frac{34\text{-}ST}{34} T_V \qquad ; \text{wobei } ST = 1, ..., 34 \qquad (1)$$

T_A ist die aktuelle relative Tabellenposition und T_V die relative Tabellenposition der Abschlusstabelle der vorherigen Saison. *ST* kennzeichnet den jeweiligen Spieltag der aktuellen Saison.[9]

Um den möglichen unterschiedlichen Zusammenhängen gerecht zu werden, wurden die Untersuchungen für zwei verschiedene Samples durchgeführt. Dabei würde erstens auf tägliche Daten zurückgegriffen. Zweitens wurden Wochendurchschnittswerte (arithmetisches Mittel) der einzelnen Variablen gebildet. Um mögliche Unterschiede in der Reaktion der BVB-Aktie während der Saison und in der spielfreien Zeit zu berücksichtigen, wurde zusätzlich die Dummy-Variable *SAISON* eingeführt. Diese nimmt während der Saison den Wert eins an und außerhalb der Saison den Wert null.

4 Empirische Überprüfung der Kapitalmarkteffizienzhypothese

4.1 Test auf schwache Markteffizienz

Wie oben erwähnt, wird schwache Markteffizienz üblicher Weise mit Hilfe eines Tests auf Autokorrelation der ersten Differenzen der natürlichen Logarithmen der Marktpreise untersucht (hierzu und im Folgenden FAMA 1965, S. 45 f. sowie S. 144 f.):

---

[9] Zu den genauen Gründen für die Abgrenzung der erklärenden Variablen vgl. Kapitel 5.2.

$$KD_t = \ln Kurs_t - \ln Kurs_{t-1} \tag{2}$$

Der Zusammenhang zwischen aktueller Kursdifferenz und den vergangenen Kursänderungen

$$E(KD_t|\ KD_{t-\tau}) = \alpha_\tau + \beta_\tau\ KD_{t-\tau};\qquad \text{wobei } \beta_\tau = 0 \tag{3}$$

kann mit Hilfe der Regressionsgleichung:

$$KD_t = \alpha_\tau + \beta_\tau\ KD_{t-\tau} + \varepsilon_t \tag{4}$$

getestet werden, wobei β_τ als Autokorrelationskoeffizient für den lag τ angesehen werden kann. Bei schwacher Markteffizienz muss β_τ gleich Null und – unter der Annahme, dass die wahre Autokorrelation null ist – die Autokorrelation der beobachteten Kursdifferenzen $r(KD_t, KD_{t-\tau})$ nahezu normalverteilt mit dem approximativen Mittelwert

$$E[r(KD_t, KD_{t-\tau})] = -\frac{1}{N-\tau}$$

und Standardabweichung:

$$\sigma[\ r(KD_t, KD_{t-\tau})] = \sqrt{\frac{1}{N-\tau}}$$

sein.

Tab. 1: Autokorrelationskoeffizienten (β $_{\tau}$)

lag (τ)	Tagesbasis	Wochenbasis
1	-0,092	0,120
2	-0,023	0,122
3	0,045	-0,066
4	0,016	-0,047
5	0,012	-0,193
6	-0,004	0,060
7	-0,088	-0,095
8	0,092	0,056
9	-0,035	-0,053
10	0,067	-0,067
N	385	76

Eigene Berechnungen; [*] Abweichung des Autokorrelationskoeffizienten um mehr als zwei Standardabweichungen vom approximativen Mittelwertes.

Die Autokorrelationskoeffizienten für die beiden Samples und die jeweiligen lags (τ) der logarithmierten Kursdifferenzen der BVB-Aktie sind in *Tabelle 1* angegeben. Keiner der Autokorrelationskoeffizienten weicht signifikant von den o.g. approximativen Mittelwerten ab, womit die Annahme der schwachen Markteffizienz nicht abgelehnt werden kann.

4.2 Test auf mittelstarke Markteffizienz

Zum Test auf mittelstarken Informationseffizienz muss der Begriff der Information, insbesondere bezüglich der Trennung zwischen öffentlichen und nicht öffentlichen Informationen, abgegrenzt werden. Für die Untersuchungen der BVB-Aktie sollen, wie oben beschrieben das Börsenumfeld in Form des CDAX und KICK-Index, sowie die gewichtete relative Tabellenposition Borussia Dortmunds als Informationen angesehen werden.

Da die Effizienzmarkthypothese in ihrer mittelstarken Form besagt, dass die Kurse die öffentlich verfügbaren und relevanten Informationen unverzüglich reflektieren, bietet es sich zur empirischen Überprüfung dieser These an, die Anpassungsgeschwindigkeit der Kurse an neue Informationen zu testen. Da es sich bei der hier betrachteten BVB-Aktie um eine einzelne Zeitreihe handelt, können in diesem Fall die Methoden der Zeitreihenanalyse angewendet werden.

4.2.1 Test auf Kointegration

Zur Überprüfung der Stationaritätseigenschaften der verwendeten Zeitreihen (BVB-Aktienkurs, CDAX-Zeitreihe, KICK-Zeitreihe, Zeitreihe der gewichteten relativen Tabellenposition)[10] wurde ein Unit Root Test in Form eines Augmented Dickey-Fuller Tests (ADF), durchgeführt (vgl. *Tabelle 2*).

Tab. 2: Unit Root Tests (ADF-Test)

	Tagesbasis		Wochenbasis	
K	-2,166	(0)	-2,148	(0)
ΔK	-21,597**	(0)	-8,737**	(0)
$CDAX$	-2,068	(0)	-2,080	(0)
$\Delta CDAX$	-19,420**	(0)	-8,375**	(0)
$KICK$	-0,788	(2)	-1,641	(1)
$\Delta KICK$	-16,340**	(1)	-7,384**	(0)
GTP	-2,849	(0)	-2,668	(0)
ΔGTP	-19,214**	(0)	-8,599**	(0)

Eigene Berechnungen; ** p<0,05; lags in Klammern.

Der ADF-Test wurde mit p lags und einer Konstante durchgeführt. In der Test-Gleichung ist kein Trend berücksichtigt worden. Die Bestimmung der Signifikanz des ADF-Tests basiert auf den kritischen Werten von MACKINNON (1991). Die ent-

---

[10] Da es sich bei der Variable *SAISON* um eine Dummy-Variable handelt, ist es nicht notwendig diese Zeitreihe auf eine Einheitswurzel zu testen.

sprechende lag-Länge (p) wurde so gewählt, dass die LJUNG-BOX Q-Statistik keine signifikante Autokorrelation innerhalb der Residuen aufzeigt (ENDERS 1995, S. 227). Alle Zeitreihen (K, $CDAX$, $KICK$ und GTP) besitzen in den beiden Samples eine Einheitswurzel und sind somit nicht-stationär. Da jeweils die ersten Differenzen stationär sind, sind die Zeitreihen I(1).

Die Überprüfung bezüglich einer Kointegrationsbeziehung zwischen den nicht-stationären Variablen erfolgte mit Hilfe der zweistufigen Engle-Granger-Methode, da es im vorliegenden Fall nur einen sinnvollen Kointegrationsvektor geben kann, der auch a priori schon feststeht (HANSEN 1988, S. 352).

Zum Test der Stationarität der geschätzten Residuen $\hat{e}_t$ der OLS-Regressionen

$$\ln K_t = \alpha + \beta \ln CDAX_t + \gamma \ln KICK_t + \delta \ln GTP_t + \omega\, SAISON + e_t \qquad (5)$$

deren Ergebnisse in *Tabelle 3* festgehalten sind,

Tab. 3: Ergebnisse der Kointegrationsregression

Variable	Tagesbasis	Wochenbasis
Konstante	-9,151	-9,685
$CDAX_t$	0,449	0,440
$KICK_t$	1,068	1,109
GTP_t	0,654	0,739
$SAISON$	0,086	0,089
N	386	77
Mittelwert	1,953	1,954
R^2	0,840	0,855
adj. R^2	0,839	0,847
DW-Test	0,135	0,355

Erklärte Variable: *Kurs$_t$*. Eigene Berechnungen.

wurde erneut ADF-Tests mit der lag-Länge (p) und ohne Trend durchgeführt (Ergebnisse in *Tabelle 4*).

Tab. 4: Integrationsgrad der geschätzten Residuen (ADF-Test)

Variable	Tagesbasis	Wochenbasis
$\hat{e}_t$	-3,354[**] (1)	-2,890[**] (0)

Eigene Berechnungen; lags in Klammern.

Für die kritischen Werte sowie die Bestimmung der entsprechenden lag-Länge (p) gelten die oben gemachten Aussagen. Da die getestete Zeitreihe aus den Residuen einer Regression besteht, ist es nicht notwendig eine Konstante im Rahmen des Unit Root Tests zu berücksichtigen (ENDERS 1995, S. 374).

Es zeigt sich, dass die geschätzten Residuen $\hat{e}_t$ für beide Samples stationär sind. In Kombination mit der obigen Erkenntnis, dass die betrachteten Zeitreihen *CDAX*, *KICK*, *GTP* und *Kurs* I(1) sind, ergibt sich eine Kointegrationsbeziehung vom Grad (1,1) für beide Samples. Somit gilt die in (5) unterstellte langfristige Gleichgewichtsbeziehung. Ferner sind die dort geschätzten Koeffizienten „super-konsistent" (STOCK 1987), wenngleich die (folglich nicht dargestellten) t-Werte nicht interpretiert werden können.

Die Ergebnisse der Kointegrationsregression (*Tabelle 3*) sollen hier nicht näher interpretiert werden, da sie keine Aussagen über die Anpassungsgeschwindigkeit der BVB-Aktie an neue Informationen zulassen. Somit sind diese Ergebnisse für die Frage, ob die mittelstarke Effizienzmarkthypothese bestätigt wird, relativ unbedeutend.

4.2.2 Fehlerkorrekturmodell

Nach dem Granger-Repräsentationstheorem kann jede Kointegrationsbeziehung auch als Fehlerkorrekturmodell (ECM) geschrieben werden kann (KOOP 2000, S. 159). Das hier verwendete ECM hat dabei die folgende Form:

$$\Delta \ln Kurs_t = \varphi + \lambda \hat{e}_{t-1} + \beta_1 \Delta \ln Kurs_{t-1} + \beta_2 \Delta \ln CDAX_t +$$
$$\beta_3 \Delta \ln CDAX_{t-1} + \beta_4 \Delta \ln KICK_t + \beta_5 \Delta \ln$$
$$KICK_{t-1} + \beta_6 \Delta \ln GTP_t + \beta_7 \Delta \ln GTP_{t-1} + \varepsilon_t \qquad (5)$$

Die Spezifizierung der Gleichungen des ECM für die beiden Samples, insbesondere die Wahl der lags, wurde mit Hilfe der „general-to-specific" Methode vorgenommen, indem sukzessive die nicht signifikanten lags eliminiert wurden. Abschließend ergab sich, dass – mit Ausnahme der verzögerten Endogenen – kein lag signifikant ist (Ergebnisse in *Tabelle 5*). Die Ergebnisse des ECM (5) sehen dabei wie folgt aus:

Tab. 5: Ergebnisse des Fehlerkorrekturmodells

Variable	Tagesbasis	Wochenbasis
Konstante	-0,002	-0,006
	(-1,546)	(-1,091)
$\hat{e}_{t-1}$	-0,054***	-0,176***
	(-3,562)	(-2,868)
$\Delta Kurs_{t-1}$	-0,084*	–
	(-1,741)	
$\Delta CDAX_t$	0,173*	0,110
	(1,867)	(0,578)
$\Delta KICK_t$	0,169**	0,598**
	(2,111)	(2,513)
ΔGTP_t	0,422***	0,491***
	(3,569)	(2,656)
$\Delta SAISON$	0,016	0,034**
	(1,556)	(2,099)
N	384	76
Mittelwert	-0,002	-0,009
R^2	0,010	0,307
adj. R^2	0,085	0,257
DW-Test	2,047	1,878
F-Statistik	6,926***	6,120***

Eigene Berechnungen; t-Werte in Klammern; *$p < 0,10$; **$p < 0,05$; ***$p < 0,01$.

Es zeigt sich, dass eine Veränderung der gewichteten relativen Tabellenposition in beiden getesteten Samples einen signifikant positiven Einfluss auf die Kursveränderung der BVB-Aktie aufweist. Von größerer Bedeutung ist jedoch im Kontext dieser Untersuchungen der Regressionskoeffizient des Fehlerkorrekturterms ($\hat{e}_{t-1}$), der – unter der Annahme der Gültigkeit der langfristige Kointegrationsbeziehung – angibt, wie schnell sich der Aktienkurs an eine Veränderung der Informationen (Änderungen des Börsenumfeldes und relative Tabellenposition) anpasst.

Im Sample der Wochenbasis hat der Koeffizient einen Wert von minus 0,176. Dies bedeutet, dass sich der Börsenkurs der BVB-Aktie an eine Abweichung vom langfristigen Gleichgewicht um 17,6 % in der ersten Periode anpasst. Für das Sample der Tagesbasis beträgt der Wert nur minus 0,054. Beide Werte sind signifikant von minus Eins verschieden. Die BVB-Aktie passt sich nur sehr langsam an neue Informationen an. M.a.W.: die BVB-Aktie erfüllt die Bedingungen für die Kapitalmarkteffizienz in mittelstarker Form nicht.

5 Fazit und Ausblick

Die Motivation dieses Beitrages war es, zu überprüfen, ob, in welcher Intensität und mit welcher Anpassungsgeschwindigkeit es einen Zusammenhang zwischen sportlichem Erfolg und der Kapitalmarktbewertung der Aktie der Borussia Dortmund GmbH & Co. KgaA gibt. Kapitalmarkteffizienz im Sinne von FAMA (1970) konnte nur in der schwachen Form nicht widerlegt werden. Die Hypothese der mittelstarken Markteffizienz muss hingegen abgelehnt werden.

Allerdings kann diese Untersuchung der BVB-Aktie nur als erster Versuch angesehen werden, um zu einer Effizienzbewertung des deutschen Fußballaktienmarktes zu gelangen. Angesichts des relativ kurzen Zeitraumes der Notierung der Aktie der Borussia Dortmund GmbH & Co. KgaA und der Verschärfung der resultierenden Datenproblematik durch die Tatsache, dass es sich bei der BVB-Aktie um die einzige deutsche Fußballaktie handelt dürfte sich eine spätere Testwiederholung auf breiterer Datengrundlage lohnen.

Literatur

BORUSSIA DORTMUND (2001): Geschäftsbericht Juli 2000 – Juni 2001, Dortmund.

COPELAND, T.E.; WESTON, F. (1988): Financial Theory and Corporate Policy, 3. Auflage, Reading u.a.

DAHLKE, M.; ROTT, A. (2001): Fußballaktionäre in der Abseitsfalle? Erste Erfahrungen mit dem BVB-Papier. In: BERG, H.; TEICHMANN, U. [Hrsg.]: Dortmunder Diskussionsbeiträge zur Wirtschaftspolitik, Nr. 106.

DEUTSCHE BÖRSE (2002): Leitfaden zu den Aktienindizes der Deutschen Börse, Version 4.3, o.O.

EHRHARDT, O. (1997): Börseneinführungen am deutschen Aktienmarkt, Wiesbaden.

ENDERS, W. (1995): Applied Econometric Time Series, New York u.a.

FAMA, E.F. (1965): The Behavior of Stock-Market Prices. The Journal of Business 38, S. 34-105.

FAMA, E.F. (1970): Efficient Capital Markets: A Review of Theory and Empirical Work. The Journal of Finance 25, S. 383-417.

FAMA, E.F. (1976): Foundations of Finance, Portfolio Decisions and Securities Prices, Oxford.

FLYNN, M.A., R.J. GILBERT (2001): The Analysis of Professional Sports Leagues as Joint Ventures. The Economic Journal 111, S. F27-F46.

HANSEN, G. (1988): Analyse ökonomischer Gleichgewichte und cointegrierter Zeitreihen. Allgemeines Statistisches Archiv 72, S. 337-358.

KOOP, G. (2000): Analysis of Economic Data, Chichester u.a.

LEHMANN, E.; WEIGAND, J. (1998): Wieviel Phantasie braucht die Fußballaktie? In: Zeitschrift für Betriebswirtschaft, Ergänzungsheft 2/98, S.101-120.

MACKINNON, J.G. (1991): Critical Values for Cointegration Tests. In: ENGLE, R.F.; GRANGER, C.W.J. [Hrsg.]: Long-Run Economic Relationships: Readings in Cointegration, S. 267-287.

O.V. (2002): Kick and Go: Fußballindex auf Fünfjahrestief. Horizont Sport Business 02/2002, S. 28-29.

SCHNEIDER, D. (1980): Investition und Finanzierung, 5. Auflage, Wiesbaden.

SCHNITTKE, J. (1989): Überrenditeeffekte am deutschen Aktienmarkt, Eine theoretische und empirische Analyse, Köln.

STOCK, JAMES (1987): Asymptotic Properties of Least-Squares Estimators of Cointegrating Vectors. Econometrica 55, S. 1097-1107.

THEURILLAT, M.J. (1996): Der Schweizer Aktienmarkt, Eine empirische Untersuchung im Lichte der neueren Effizienzmarkt-Diskussion, Heidelberg.

WGZ-BANK [Hrsg.] (2001): FC €uro AG, Börsengänge europäischer Fußballunternehmen – Chancen für den deutschen Bundesligafußball, 2. Auflage, Düsseldorf.

Sportlicher Erfolg und Kapitalmarktperformance –
Das Beispiel der Borussia Dortmund GmbH & Co KgaA

Korreferat zu Arne Feddersen/Wolfgang Maennig

Bernd Frick und Frank Tolsdorf

1   Vorbemerkungen

Arne Feddersen und Wolfgang Maennig machen jedem Korreferenten das Leben ausgesprochen schwer – aber dies etwa nicht (wie man vielleicht vermuten könnte) weil das vorgelegte Paper so schwach ist, das es sich nicht lohnte, viele Worte darüber zu verlieren. Im Gegenteil: Der Beitrag entspricht in jeder Hinsicht dem statistisch-ökonometrischen „state of the art" und legt – um einen Ausdruck aus dem (professionellen) Sport zu verwenden – „die Latte sehr hoch", d.h. er dürfte für eine ganze Weile als Vorbild für weitere Untersuchungen gelten, die sich aber dann auch stets an den hier vorgelegten Standards werden messen lassen müssen. Vor diesem Hintergrund sind unsere Ausführungen keineswegs als Kritik, sondern vielmehr als Ergänzung der von Feddersen und Maennig präsentierten empirischen Befunde zu verstehen.

2   Methodisches Vorgehen

Ein in der empirischen Kapitalmarktforschung häufig eingesetztes statistisches Verfahren ist die sog. „event study". Hierbei wird die Kapitalmarktperformance eines bestimmten Unternehmens bzw. Sektors in Beziehung gesetzt zur Performance des gesamten oder eines wie auch immer definierten Referenzmarktes.

Um den Einfluss spezifischer Ereignisse auf die Börsennotierung der davon betroffenen Unternehmen analysieren zu können, ist es zunächst einmal erforderlich, das kritische Ereignis, d.h. im vorliegenden Fall den Tag der sportlichen Performance, der Unterzeichnung eines Vertrages oder die Verlängerung eines auslaufenden Vertrages, etc. zweifelsfrei zu identifizieren (dies im vorliegenden Fall erheblich einfacher als in vielen anderen Bereichen). In einem ersten Schritt sind zunächst die „abnormalen" und die „kumulierten abnormalen Renditen" zu berechnen. Diese Berechnung geschieht folgendermaßen (vgl. BROWN und WARNER 1980, 1985; THOMPSON 1995):

$$AR_{it} = R_{it} - R_{mt} \qquad (1)$$

wobei AR_{it}: abnorme Rendite von Branche (Unternehmen) i zum Zeitpunkt t,

$\quad\quad R_{it}$: Rendite von Branche (Unternehmen) i zum Zeitpunkt t,

$\quad\quad R_{mt}$: Rendite des Gesamtmarktes zum Zeitpunkt t.

Die kumulierte abnormale Rendite ergibt sich dann als die Summe der abnormalen Renditen über den gesamten Betrachtungszeitraum.

$$CAR_t = \sum_{t=1}^{T} AR_t \qquad (2)$$

wobei $AR_t = \sum_{1}^{N} AR_{it}$

Die kumulierte abnormale Rendite vor und nach dem in Frage kommenden Ereignis wird sodann mit Hilfe eines T-Tests verglichen, um zu überprüfen, ob sich die beiden Werte signifikant voneinander unterscheiden.

Zwei weitere Kennziffern, deren Berechnung nicht näher erläutern werden soll (vgl. dazu die bereits zitierte Literatur), die aber die Entscheidungen von Anlegern nachhaltig beeinflussen (können), sind der so genannte Beta-Faktor und die Residualvolatilität. Der Beta-Faktor ist ein Maß für das „systematische Risiko", das durch eine weitere Diversifizierung des jeweiligen Portfolios nicht mehr reduziert werden kann. Er misst den Zusammenhang zwischen der Preisentwicklung für eine bestimmte Aktie und der Entwicklung des Gesamtmarktes. Das „unsystematische Risiko" ist branchen- bzw. betriebsspezifisch und wird im Allgemeinen „Residualvolatilität" genannt. Mit diesem Begriff bezeichnet man also Schwankungen in der Kapitalmarktperformance einzelner Unternehmen oder Sektoren, die nicht mit entsprechenden Schwankungen des Gesamtmarktes erklärt werden können. Die beiden letztgenannten Kennziffern berechnet man sinnvoller weise ebenfalls für die beiden Sub-Perioden des Untersuchungszeitraumes (hier: für die Zeit vor und nach einer Spielerverpflichtung, vor und nach einem Meisterschaftsspiel, etc.), um feststellen zu können, ob die genannten Risiken durch das jeweilige Ereignis beeinflusst wurden. Auch hier gelangt wieder ein T-Test zum

Einsatz, der die Null-Hypothese („das Ereignis hat keinen Einfluss") entweder bestätigt oder aber verwirft.

3   Ergebnisse

Wie aus unserer Abbildung 1 hervorgeht, ist die Amplitude des Börsenkurses von Borussia Dortmund erheblich größer als die des Referenzmarktes, des MDAX. Dies ist jedoch alles andere als überraschend, denn der MDAX besteht aus einer größeren Zahl an unterschiedlichen Papieren, so dass sich positive und negative Veränderungen der Börsenkurse tendenziell wechselseitig aufheben. Nichtsdestotrotz bleibt darauf hinzuweisen, dass die Performance der Borussia-Aktie vom Tag der Emission (31. 10. 2000) bis zum 31. 5. 2002 erheblich schlechter war als die des MDAX: Während das Fußball-Papier in den folgenden 18 Monaten mehr als die Hälfte seines Wertes einbüßte, verlor der MDAX „nur" etwa 20%.

Dessen ungeachtet scheint die abnormale Rendite der Borussia-Aktie keinem Trend zu folgen, wenngleich man feststellen kann, dass die Abweichungen von der Performance des Referenzmarktes in der zweiten Hälfte unseres Betrachtungszeitraumes etwas zugenommen zu haben scheinen (vgl. Abbildung 2). Auffallend ist insbesondere, dass sich die abnormalen Renditen zumindest auf den ersten Blick nicht mit irgendwelchen – wie auch immer gearteten – Ereignisse aus dem sportlichen Bereich erklären lassen.

Um mögliche Ursachen von Kursveränderungen identifizieren zu können, haben wir die potentiell relevanten Ereignisse in drei Kategorien unterteilt (Personalfluktuation, sportliche Performance und wirtschaftliche Performance), die ihrerseits aus jeweils zwei bzw. drei Unterkategorien bestehen (in Klammern jeweils die Zahl der relevanten Ereignisse, die wir während des Untersuchungszeitraumes lokalisieren konnten).

Tabelle 1: Abnormale Renditen der BVB-Aktie bei unterschiedlichen Ereignissen

Art des Ereignisses	durchschnittliche abnormale Rendite (in %)
Personalfluktuation	
- Spielerverpflichtungen (n=7)	-3,29
- Vertragsverlängerungen (n=6)	+1,64
- Spielerverkäufe / -verleihungen (n=3)	-1,44
Sportliche Performance	
- Erfolge (n=5)	+2,80
- Misserfolge (n=2)	-4,29
Wirtschaftliche Performance	
- Erfolge (n=3)	+0.82
- Misserfolge (n=1)	-9,63
- nicht klassifizierbar (n=3)	-1,26

Die Ergebnisse (vgl. Tabelle 1) sind wenig überraschend: Neuverpflichtungen (Rosicky, Koller, Amoroso, Demel, Ewerthon, Weidenfeller und Fernandez) gehen in jedem Einzelfall mit einer negativen abnormalen Rendite einher (die anfallenden Gehaltskosten werde von den Anlegern offenbar nicht sonderlich gerne gesehen), Vertragsverlängerungen (Reina, Herrlich, Sammer, Wörns, Ricken, Lehmann) mit einer im Durchschnitt geringen positiven abnormalen Rendite. Letzteres ist aber nahezu ausschließlich auf den „Herrlich-Effekt" zurückzuführen, bei dessen Verlängerung der Kurs um mehr als 7% gegenüber dem MDAX kletterte (im Falle von Lehmann gab der Kurs um 2% nach). Die Kursveränderungen bei Spielerverkäufen und -verleihungen sind demgegenüber vernachlässigbar.

Die sportliche Performance (Erfolge wie Misserfolge) hat die erwarteten Einfluss auf die Kursentwicklung; gleiches gilt auch für die wirtschaftliche Performance (vgl. auch RENNEBOOG und VANBRABANT 2003 für die börsennotierten englischen Premier League Teams), wobei insbesondere die statistisch signifikant negative abnormale Rendite am Tag der Bekanntgabe der Bilanzzahlen für das Jahr 2000 (-9%) auffällt. Die Kursreaktionen bei sportlichen Erfolgen sind zwar ausnahmslos positiv, aber in keinem einzigen Fall signifikant von Null verschieden.

Zusammenfassend bleibt festzustellen, dass unsere Analyse die Befunde von FEDDERSEN und MAENNIG im Wesentlichen bestätigt, was angesichts der Unterschiede in der methodischen Vorgehensweise keineswegs selbstverständlich ist. Gleichzeitig können wir aber auch zeigen, dass einzelne „kritische" Vorfälle durchaus einen bei „normalen" Längsschnittanalysen nicht nachweisbaren Einfluss spezifischer Ereignisse haben können. Dies wiederum macht deutlich, dass empirische Analysen, die die Untersuchung der Effizienz des Kapitalmarktes zum Gegenstand haben, eine Kombination unterschiedlicher Methoden – Längsschnittanalyse und Ereignisanalyse – verwenden sollten.

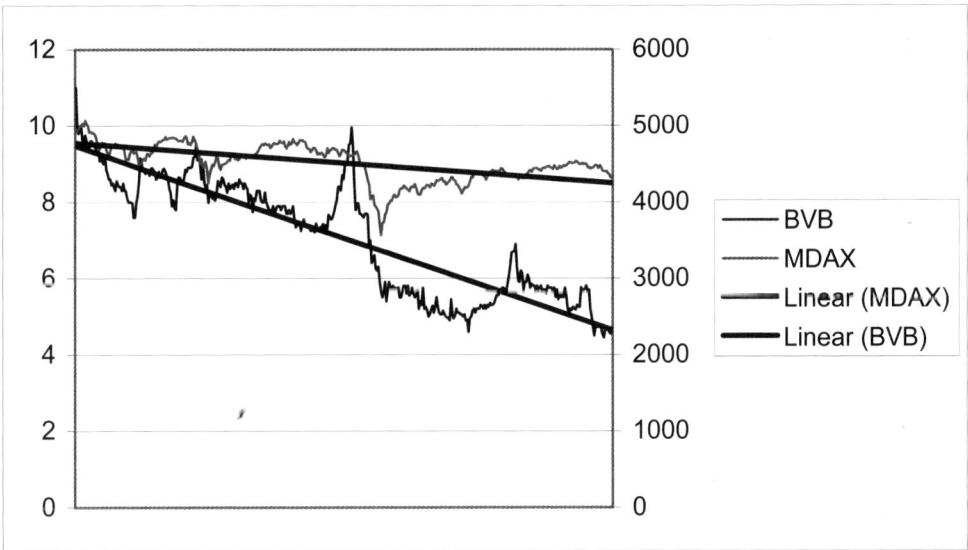

Abb. 1: Vergleich BVB–Aktie und MDAX

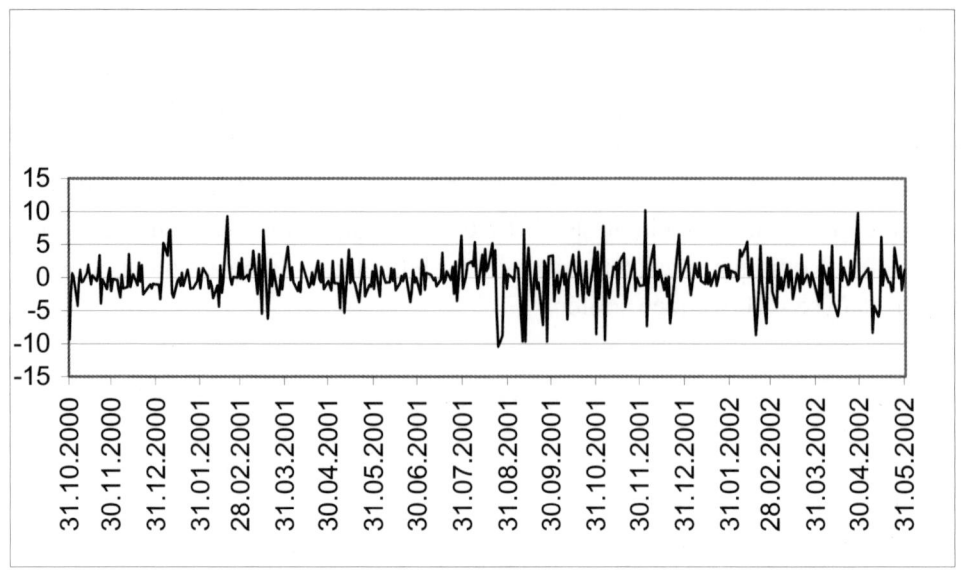

Abb. 2: Abnormale Rendite der BVB-Aktie

Literatur

BROWN, STEPHEN J. und JEROLD B. WARNER (1980): Measuring Security Price Per-
    formance. Journal of Financial Economics, 8, 205-258.
BROWN, STEPHEN J. und JEROLD B. WARNER (1985): Using Daily Stock Returns.
    The Case of Event Studies. Journal of Financial Economics, 14, 3-31.
RENNEBOOG, LUC und PETER VANBRABANT (2003): Share Price Reactions to
    Sporting Performances of Soccer Clubs Listed on the London Stock Exchange
    and the AIM. In: FRICK, B., E. LEHMANN und G. WAGNER (eds.): The Eco-
    nomics of Professional Soccer. Berlin: Springer, im Druck.
THOMPSON, REX (1995): Empirical Methods of Event Studies in Corporate Finance.
    In: JARROW, R.A., MAKSIMOVIC, V. und W.T. ZIEMBA (eds.): Handbooks in
    Operations Research and Management Science, Vol. 9, Finance, Amsterdam,
    963-992.

Ökonomische Probleme der bilanziellen Behandlung von Transferentschädigungen in der Fußball-Bundesliga

Jörn Littkemann

Zusammenfassung

Der Wert der vereinseigenen Fußballspieler stellt *das* zentrale Vermögen eines Fußball-Bundesligisten dar. So eindeutig die Wichtigkeit der Ressource Fußballspieler für den sportlichen und damit auch für den wirtschaftlichen Erfolg eines Vereins ist, desto umstrittener ist jedoch die bilanzielle Behandlung von Fußballspielern nach Handels- und Steuerrecht. Insbesondere die Frage nach einer möglichen Aktivierbarkeit von Ausgaben für neu erworbene Fußballspieler im Fall eines Vereinswechsels steht dabei im Diskussionsmittelpunkt. In diesem Beitrag werden die grundlegenden bilanziellen Probleme der (nicht sachgerecht erscheinenden) Behandlung von Transferentschädigungen als immaterielle Vermögensgegenstände erörtert. Ferner werden die Vor- und Nachteile der derzeit geltenden Bilanzierungspraxis sowohl aus Vereinssicht als auch aus Sicht des Fiskus und des Instituts der Wirtschaftsprüfer beleuchtet.

1   Einführung

Bis Mitte der neunziger Jahre begründete gemäß § 29 Abs. 1 Lizenzspielerstatut (LSpSt) des Deutschen Fußball-Bunds (DFB) der Vereinswechsel eines Spielers der Fußball-Bundesliga (hervorgerufen durch Ablauf seines Vertrages oder bei vorzeitiger Vertragsbeendigung) einen verbandsrechtlichen Anspruch des abgebenden Vereins auf Zahlung einer Transferentschädigung durch den aufnehmenden Verein. Die Höhe der Transferentschädigung (bzw. Ablösesumme) konnte zwischen dem aufnehmenden Verein und dem abgebenden Verein gemäß § 30 LSpSt frei vereinbart werden. Die Fälligkeit der Forderung trat gemäß § 29 Abs. 1 LSpSt mit Inkrafttreten des neuen Arbeitsvertrages ein, sofern die Vereine keine andere Vereinbarung hinsichtlich des Zahlungstermins getroffen hatten. Durch die Beendigung des Arbeitsvertrages zwischen dem abgebenden Verein und dem Spieler erlosch gemäß § 26 Nr. 4 LSpSt die Spielerlaubnis des Spielers. Der aufnehmende Bundesligaverein musste im Anschluss daran mit dem Spieler einen neuen Arbeitsvertrag abschließen und danach die Erteilung einer neuen Spielerlaubnis gemäß § 26a LSpSt beim DFB beantragen. Die Zahlung einer Transferentschädigung war u. a. für den aufnehmenden Verein eine Pflichtvoraussetzung zur Erlangung einer Spielerlaubnis durch den DFB.

Nach einem abschließenden Urteil des BFH vom 26. 08. 1992 (I R 24/91)[1], das einen jahrelangen Rechtsstreit zwischen einem Bundesligaverein und dem Finanzamt beendet hatte,[2] war die Spielerlaubnis – nicht die Transferzahlung als solche – als immaterieller Vermögensgegenstand im Sinne eines konzessionsähnlichen Rechts gemäß § 266 Abs. 2 A. I. 1. HGB zu interpretieren und folglich steuerrechtlich als immaterielles Wirtschaftsgut zu behandeln. Die Anschaffungskosten für die Spielerlaubnis entsprachen weitgehend dem Wert der geleisteten Transferentschädigung und waren vom aufnehmenden Verein im Jahr des Spielerwechsels zu aktivieren und in den folgenden Geschäftsjahren planmäßig abzuschreiben. Die betriebsgewöhnliche Nutzungsdauer bemaß sich in der Regel nach der Laufzeit des Arbeitsvertrages zwischen dem aufnehmenden Verein und dem Fußballspieler, da die Spielerlaubnis mit Ablauf der Vertragsdauer ihre Gültigkeit verlor (SÖFFING 1996, 523).

Die letztinstanzliche Einstufung der im Zusammenhang mit Transferentschädigungen stehenden Spielerlaubnis als immateriellen Vermögensgegenstand durch den BFH war in der Literatur allerdings stark umstritten.[3] Insbesondere die für die Behandlung von Ausgaben als immaterielle Wirtschaftsgüter notwendigen Eigenschaften der selbstständigen Bewertung und der Verkehrsfähigkeit sah man bei der vom DFB erteilten Spielerlaubnis nicht gegeben. Nichtsdestotrotz waren die Bundesligavereine steuerrechtlich an das BFH-Urteil gebunden und setzten ihre bis dato

---

[1] Vgl. BFH-Urteil vom 26.08.1992, BStBl. II 1992, S. 977 ff.

[2] Vgl. zum Rechtsstreit über die bilanzielle Behandlung von im Zusammenhang mit Ablösezahlungen stehenden Spielerlaubnisse auch den BFH-Beschluss vom 13. 05. 1987, BStBl. II 1987, S. 777 ff. (AdV-Verfahren) und das Urteil des FG Düsseldorf vom 28. 11. 1990, EFG 1991, S. 521 (erstinstanzliche Entscheidung). Von beiden Rechtsprechungsorganen wurde eine Aktivierung von Spielerlaubnissen abgelehnt.

[3] Vgl. JANSEN (1992), S. 1785 ff., und ZIEGLER (1991), S. 280 ff.; abweichend HÜTTEMANN (1994), S. 490 ff.

größtenteils ausgeübte Bilanzierungspraxis der Aktivierung von Transferausgaben zur Erlangung der Spielerlaubnisse weiter fort.[4]

Am 15.12.1995 entschied der Europäische Gerichtshof (EuGH) in dem sog. „Bosman-Urteil"[5], dass nach Ablauf des Arbeitsvertrages beim Wechsel eines Fußballspielers zwischen zwei Vereinen keine Transferentschädigung mehr gezahlt werden muss. Das Urteil des EuGH wurde im November 1996 auf nationales Recht ausgedehnt. Das Bundesarbeitsgericht in Kassel hat Ablösesummen im Profisport für unzulässig erklärt, da sie die Berufsfreiheit der Sportler beschränken. Für Spieler, die während eines laufenden Vertrages den Verein wechseln, werden in der Praxis allerdings weiterhin Transferentschädigungen gezahlt. Ansonsten würde der abgebende Verein seinen Spieler höchstwahrscheinlich nicht aus seinem Vertrag entlassen. Da seit Inkrafttreten des „Bosman-Urteils" die Vereine bestrebt sind, mit den Spielern vermehrt langfristige Verträge abzuschließen, um im Falle eines eventuellen Vereinswechsels noch eine Ablösesumme zu erhalten, ist die Zahlung einer Ablösesumme nicht wie angenommen wurde die Ausnahme, sondern weiterhin die Regel. Der DFB hat insofern auf die neue Rechtslage reagiert, als dass er die Zahlung einer Transferentschädigung im Fall eines Vereinswechsels nicht mehr zwingend für die Erteilung einer Spielerlaubnis vorsah. Durch den Wegfall der verbandsrechtlich vorgeschriebenen Voraussetzung der Zahlung einer Transferentschädigung zwecks Erlangung der Spielerlaubnis ist ein maßgebender Grund für die Aktivierung von Transferausgaben weggefallen. Folglich sind Transferzahlungen für den aufnehmenden Verein nicht mehr zu aktivieren, sondern müssen im Jahr des Spielererwerbs in einer Summe als Aufwand in der Gewinn- und Verlustrechnung verrechnet werden (SÖFFING 1996, 524).

---

[4] Die aktivierten Spielerlaubnisse haben in den Bilanzen der Fußballbundesligisten eine vergleichsweise hohe Bedeutung. Ihr Wert beträgt bisweilen über 50% des Gesamtvermögens. Vgl. zur Bilanzanalyse ausgewählter Bundesligavereine LITTKEMANN/SUNDERDIEK (2002), S. 67 ff.

[5] Die Aussage des „Bosman-Urteils" besteht – verkürzt – darin, dass die Zahlung von Ablösesummen für Profisportler nicht mit der Freizügigkeit der Europäischen Union vereinbar ist.

Davon unberührt ist es jedoch weiterhin gängige Praxis der Fußball-Bundesligisten, Transferausgaben zu aktivieren und über die Vertragslaufzeit des Spielers abzuschreiben.[6] Weder der BFH noch der mittlerweile für die Organisation des Profifußballs innerhalb des DFB zuständige Ligaverband haben bislang in ihrer Rechtsprechung bzw. in ihrer Satzung auf die durch das „Bosman-Urteil" hervorgerufene Änderung der Rechtslage reagiert. Der Ligaverband geht im Lizensierungsverfahren weiterhin davon aus, dass Transferzahlungen – auch ohne verbandsrechtliche Bindung an die Spielerlaubnis – in der Bilanz der Bundesligaclubs unter dem eigenständigen Bilanzposten „Spielerwerte" als immaterielle Vermögensgegenstände gemäß § 266 Abs. 2 A. I. HGB aktiviert werden (Anhang 2 Nr. 8.1.1 zum LSpSt). Dabei wird explizit auf das BFH-Urteil vom 26. 08. 1992 verwiesen.

2   Bilanzierung von immateriellen Vermögensgegenständen

2.1   Begriffsverständnis

Immaterielle Vermögensgegenstände sind in der Regel alle Vermögensgegenstände, die im Gegensatz zu materiellen Vermögensgegenständen (z. B. Grundstücke, Maschinen, Kraftfahrzeuge oder Vorräte) körperlich nicht fassbar sind.[7] Sie gehören nach § 274 Abs. 2 HGB dann zum Anlagevermögen, wenn sie dazu bestimmt sind, dauernd dem Geschäftsbetrieb zu dienen. Nach § 266 Abs. 2 A. I. HGB zählen zu den immateriellen Vermögensgegenständen des Anlagevermögens Konzessionen, gewerbliche Schutzrechte und ähnliche Rechte und Werte sowie Lizenzen an solchen Rechten und Werten, Geschäfts- oder Firmenwerte sowie auf diese Posten geleistete Anzahlungen.

Begrifflich ähnelt die Unterscheidung von materiellen und immateriellen Vermögen der im Bürgerlichen Gesetzbuch (BGB) vorgenommenen Differenzierung in Sachen

---

[6]   Telefoninterview mit Ingo Schiller, Geschäftsführer von Hertha BSC Berlin.

[7]   Zum Begriff und zur Bilanzierung von immateriellen Vermögensgegenständen vgl. u. a. ADS (1998), S. 191 ff.; BAETGE/KIRSCH/THIELE (2001), S. 255 ff.; FEDERMANN (2000), S. 272 ff.; KNOBBE-KEUK (1989), S. 78 ff., und VEIT (1990), S. 170 ff. Zur Bilanzierung von immateriellen Vermögensgegenständen nach US-amerikanischen Recht und nach den Vorschriften des IASC vgl. u. a. VON KEITZ (1997), S. 83 ff. sowie S. 173 ff., und FÜLBIER/HONOLD/KLAR (2000), S. 833 ff.

und Rechte (BAETGE/KIRSCH/THIELE 2001, 255). Trotzdem ergeben sich insoweit Unterschiede, als dass zum einen rein wirtschaftliche Rechte (z. B. ungeschützte Erfindungen) vom juristischen Begriff der Rechte nicht erfasst werden. Zum anderen sind bestimmte juristische Begriffe (z. B. grundstücksgleiche Rechte) nach der Gliederungssystematik des § 266 HGB nicht unter den immateriellen Vermögensgegenständen des Anlagevermögens, sondern unter den Sachanlagen auszuweisen. Darüber hinaus zählen auch andere nicht körperliche Vermögensgegenstände, wie Beteiligungen, Forderungen und liquide Mittel, nicht zum immateriellen Anlagevermögen, sondern zu den Finanzanlagen. Aufgrund der Bilanzgliederung des § 266 HGB werden somit bestimmte körperlich nicht fassbare Vermögensgegenstände nicht dem immateriellen Vermögen zugeordnet. Die Schwierigkeit einer eindeutigen Abgrenzung liegt darin, dass es oftmals nicht leicht fällt, die Eigenschaft der Immaterialität zu umschreiben (FEDERMANN 2000, 272). Merkmale der Nichtgreifbarkeit, des Nichtkörperlichen und Nichtstofflichen, vielmehr des geistigen oder rechtlichen Gehalts und der nicht unmittelbaren Wahrnehmung bestimmen die Immaterialität. Daraus wird deutlich, dass die Zuordnung bestimmter Ausgaben immateriellen Charakters zu den materiellen bzw. zu den immateriellen Vermögensgegenständen sowie der bilanzpolitisch noch bedeutsamere Fall, ob durch bestimmte Ausgaben immateriellen Charakters (z. B. die hier behandelten Transferentschädigungen) überhaupt ein Vermögensgegenstand geschaffen bzw. erworben wird, oftmals erst durch die Rechtsprechung abschließend entschieden werden.[8]

Im Folgenden werden die wichtigsten handels- und steuerrechtlichen Vorschriften zur Bilanzierung von immateriellen Vermögensgegenständen kurz dargestellt (VEIT 1990, 170 ff.). Im Gegensatz zum Handelsrecht wird im Steuerrecht nicht der Begriff des immateriellen Vermögensgegenstandes, sondern der Terminus „immaterielles Wirtschaftsgut" verwendet. Ursprünglich war der Wirtschaftsgutsbegriff im Unterschied zum statisch orientierten Begriff des Vermögensgegenstandes dynamisch geprägt. Obwohl man heutzutage, jedenfalls dem theoretischen Grundsatz nach, von einer Identität der Begriffe ausgehen kann, zeigt die steuerliche Rechtsprechung, dass der Wirtschaftsgutsbegriff zumeist (immer noch) weiter als der Begriff des Vermögensgegenstandes ausgelegt wird.

---

[8] Insofern hat die bereits von MOXTER (1979), S. 1102, Ende der 70er Jahre getroffene Feststellung, dass immaterielle Güter die ewigen Sorgenkinder des Bilanzrechts sind, nach wie vor Gültigkeit.

2.2 Ansatz

2.2.1 Originäres Anlagevermögen

Von originären Gütern des Anlagevermögens spricht man, wenn sie nicht entgeltlich von einem anderen erworben, sondern im Betrieb selbst geschaffen worden
sind und nach § 247 Abs. 2 HGB dazu bestimmt sind, dauernd dem Geschäftsbetrieb zu dienen. Gemäß § 248 Abs. 2 HGB dürfen originäre immaterielle Vermögensgegenstände des Anlagevermögens nicht in der Handelsbilanz angesetzt werden. Es besteht also ein explizites Aktivierungsverbot. Das Aktivierungsverbot
schränkt den Grundsatz der Vollständigkeit nach § 246 Abs. 1 HGB ein, es kann
auf das Vorsichtsprinzip zurückgeführt werden. Zwar existiert im Steuerrecht in § 5
Abs. 2 EStG eine Vorschrift, die besagt, dass für immaterielle Wirtschaftsgüter des
Anlagevermögens ein Aktivposten nur anzusetzen ist, wenn sie entgeltlich erworben wurden. Die Zielsetzung einer klarstellenden Vorschrift zur Bilanzierung von
immateriellen Gütern originären Ursprungs wird allerdings verfehlt. Denn offen
bleibt, ob sich gemäß § 5 Abs. 2 EStG ein Ansatzwahlrecht oder ein Ansatzverbot
ableiten lässt. Da das Steuerrecht folglich keine explizite Regelung enthält, kommt
der Grundsatz zum Tragen, dass beim Fehlen von speziellen steuerrechtlichen Vorschriften die Handelsbilanz für die Steuerbilanz maßgeblich ist (§ 5 Abs. 1 EStG).
Über das Maßgeblichkeitsprinzip ergibt sich somit bei den originären Wirtschaftsgütern des Anlagevermögens für die Steuerbilanz ebenfalls ein Ansatzverbot.

2.2.2 Derivatives Anlagevermögen

Als derivative Güter bezeichnet man solche, die nicht selbst geschaffen, sondern
entgeltlich erworben worden sind. Entgeltlicher Erwerb ist allerdings noch nicht
gegeben, wenn bestimmte Ausgaben im Zusammenhang mit der Beschaffung eines
Anlagegutes entstanden sind. Die Güter müssen Gegenstand des Rechtsverkehrs
gewesen sein, d. h. sie müssen durch Einbringung, Tausch oder vor allem Kauf von
Dritten erworben sein, um einen derivativen Charakter zu erhalten. Ein entgeltlicher
Erwerb liegt somit nur vor, wenn die Verfügungsmacht über den immateriellen
Vermögensgegenstand vom Verkäufer auf den Käufer übergeht. Für die Handels-
bilanz gibt es bezüglich der derivativen immateriellen Vermögensgegenstände des

Anlagevermögens keine direkten Vorschriften. Die Aktivierungsfrage kann in diesem Fall auch nicht indirekt mit Hilfe spezieller Vorschriften zur Bilanzierung originärer immaterieller Anlagegüter beantwortet werden, da § 248 Abs. 2 HGB keinen Umkehrschluss nahelegt. Zur Beantwortung der Aktivierungsfrage muss deshalb das generelle Vollständigkeitsgebot nach § 246 Abs. 1 HGB herangezogen werden. Nach dem Vollständigkeitsgebot sind in der Bilanz sämtliche Vermögensgegenstände anzusetzen, soweit gesetzlich nichts anderes bestimmt ist. Da für das derivative immaterielle Anlagevermögen kein Sonderrecht besteht und aus diesem Grund der Vollständigkeitsgrundsatz nicht eingeschränkt wird, ergibt sich zweifelsfrei ein Aktivierungsgebot. In der Steuerbilanz müssen derivative immaterielle Wirtschaftsgüter des Anlagevermögens angesetzt werden. Das Ansatzgebot ergibt sich aus der speziellen Vorschrift des § 5 Abs. 2 EStG. Es bedarf in diesem Fall keiner Anwendung des Maßgeblichkeitsgrundsatzes.

2.2.3 Originäres und derivatives Umlaufvermögen

Das Umlaufvermögen ist der Teil des bilanzierungsfähigen Vermögens, der nicht Anlagevermögen ist, also nicht der dauernden Nutzung im eigenen Betrieb dient. Immaterielle Werte werden in der Regel im Unternehmen genutzt, seltener sind sie zur Veräußerung bestimmt. Deshalb kommen sie nur ausnahmsweise im Umlaufvermögen vor, am wenigsten als derivative. Für die handelsrechtliche Aktivierung originären sowie derivativen Umlaufvermögens besteht keine ausdrückliche Vorschrift. Aus dem Vollständigkeitsgebot ergibt sich daher eine Aktivierungspflicht für das gesamte immaterielle Umlaufvermögen. Für den steuerrechtlichen Ansatz existieren ebenfalls keine speziellen Vorschriften. Aus der Anwendung des Maßgeblichkeitsgrundsatzes folgt für die Steuerbilanz ein Ansatzgebot für das originäre sowie derivative Umlaufvermögen.

2.3 Abschreibung

In der Handelsbilanz kommen bei der Aktivierung der immateriellen Güter des Anlagevermögens als Wertmaßstab nur die Anschaffungskosten gemäß § 255 Abs. 1 HGB in Betracht. Dies ergibt sich aus der Tatsache, dass die Aktivierung an den entgeltlichen Erwerb geknüpft ist. Bezüglich des Umlaufvermögens sind derivative immaterielle Vermögensgegenstände mit den Anschaffungskosten anzusetzen, originäre mit den Herstellungskosten (§ 255 Abs. 2 HGB). Für die Abschreibung der mit Anschaffungs- oder Herstellungskosten bewerteten immateriellen Anlagegüter existieren keine speziellen Vorschriften. Wie beim materiellen Vermögen kommen planmäßige und außerplanmäßige Abschreibungen in Betracht.

2.3.1 Planmäßige Abschreibung

Planmäßige Abschreibungen sind generell beim abnutzbaren Anlagevermögen vorzunehmen. Zum abnutzbaren Anlagevermögen zählt neben weiten Teilen der materiellen Anlagegüter in der Regel auch das immaterielle Anlagevermögen, weil dieses häufig zur eigenen Nutzung vorgesehen und etwa als Recht nur für eine bestimmte Zeit geschützt ist. Abnutzbarkeit in diesem Sinne liegt auch vor, wenn Rechte zwar unbefristet sind, sie gleichwohl in ökonomischer Sicht nur zeitlich begrenzt verwertet werden können. Als Abschreibungsverfahren kommen in der Handelsbilanz zeitorientierte und nutzungsorientierte Methoden sowie Kombinationen dieser beiden Methoden in Betracht. Die zeitabhängige Abschreibung kann linear, degressiv und unter bestimmten Umständen auch progressiv vorgenommen werden (BAETGE/KIRSCH/THIELE 2001, 198 ff.). Die Anwendung progressiver Abschreibungsverfahren ist aufgrund des Vorsichtsprinzips nur begrenzt zulässig. Die progressiven Verfahren können für immaterielle Vermögensgegenstände allerdings eher gerechtfertigt sein als für die meisten Positionen des materiellen Anlagevermögens. Zu begründen ist dies z. B. durch eine sich im Zeitablauf steigernde Ausnutzung oder Verwendung von Rechten.

Den planmäßigen Abschreibungen in der Handelsbilanz entsprechen in der Steuerbilanz die Absetzungen für Abnutzung (AfA). Die Absetzungen knüpfen an den steuerrechtlichen Anschaffungskosten an und bemessen sich nach der betriebsgewöhnlichen Nutzungsdauer (§ 7 Abs. 1 Satz 2 EStG). Nach herrschender Meinung können immaterielle Wirtschaftsgüter nur linear abgeschrieben werden (VEIT 1990, 173). Die leistungsabhängige Abschreibung gemäß § 7 Abs. 1 Satz 4 EStG und die degressive Abschreibung gemäß § 7 Abs. 2 EStG sind nach dem Wortlaut des Gesetzes nur auf bewegliche Wirtschaftsgüter anzuwenden. Die progressive Abschreibung ist steuerrechtlich verboten. Die lineare Abschreibung ist pro rata temporis vorzunehmen; eine Abrundung auf volle Monate ist möglich. Nicht zulässig ist die Anwendung der so genannten Halbjahresregel (Abschnitt 44 Abs. 2 EStR), d. h. es darf bei einem Erwerb in der ersten Jahreshälfte nicht eine volle Jahresabschreibung und bei einer Anschaffung in der zweiten Hälfte nicht eine halbe Jahresabschreibung vorgenommen werden. Die Halbjahresregel gilt nur für bewegliche Wirtschaftsgüter und kommt daher für immaterielle Güter nach h. M. nicht in Betracht.

Im Endergebnis kann es also zu gravierenden Unterschieden zwischen Handels- und Steuerbilanz bei der Abschreibung immaterieller Werte kommen. Abweichungen sind gegeben, wenn für die Handelsbilanz die Nutzungsdauer anders gesetzt wird als für die Steuerbilanz oder wenn in der Handelsbilanz nicht linear abgeschrieben wird, wie es in der Steuerbilanz obligatorisch ist. Praktisch bedeutet ein entsprechendes Vorgehen in aller Regel, dass in der Handelsbilanz gegenüber der Steuerbilanz zunächst höhere Abschreibungsbeträge verrechnet werden. Damit liegen in solchen Fällen für Kapitalgesellschaften ceteris paribus die Voraussetzungen von § 274 Abs. 2 HGB vor, so dass insoweit eine aktive Steuerabgrenzung möglich ist (VEIT 1990, 174).

2.3.2 Außerplanmäßige Abschreibung

In bestimmten Fällen sieht die handelsrechtliche Bilanzierung eine Korrektur der zum Zugangszeitpunkt bestimmten Anschaffungskosten eines immateriellen Vermögensgegenstandes vor, sofern dessen Wert zum Bilanzstichtag unter den Wert der fortgeführten Anschaffungs- bzw. Herstellungskosten gesunken ist (BAETGE/KIRSCH/THIELE 2001, 215 ff.). Die außerplanmäßigen Abschreibungen sind in den sogenannten Niederstwertvorschriften (§ 253 Abs. 2 und Abs. 3 HGB) kodifiziert. Die für das Anlagevermögen geltende Niederstwertvorschrift (§ 253 Abs. 2 HGB) wird auch als gemilderte Niederstwertvorschrift bezeichnet, da hier nur abgeschrieben werden muss, wenn die Wertminderung von Dauer ist, bei einer nur vorübergehenden Wertminderung besteht ein Abschreibungswahlrecht. Für Vermögensgegenstände des Umlaufvermögens schreibt das sog. strenge Niederstwertprinzip (§ 253 Abs. 3 HGB) vor, dass in jedem Fall außerplanmäßige Abschreibungen auf den niedrigeren Börsen- oder Marktpreis am Abschlussstichtag vorzunehmen sind oder, falls dieser nicht feststellbar ist, auf den am Abschlussstichtag niedrigeren beizulegenden Wert abzuschreiben ist. Außerplanmäßige Abschreibungen sind somit sowohl beim nicht abnutzbaren und abnutzbaren Anlagevermögen, als auch beim Umlaufvermögen möglich.

Die in der Steuerbilanz vorzunehmende außerplanmäßige Abschreibung ist in § 6 Abs. 1 Nr. 1 Satz 2 EStG kodifiziert und wird als Teilwertabschreibung bezeichnet. Unter dem Teilwert versteht man gemäß § 6 Abs. 1 Nr. 1 Satz 3 EStG jenen Betrag, den ein Erwerber des ganzen Betriebs im Rahmen des Gesamtkaufpreises für das einzelne Wirtschaftsgut ansetzen würde, wobei zu unterstellen ist, dass der Erwerber den Betrieb fortführt. Ebenso wie in der Handelsbilanz verfolgt die Teilwertabschreibung im Sinne des Imparitätsprinzips das Ziel, solche zukünftigen Verluste zu antizipieren, die sich durch am Bilanzstichtag eingetretene Wertminderungen konkretisiert haben. Obwohl die theoretische Konzeption der Abschreibung auf den niedrigeren beizulegenden Wert im Handelsrecht einerseits und der Teilwertabschreibung im Steuerrecht andererseits verschieden sind, führen sie in der Praxis zu weitgehend gleichen Ergebnissen (BAETGE/KIRSCH/THIELE 2001, 230). Mit Ausnahme einer nur vorübergehenden Wertminderung für Vermögensgegenstände des Umlaufvermögens, die lediglich handelsrechtlich eine Abschreibungspflicht nach sich zieht und steuerrechtlich ein Abschreibungswahlrecht vorsieht, muss beim Vorliegen einer voraussichtlich dauernden Wertminderung grundsätzlich und kann beim Vorliegen einer nur vorübergehenden Wertminderung für Vermögensgegenstände des Umlaufvermögens eine außerplanmäßige Abschreibung sowohl in der Handels- als auch in der Steuerbilanz vorgenommen werden.

2.4   Ausweis

Gliederungs- und Ausweisfragen sind in erster Linie für die Handelsbilanz bedeutsam, für die Steuerbilanz gibt es keine eigenständigen Vorschriften (VEIT 1990, 173 f.). Die Aufstellung der Bilanz ist bei Einzelkaufleuten und bei Personengesellschaften, im Gegensatz zu Kapitalgesellschaften, an keine besonderen Vorschriften geknüpft, weil der Jahresabschluss nicht offen zu legen ist. Kleine Kapitalgesellschaften (zur Umschreibung der Größenklassen vgl. § 267 Abs. 1 HGB) dürfen nach § 266 Abs. 1 Satz 3 HGB eine verkürzte Bilanz aufstellen. Immaterielle Vermögensgegenstände können im Rahmen des Anlagevermögens (A.) unter I. in einem Posten ausgewiesen werden. Mittelgroße Kapitalgesellschaften haben bezüglich des Ausweises der immateriellen Vermögensgegenstände gemäß § 266 Abs. 1 Satz 2 i. V. m. Abs. 2 HGB eine Differenzierung vorzunehmen. Es werden die Positionen 1) Konzessionen, gewerbliche Schutzrechte und ähnliche Rechte und Werte sowie Lizenzen an solchen Rechten und Werten; 2) Geschäfts- oder Firmenwert; 3) geleistete Anzahlungen, unterschieden. Mittelgroße Kapitalgesellschaften haben eine verkürzte Bilanz beim Handelsregister einzureichen. Für einen Geschäfts- oder Firmenwert gilt, dass dieser in der Bilanz oder im Anhang gesondert anzugeben ist. Große Kapitalgesellschaften haben die Bilanz in der gleichen Form wie mittelgroße Kapitalgesellschaften aufzustellen. Im Gegensatz zu mittelgroßen Kapitalgesellschaften hat bei großen Kapitalgesellschaften die Offenlegung beim Handelsregister und beim Bundesanzeiger in der differenzierten Form des Bilanzausweises zu erfolgen.

Abschreibungen auf immaterielle Vermögensgegenstände werden in der Gewinn- und Verlustrechnung (§ 275 HGB) verrechnet. Wird das Gesamtkostenverfahren gemäß § 275 Abs. 2 HGB gewählt, sind die planmäßigen und außerplanmäßigen Abschreibungen unter Nr. 7 a) zusammen mit denen auf Sachanlagen sowie auf aktivierte Aufwendungen für die Ingangsetzung und Erweiterung des Geschäftsbetriebs (IEA) auszuweisen. Bei Anwendung des Umsatzkostenverfahrens gemäß § 275 Abs. 3 HGB sind die Abschreibungen Teil der nach Funktionsbereichen getrennten betrieblichen Aufwendungen (Nr. 2, 4 und 5).

3 Bilanzielle Probleme der Aktivierung von Transferentschädigungen

3.1 Das BFH-Urteil vom 26. 08. 1992 und bilanzielle Auswirkungen

Am 26. 08. 1992 wurde ein jahrelanger Rechtsstreit um die bilanzielle Behandlung von Transferentschädigungen zwischen einem Bundesligaverein und dem Finanzamt letztinstanzlich durch den I. Senat des BFH entschieden. In dem entsprechenden Urteil (I R 24/91) heißt es wie folgt:

1. Die Spielerlaubnis, die der DFB gemäß § 26a LSpSt einem Verein der Fußball-Bundesligen nach Abschluss eines Arbeitsvertrags mit einem Fußballspieler erteilt, ist ein Vermögensgegenstand i. S. d. § 266 Abs. 2 A. I. 1. HGB und damit ein immaterielles Wirtschaftsgut im steuerlichen Sinne.
2. Die Transferentschädigungen, die ein Verein nach § 29 LSpSt beim Vereinswechsel zu zahlen hat, sind Anschaffungskosten der Spielerlaubnis.

3. Die Anschaffungskosten auf die Spielerlaubnis sind nach § 7 Abs. 1 EStG entsprechend der betriebsgewöhnlichen Nutzungsdauer abzusetzen; diese richtet
   sich ausschließlich nach der Dauer des Arbeitsvertrags zwischen Verein und
   Spieler.

Durch das – bis heute für die Steuerbilanz gültige – Urteil bestätigte der BFH die
langjährige Bilanzierungspraxis der Bundesligavereine. Bereits am 26. 07. 1974
waren in einem Erlass des Finanzministers von Nordrhein-Westfalen „Ablöseent-
schädigungen" einkommensteuerlich als immaterielle Wirtschaftsgüter eingestuft
worden. Nach dem Wegfall des Freigabeerfordernisses,[9] welches besagte, dass der
aufnehmende Verein für die Erteilung der Spielerlaubnis die Freigabe des neuen
Spielers durch den abgebenden Verein benötigt, kamen in den 80er Jahren erste
Zweifel an der bisherigen Bilanzierungspraxis auf. So kamen 1987 sowohl der
BFH[10] als auch 1990 das FG Düsseldorf[11] zu dem Schluss, dass es sich bei
Transferentschädigungen steuerlich um Betriebsausgaben im Sinne des § 4 Abs. 4
EStG handelt, die im Jahr ihres Entstehens in voller Höhe als gewinnmindernde
Aufwendungen zu verrechnen sind. Mit seinem Urteil vom 26. 08. 1992 revidierte
der BFH allerdings die vorhergehenden Entscheidungen. Transferentschädigungen
bzw. die damit im Zusammenhang stehenden Spielerlaubnisse gelten nach wie vor
als immaterielle Wirtschaftsgüter. Tabelle 1 fasst auf Grundlage des BFH-Urteils
die handels- und steuerrechtliche Behandlung von Transferentschädigungen zusammen.

---

[9]   Diese Änderung war notwendig geworden, nachdem das LAG Berlin 1979 die bisherige Praxis
      für unvereinbar mit Art. 12 GG erklärt hatte.
[10] Vgl. BFH-Beschluß vom 13.05.1987, BStBl. II 1987, S. 777 ff.
[11] Vgl. FG Düsseldorf vom 28.11.1990, EFG 1991, S. 521.

Tab. 1: Bilanzierung von Transferentschädigungen als immaterielle Vermögensgegenstände (nach dem BFH-Urteil vom 26.08.1992)

		Handelsbilanz	Steuerbilanz
Ansatz	originäres Anlagevermögen	Verbot	Verbot
	derivatives Anlagevermögen	Gebot	Gebot
	originäres Umlaufvermögen	Gebot	Gebot
	derivatives Umlaufvermögen	Gebot	Gebot
Bewertung	planmäßige Abschreibung	alles das Vorsichtsprinzip berücksichtigende zeit- und nutzungsorientierte Verfahren sowie Kombinationen dieser Verfahren	nach h.M. ausschließlich linear
	außerplanmäßige Abschreibung bzw. Teilwertabschreibung		
	a) dauerhafte Wertminderung		
	- Anlagevermögen	Gebot	Gebot
	- Umlaufvermögen	Gebot	Gebot
	b) vorübergehende Wertminderung		
	- Anlagevermögen	Wahlrecht	Wahlrecht
	- Umlaufvermögen	Gebot	Wahlrecht
Ausweis	Ansatz im Anlagevermögen a) kleine Kapitalgesellschaften	zusammen mit allen anderen immateriellen Vermögensgegenständen	keine eigenständigen Ausweisvorschriften
	b) mittelgroße und große Kapitalgesellschaften	zusammen mit allen anderen Konzessionen und ähnlichen Rechten	
	Abschreibungen in der Gewinn- und Verlustrechnung a) nach dem GKV	zusammen mit den Abschreibungen auf Sachanlagen (und ggf. auf aktivierte IEA)	
	b) nach dem UKV	zusammen mit den nach Funktionsbereichen getrennten betrieblichen Aufwendungen	

Für die Bundesligavereine hat die Einstufung von Transferentschädigungen als immaterielle Wirtschaftsgüter enorme bilanzpolitische Bedeutung. Die bilanzierten Spielerwerte machen nicht selten den Großteil des Gesamtvermögens eines Vereins aus. Lediglich die aus den eigenen Jugend- und Amateuermannschaften kommenden Spieler, deren Wert ohnehin vergleichsweise gering sein dürfte, dürfen (als originäres Anlagevermögen) handels- und steuerrechtlich nicht bilanziert werden. Müssten Transferentschädigungen sofort als Betriebsausgaben abgesetzt werden, besteht schnell die Gefahr der Überschuldung. Durch Aktivierung und Verteilung der Anschaffungskosten über mehrere Perioden jedoch werden die Investitionsausgaben als Abschreibungen über die Vertragslaufzeit gewinnmindernd verrechnet. Gelingt es, die Finanzierung des neuen Spielers an die Vertragslaufzeit anzupassen, stehen durch die Verrechnung der Abschreibungsbeträge liquide Mittel zur entsprechenden Darlehenstilgung zur Verfügung. Ferner stellt der Posten „Spielerwerte" für die Bundesligavereine nahezu die einzige Möglichkeit zur Bildung stiller Reserven dar.

Das durch das „Bosman-Urteil" des EuGH vom 15. 12. 1995 ausgesprochene Verbot der Zahlung von Ablösesummen nach Vertragsbeendigung bzw. nach Vertragsauflösung im Profisport hat bei den Fußballbundesligisten folglich eine Welle der Empörung ausgelöst. Der Wegfall diesbezüglicher Transferentschädigungen ist mittlerweile nicht nur juristisch (GUTZEIT/REIMANN 1996, 366 f.), sondern auch ökonomisch (FRICK/WAGNER 1996, 611 ff.) weitgehend unumstritten. Durch den Abschluss bis dato eher seltener langfristig orientierter Verträge mit den Spielern haben die Bundesligavereine auf die neue Situation reagiert. Da die Spieler zumeist vor Ablauf der nunmehr über weit mehr als zwei bis drei Spielzeiten laufenden Vertragsdauer den Verein wechseln, kommt es faktisch weiterhin zur Zahlung von Ablösesummen, damit der abgebende Verein den Spieler aus seinem bisherigen Vertrag entlässt. Die Bundesligavereine haben zwar vermehrt darauf hingewiesen, dass die Spieler die eigentlichen Gewinner des Urteils seien, da das wirtschaftliche Risiko einer Fehlinvestition durch den Abschluss von langfristigen Verträgen weitgehend vom Verein getragen werden muss und die Zahlungen von – steuerlich unumstritten als Betriebsausgaben zu behandelnden – Wechselprämien (sog. „Handgelder") an die Spieler ansteigen dürften (SÖFFING 1996, 524). Da aber gleichzeitig die „Fußball-Branche" seit Mitte der neunziger Jahre einen wahren Boom erlebt und insbesondere die Einnahmen aus Fernsehgeldern stark gestiegen sind, verfügen die Bundesligavereine – zumindest kurz- bis mittelfristig – über genügend Kapital, den gestiegenen Gehaltsforderungen der Spieler nachzukommen.

Die Gefahr besteht dann allerdings darin, dass die Vereine in starke Abhängigkeiten zu den Spielern geraten. Die Tatsache, dass die Spielerwerte bilanziert werden dürfen, kann leicht dazu führen, dass man vergisst, dass immaterielle Güter einem weitaus stärkeren Risiko als materielle Güter unterliegen. Schon wenige, aber bedeutende Fehlinvestitionen können eine schwere wirtschaftliche Krise hervorrufen, wenn Totalabschreibungen auf die Spielerwerte vorgenommen werden müssen und die Zinsen für noch nicht zurückgezahlte Kredite das Bilanzergebnis zusätzlich belasten. Von daher sollte ein Verein quasi aus Selbstschutz Transferentschädigungen im internen Controllingsystem sofort im Jahr der Anschaffung vollständig als Aufwand verbuchen. Diese Vorgehensweise trübt dann nicht den Blick dafür, dass die Vermögenssituation besser aussieht als sie eigentlich ist. In diesem Zusammenhang gilt es zu bedenken, dass faktisch die angenommene Leistungsfähigkeit von Menschen bilanziert wird. Allerdings wird nicht zuletzt aufgrund der Tatsache, dass die Würde des Menschen als höchstes Verfassungsgut gilt, die Bilanzierung von Humanvermögen jeglicher Art generell abgelehnt. Abgesehen davon sprechen eine Reihe weiterer ökonomischer sowie juristischer Gründe dafür, Spielerwerte *nicht* als immaterielle Güter zu behandeln.

3.2   Zweifel an der Aktivierbarkeit

3.2.1 Spielerlaubnis als konzessionsähnliches Recht

Der BFH sieht die Spielerlaubnis als konzessionsähnliches Recht an (JANSEN 1992, 1785 f.). Die Spielerlaubnis werde befristet erteilt und habe insofern Erlaubnischarakter, als sie den Einsatz eines bestimmten Lizenzspielers in Spielen der Lizenzspielermannschaft eines Vereins durch den DFB gestattete. Dem ist allerdings entgegenzuhalten, dass allenfalls die Ausübung einer Tätigkeit durch einen Dritten, den Erwerber des Rechts oder Wertes, nicht aber die Ausübung des Berufs durch einen Arbeitnehmer des Dritten Gegenstand eines konzessionsähnlichen Rechts sein kann. Auch verfassungsrechtlich wird es für unzulässig gehalten, dass die Ausübung eines Berufes durch eine bestimmte Institution, wie z. B. der DFB, gestattet wird. Ferner wird der Erlaubnischarakter der Erteilung eines konzessionsähnlichen

Rechts damit verbunden, dass die für die Erteilung zuständige Stelle das Vorliegen der Erfordernisse für die Erteilung der Erlaubnis geprüft und bejaht hat (z. B. vor der Erteilung der Güterfernverkehrskonzession nach § 10 Güterkraftverkehrsgesetz). Diese Prüfung setzt die Würdigung nicht einfacher rechtlicher und tatsächlicher Fragen (z. B. fachliche Eignung), aber auch die Beachtung von Höchstzahlen für vergebene konzessionsähnliche Rechte voraus. Eine derartige Prüfung findet durch den DFB allerdings nicht statt. Die Spielerlaubnis ist daher ihrem Wesen nach nichts anderes, als eine Bestätigung durch den DFB, dass die formellen Erfordernisse für eine Spielberechtigung – nämlich die arbeitsvertragliche Regelung und die Sporttauglichkeit – erfüllt sind. Die Vereine erwerben – wie es dem Arbeitsrecht entspricht – die Erlaubnis, einen Fußballspieler in Fußballspielen einsetzen zu dürfen, allein aufgrund des Arbeitsvertrags mit dem Spieler. Alleiniger Sinn der Spielerlaubnisregelung ist es, zu gewährleisten, dass eine sich etwa ein Jahr lang hinziehende Meisterschaftssaison sportlich ordnungsgemäß abgewickelt wird. Die Registrierung aller für einen Verein spielberechtigten Spieler beim DFB garantiert, dass die Spieler während einer Spielzeit nicht wahllos den Verein wechseln. Hinzu kommt, dass durch den aus dem „Bosman-Urteil" erfolgten Wegfall der verbandsrechtlich geforderten Zahlung einer Transferentschädigung als Voraussetzung zur Erlangung der Spielerlaubnis Transferentschädigung und Spielerlaubnis nicht mehr in einem eindeutigen inneren Zusammenhang zueinander stehen.

3.2.2 Verkehrsfähigkeit

Die Annahme eines Vermögensgegenstandes bzw. Wirtschaftsguts setzt dessen Verkehrsfähigkeit, d. h. Einzelveräußerbarkeit oder aber zumindest Veräußerbarkeit im Rahmen des Gesamtbetriebs, voraus.[12] Dabei bestehen ernsthafte Zweifel daran, ob ein Bundesligaverein für die Laufzeit des Arbeitsvertrags mit dem Spieler eine Rechtsposition innehat, über die er wirtschaftlich frei verfügen kann. Für den BFH ist die Verkehrsfähigkeit der Spielerlaubnis bereits dadurch gegeben, dass der Verein für die Dauer des Vertrags mitbestimmen könne, ob ein Spieler vorzeitig aus seinem Arbeitsvertrag entlassen werde. Die Spielerlaubnis ist als solche allerdings nicht übertragbar, z. B. durch eine Abtretung entsprechend § 398 BGB. Sie wird einem Verein auf Antrag vom DFB erteilt und erlischt mit Beendigung des mit dem

---

[12] Vgl. zu der die Verkehrsfähigkeit ablehnenden Argumentation JANSEN (1992), S. 1786 f.; abweichend HÜTTEMANN (1994), S. 492.

Spieler geschlossenen Arbeitsvertrages. Eine über formale Vorschriften hinausgehende Sicherung der Vereinsrechte durch das Verbandsrecht ist nicht erkennbar. Insbesondere das Recht, der vorzeitigen Auflösung des Vertrags zuzustimmen, wird vom Verein allein durch den Abschluss des Arbeitsvertrags erworben. Wirtschaftlich übertragen im Sinne einer Verkehrsfähigkeit können aber nur Sachen, Rechte und Werte sein, die von einer Person auf eine andere Person durch Vereinbarung zwischen beiden übergehen können. Dies kann nicht für das Recht gelten, von einem Menschen eine Arbeitsleistung aufgrund eines Arbeitsvertrags verlangen zu können. Dieses Recht kann auch nicht wirtschaftlich von einem Arbeitgeber auf einen anderen übergehen. Allein der Umstand, dass vor Ablauf der Vertragsdauer der alte Verein „mitbestimmen" kann, ob ein Vereinswechsel zustande kommt, kann nicht ausreichen, die wirtschaftliche Übertragbarkeit zu begründen. Wäre dies anders, müssten auch Abfindungen aktiviert werden, die der neue Arbeitgeber bei der vorzeitigen Auflösung des Arbeitsvertrags von Angestellten zahlt, die keine Fußballspieler sind (also z. B. bei der Auflösung der Arbeitsverträge von leitenden Angestellten); diese Konsequenz wird aber nach ständiger Verwaltungspraxis nicht gezogen.

3.2.3 Selbstständige Bewertbarkeit

Ebenfalls zweifelhaft ist die für einen Vermögensgegenstand bzw. für ein Wirtschaftsgut geltende Annahme, dass die Spielerlaubnis als konzessionsähnliches Recht selbstständig bewertbar sei, d. h. nach der Verkehrsauffassung einer selbstständigen Bewertung zugänglich sei.[13] Dies bestimmt sich danach, ob ein gedachter Erwerber des ganzen Unternehmens in dem Recht einen gegenüber dem gesamten Geschäftswert abgrenzbaren Einzelwert sehen würde, für den er im Rahmen des Gesamtkaufpreises ein besonderes Entgelt ansetzen würde. Diese Voraussetzung hat der BFH bejaht. Das lizenzmäßige Recht, einen bestimmten Spieler einsetzen zu können, habe für einen gedachten Erwerber einen eigenen Wert in Höhe der Transferentschädigung und konkretisiere sich in den vom DFB und den Vereinen entwickelten Grundsätzen zur Bestimmung von Ablösesummen. Die Bewertbarkeit der Spielerlaubnis sei losgelöst vom Wert der Arbeitsleistung des Spielers, wie sie Gegenstand des Arbeitsvertrags sei, und hänge von einem an einem freien Transfer-

---

[13] Vgl. zu der die selbstständige Bewertungsfähigkeit ablehnenden Argumentation wiederum JANSEN (1992), S. 1787; abweichend HÜTTEMANN (1994), S. 492.

markt erzielbaren Transferwert ab. Das FG Düsseldorf hat allerdings in dem erst-instanzlichen Urteil vom 28. 11. 1990 aufgrund von Zeugenaussagen festgestellt, dass die Transferentschädigung nicht zur Erlangung des wirtschaftlichen Vorteils, einen Spieler einsetzen zu können, aufgewendet wird. Es handelt sich vielmehr um eine Entschädigungszahlung zur Abgeltung von Nachteilen, die der abgebende Verein durch den Verlust erleidet, ohne dass er eine Leistung an den aufnehmenden Verein erbringt. Hinzu kommt, dass nach den tatsächlichen Gegebenheiten die Transferentschädigung oftmals nicht frei zwischen den Vereinen ausgehandelt werden kann. Dies hängt damit zusammen, dass der DFB für den nicht selten vorkommenden Streitfall um die Höhe der Ablösesumme Richtlinien zur Ermittlung der Höhe der Transferentschädigung erlassen hat, an die sich die Bundesligavereine zu halten haben. Demnach spricht viel dafür, dass die Transferzahlung eine Entschädigungszahlung ist, die der Abgeltung von Nachteilen dient, die der abgebende Verein erleidet. In ihr drückt sich vor allem der Wert der Arbeitsleistung des Spielers aus. Kommt man zu dem Schluss, dass die Transferentschädigung keine Gegenleistung für den „Transfer" ist, ist überdies der für die Aktivierung eines Vermögensgegenstandes zwingend erforderliche Entgeltcharakter der Transferentschädigung in Frage zu stellen.

3.3   Probleme der Abschreibung

3.3.1 Schätzung der Nutzungsdauer

Der BFH hat entschieden, dass sich die betriebsgewöhnliche Nutzungsdauer des immateriellen Wirtschaftsguts Spielerlaubnis ausschließlich nach der Dauer des Arbeitsvertrags zu richten hat (JANSEN 1992, 1788). Dabei kommt es für die Beurteilung der Nutzungsdauer allein auf die Umstände im Zeitpunkt des Beginns der Nutzung an. Eine evtl. über die angenommene Vertragslaufzeit hinausgehende geplante Vertragsverlängerung ist demnach bei der Schätzung der ursprünglichen Nutzungsdauer nicht zu berücksichtigen. Eine spätere Vertragsverlängerung stellt ein Ereignis dar, das am Stichtag tatsächlich noch nicht bestanden hat und dessen späteres Eintreten völlig ungewiss ist. Selbst in den Fällen, in denen die Verträge eine Verlängerungsklausel mit dem Inhalt enthalten, dass sich die Vertragsdauer automatisch verlängert, falls nicht zu einem bestimmten Termin eine Kündigung ausgesprochen wird, ist davon auszugehen, dass die betriebsgewöhnliche

Nutzungsdauer nach der ursprünglich vereinbarten Vertragsdauer zu ermitteln ist. Denn die Nichtkündigung zu dem vertraglich festgelegten Termin ist wirtschaftlich nichts anderes als der Abschluss eines neuen Arbeitsvertrags zu gleichen Bedingungen. Zu Problemen bei der Schätzung der Nutzungsdauer kommt es aber immer dann, wenn im Arbeitsvertrag eine Optionsklausel vorgesehen ist. In diesen Fällen hat sich der BFH dafür ausgesprochen, dass nach allgemeinen Wahrscheinlichkeitsberechnungen, unter besonderer Berücksichtigung der Verhältnisse im Bundesliga-Fußball (z. B. Verletzungsanfälligkeit, Formschwankungen, Umstellungsschwierigkeiten aufgrund der Einführung eines neuen Spielsystems, Anzahl der um die relevante Position konkurrierenden Spieler etc.), zu bestimmen sei, ob von der Option voraussichtlich Gebrauch gemacht werde und danach zu entscheiden sei, ob die Option zur betriebsgewöhnlichen Nutzungsdauer zu zählen sei oder nicht. Vergegenwärtigt man sich die aufgezählten Beispiele, kann man allerdings nur zu dem Schluss kommen, dass es nur in seltenen Ausnahmefällen möglich sein wird, vorherzusagen, ob ein neuer Spieler die in ihn gesetzten Erwartungen erfüllt und wie sich sein Leistungsbild in der Zukunft entwickeln wird. Um die Schätzung der Nutzungsdauer in den Fällen mit Optionsklauseln nicht zur vollkommenen Willkür werden zu lassen, bietet es sich bei der Ermittlung der betriebsgewöhnlichen Nutzungsdauer – abgesehen von begründeten Ausnahmen – an, die Optionsklausel außen vor zu lassen.

3.3.2 Wahl der Abschreibungsmethode

Von den vom Steuerrecht zur planmäßigen Abschreibung zur Verfügung gestellten Abschreibungsmethoden sind die leistungsabhängige und die degressive Abschreibung nach dem Wortlaut des Gesetzes nur auf bewegliche Wirtschaftsgüter anzuwenden, während für die lineare Abschreibung eine Beschränkung auf die beweglichen Wirtschaftsgüter nicht vorgesehen ist (§ 7 Abs. 1 i. V. m. Abs. 2 EStG). Da die Finanzverwaltung in Anlehnung an die BFH-Rechtsprechung der Auffassung ist, immaterielle Wirtschaftsgüter gehören nicht zu den beweglichen Wirtschaftsgütern, können immaterielle Wirtschaftsgüter nur linear abgeschrieben werden (SÖFFING 1996, 525). Eine Analyse der BFH-Rechtsprechung zeigt jedoch, dass das Tatbestandsmerkmal „bewegliches Wirtschaftsgut" in der Rechtsprechung des BFH bisher nur dann zum Ausschluss immaterieller Wirtschaftsgüter führte, wenn über eine steuerliche Begünstigungsvorschrift entschieden wurde. Da es sich bei der leistungsabhängigen sowie bei der degressiven Abschreibung nicht um eine steuerliche Begünstigungsvorschrift handelt, wäre auch eine degressive oder – bei entsprechendem Leistungsnachweis – auch eine leistungsabhängige Abschreibung der Spielerlaubnis möglich. Attraktiv sind diese Abschreibungsmethoden insbesondere bei längerer betriebsgewöhnlicher Nutzungsdauer (ungefähr ab drei Jahren), die durch das „Bosman-Urteil" durchaus die Regel geworden sind, da Verträge mit längerer Laufzeit abgeschlossen werden. Bei einer kürzeren betriebsgewöhnlichen Nutzungsdauer führt zumeist die lineare Abschreibung auch anfänglich zu einer höheren Jahresabschreibung. Die Anwendung der degressiven oder der leistungsabhängigen Abschreibung in der Steuerbilanz setzt jedoch voraus, dass die jeweilige Methode auch in der Handelsbilanz gewählt wird (umgekehrte Maßgeblichkeit).

3.3.3   Teilwertabschreibungen

Teilwertabschreibungen können für immaterielle Wirtschaftsgüter nach § 6 Abs. 1 Nr. 1 Satz 2 EStG in Frage kommen. Dies gilt auch für die vom DFB erteilte Spielerlaubnis, soweit sie nach den Grundsätzen des BFH-Urteils zu aktivieren ist. Da die Spielerwerte einen beträchtlichen Anteil am Gesamtvermögen eines Bundesligavereins ausmachen und als konzessionsähnliche Rechte unter dem Anlagevermögen zu bilanzieren sind, für das lediglich das gemilderte Niederstwertprinzip nach § 253 Abs. 2 HGB gilt, verfügen die Bundesligavereine bei der Vornahme außerplanmäßiger Abschreibungen über ein gewaltiges bilanzpolitisches Potenzial. Das gemilderte Niederstwertprinzip sieht vor, dass außerplanmäßige Abschreibungen beim Anlagevermögen nur vorzunehmen sind, wenn die Wertminderung von Dauer ist. Dies dürfte jedoch bei Bundesligaspielern der Ausnahmefall sein (z. B. schwere invaliditätsähnliche Verletzungen, starker Leistungsabfall bei älteren Spielern). Bei nur vorübergehender Wertminderung, die den Regelfall darstellen (z. B. mittelschwere Verletzungen oder Leistungsabfall aufgrund einer Spielsystemumstellung), besitzt der Verein jedoch ein Abschreibungswahlrecht.

In Tabelle 2 sind abschließend die bilanziellen Probleme der Behandlung von Transferentschädigungen als immaterielle Vermögensgegenstände dargestellt.

Tab. 2: Problemfelder der Bilanzierung von Transferentschädigungen als immaterielle Vermögensgegenstände

		Probleme der vorherrschenden Bilanzierungspraxis
Ansatz	Spielererlaubnis als konzessionsähnliches Recht	• Erlaubnischarakter setzt die Prüfung rechtlicher und tatsächlicher Fragen voraus • durch Verbandsrecht werden lediglich Formalien abgeprüft • Spielerlaubnisregelung gewährleistet lediglich sportliche ordnungsgemäße Abwicklung
	Verkehrsfähigkeit	• Spielerlaubnis ist nicht rechtlich übertragbar • keine erkennbare verbandsrechtliche Sicherung der Vereinsrechte • spielerbezogene Vereinsrechte werden allein durch Abschluss des Arbeitsvertrags mit dem Spieler erworben • Transferentschädigung entspricht eher dem Charakter von nicht bilanzierungsfähigen Abfindungszahlungen • Bilanzierung eines ev. entstehenden Anspruchs auf eine zukünftig zur erziehlende Ablösesumme ist vor dem Hintergrund des Realisationsprinzips zweifelhaft • es kommt faktisch zur Bilanzierung von rechtlich nicht zulässigen Humanvermögens
	Selbstständige Bewertbarkeit	• Transferentschädigungen dienen nicht zur Erlangung eines wirtschaftlichen Vorteils, sondern zur Abgeltung von Nachteilen, die der abgebende Verein durch den Verlust eines Spielers erleidet • Entgeltcharakter steht in Frage, da der abgebende Verein keine Gegenleistung erbringt • in der Transferentschädigung drückt sich vor allem die Arbeitsleistung des Spielers aus • nach den tatsächlichen Gegebenheiten werden Transferentschädigungen nur begrenzt zwischen den Vereinen frei ausgehandelt, da verbandsrechtliche Richtlinien zur Ermittlung von Ablösesummen existieren
Bewertung	Schätzung der Nutzungsdauer	• schwierig, wenn nicht sogar unmöglich bei der Vereinbarung von Optionsklauseln
	Wahl der Abschreibungsmethode	• u.U. sind steuerlich auch die degressive und die leistungsabhängige Methode zulässig
	Teilwertabschreibung	• durch die in der Praxis vergleichsweise oft vorkommenden Formschwankungen von Spielern sind Teilwertabschreibungen mit hohem bilanzpolitischem Potenzial möglich

4   Bilanzierungsinteressen der Beteiligten und Betroffenen

Auf der Suche nach Erklärungen, warum trotz der bestehenden Zweifel an der Aktivierbarkeit der Spielerwerte und der problematischen Bestimmung diesbezüglicher
Abschreibungsdeterminanten am BFH-Urteil vom 26. 08. 1992 festgehalten wird,
empfiehlt es sich, das Bilanzierungsinteresse der wichtigsten Interessensgruppen –
Bundesligavereine, Fiskus und Wirtschaftsprüfer – näher zu beleuchten.

4.1   Bundesligavereine

Bis heute bestehen keine gesetzlichen oder verbandsrechtlichen Vorschriften, die
einen Bundesligaverein verpflichten, seinen Jahresabschluss offen zu legen
(LITTKEMANN/SUNDERDIEK 1998, 254). Dass die Vereine überhaupt einen
Jahresabschluss aufstellen, resultiert daher weniger aus handelsrechtlichen Vorschriften,[14] als vielmehr aus den Vorschriften des DFB und den steuerrechtlichen
Vorschriften (ENGELSING/LITTKEMANN 2002, 56 ff.). Aufgrund der Verpflichtung
des DFB, dass die Vereine ihre wirtschaftliche Leistungsfähigkeit anhand von
extern geprüften Jahresabschlüssen nachweisen müssen, ist sichergestellt, dass jeder
Bundesligaverein einen Jahresabschluss aufstellt, da er sonst keine Lizenz erteilt
bekommt und nicht an den Bundesligaspielen teilnehmen kann. Ferner müssen die
Vereine im Rahmen der Abgabe der jährlichen Steuererklärungen gemäß § 140 AO
eine Steuerbilanz beifügen, aus der der Gewinn des wirtschaftlichen Geschäftsbetriebs auf Basis der Gewinnermittlung nach § 5 EStG hervorgeht. Somit stehen die
Bilanzierungsinteressen eines Bundesligavereins vornehmlich im Spannungsfeld
zwischen den verbandsrechtlichen Vorschriften des DFB und dem Steuerrecht des
Fiskus.

Auf der einen Seite wird ein Verein im Rahmen des Lizenzierungsverfahrens des
Ligaverbands bestrebt sein, seine Vermögenslage möglichst positiv darstellen zu
wollen. Die Aktivierung von Spielerlaubnissen ist dafür ein wirkungsvolles bilanzpolitisches Instrument, da sie eine Verteilung der Ausgaben für den Erwerb neuer
Spieler über mehrere Perioden gestattet. Der Ausweis eines hohen Verlustes innerhalb einer Periode kann dadurch wesentlich besser kaschiert werden. Auf der ande-

---

[14] So konnte REICHERT (1990), S. 15, feststellen, dass gegen Ende der 80er Jahre noch kein
      Verein seine pflichtgemäße Eintragung ins Handelsregister gemäß § 33 HGB vollzogen hatte.

ren Seite entstehen durch diese Vorgehensweise steuerliche Nachteile, da Transfer-entschädigungen im Jahr der Anschaffung nicht in voller Höhe als Betriebsausgaben geltend gemacht werden können und sich folglich keine Steuer-aufschiebungseffekte erzielen lassen. Bedenkt man allerdings, dass die Erteilung der Lizenz durch den Ligaverband für einen Bundesligaverein existenznotwendig ist, dürften die steuerlichen Nachteile der Aktivierungspflicht von Transferentschä-digungen weniger stark ins Gewicht fallen. Im Endeffekt dürfte ein Bundesligaver-ein mit der Tatsache, dass Transferentschädigungen aktiviert werden müssen, sehr gut leben können.

4.2 Fiskus

Obgleich heutzutage unumstritten ist, dass sich das Verständnis des im Steuerrecht verwandten Begriffs des Wirtschaftsgutes an dem Verständnis des Vermögensge-genstandes im Sinne des Handelsrechts zu orientieren hat, zeigt sich in der Steuer-rechtspraxis, dass das Bekenntnis zur Identität des Wirtschaftsgutsbegriffs mit dem des Vermögensgegenstands oftmals nur ein Lippenbekenntnis ist (KNOBBE-KEUK 1989, 74 ff.). Das Handelsrecht ist vornehmlich dem Prinzip des Gläubigerschutzes unterworfen. Der Begriff des Vermögensgegenstandes wird daher statisch interpre-tiert. Im Steuerrecht herrschte hingegen lange Zeit ein dynamisches Verständnis des Wirtschaftsgutsbegriffs vor. Damit verbunden war die Zielsetzung, eine Ausgabe, die Nutzen für den Betrieb auch in späteren Jahren verspricht, nicht im Jahre der Zahlung als Betriebsausgabe mit gewinn- und damit steuermindernder Wirkung voll zum Abzug zuzulassen, sondern durch Aktivierung der Ausgabe diese in dem betreffenden Wirtschaftsjahr erfolgsunwirksam zu machen und auf die Jahre der Nutzung zu verteilen. Obgleich durch die Neufassung des § 6 EStG im Jahre 1969 der Wirtschaftsgutsbegriff ebenfalls statisch zu interpretieren ist, zeigen eine Reihe von BFH-Urteilen, dass die Steuerrechtspraxis wiederholt dynamische Aspekte in das Handelsrecht hinein trägt. Dazu muss man wohl auch das Urteil vom 26. 08. 1992 zur Bilanzierungspflicht von entgeltlich erworbenen Spielerlaubnissen zählen. Da es sich bei der Fußball-Bundesliga um einen besonderen Wirtschafts-zweig mit einer monopolähnlichen Stellung handelt, sind die gesetzlichen Ein-griffsmöglichkeiten in die wirtschaftlichen Abläufe beschränkt. Vor diesem Hinter-grund lässt es sich erklären, dass der Gesetzgeber der Unterhaltungsbranche Fußball-Bundesliga in der organisatorischen Gestaltung einigermaßen freie Hand lässt, dieser Vorteil von den Vereinen allerdings wohl mit der Nicht-Behandlung der Transferentschädigungen als Betriebsausgaben im Jahr der Anschaffung „erkauft" werden muss.

4.3   Institut der Wirtschaftsprüfer

Die vornehmlich dem aus dem Handelsrecht abgeleiteten Gläubigerschutzprinzip verpflichteten Wirtschaftsprüfer sehen allerdings die Behandlung von Transferentschädigungen als immaterielle Vermögensgegenstände sehr kritisch. Nach einem Gutachten des Instituts der Wirtschaftsprüfer (IdW) dient die Transferentschädigung als Ersatz für den durch den Weggang eines Spielers entstandenen oder vermeintlichen Schaden (ZIEGLER 1991, 283). Das Recht, einen Spieler einzusetzen, stützt sich ausschließlich auf den Spielervertrag und nicht auf die Zahlung einer Entschädigung. Damit fehlt es an der selbstständigen Verkehrsfähigkeit der Spielerlaubnis. Das IdW führt in seinem Gutachten dazu aus: „Eine Veräußerung des mit der Entschädigungszahlung vom abgegebenen Verein Erworbenen ist nicht möglich. Veräußerbar ist bei einem späteren Wechsel des Spielers allenfalls ein sich mit dem Fortgang des Spielers realisierender, eigenständiger Anspruch auf eine Entschädigung für den Schaden aus dem Fortgang des Spielers. Die bloße Möglichkeit, dass bei einem späteren Vereinswechsel ein Anspruch auf die Transferentschädigung entsteht, begründet im Hinblick auf das Realisationsprinzip bis zum Eintritt des (ungewissen) Ereignisses noch keinen bilanzierungsfähigen Vermögensgegenstand."

Bis vor kurzem hat die handelsrechtliche Position im Fußball-Bundesligageschäft jedoch nur eine untergeordnete Rolle gespielt. Als maßgebende Fremdkapitalgeber fungieren Kreditinstitute, die in der Regel mit den Verhältnissen in der Fußball-Bundesliga vertraut sind und des handelsrechtlichen Gläubigerschutzes nicht unbedingt bedürfen. Dies könnte sich allerdings ändern, wenn sich mehrere Vereine entschließen sollten, sich in Kapitalgesellschaften umzuwandeln und ggf. an die Börse zu gehen (wie z. B. Borussia Dortmund). Für die Bilanzen solcher Vereine gelten dann primär die handelsrechtlichen und ggf. die aktienrechtlichen Vorschriften, die vorrangig dem Gläubigerschutz dienen. Auf der Eigenkapitalgeberseite kommt hinzu, dass Aktionäre im Gegensatz zu Vereinsmitgliedern einen Renditeanspruch stellen dürften. Die Fußball-Bundesligavereine sind dann mehr denn je gezwungen, einen wirtschaftlichen Überschuss zu erwirtschaften. Dieser Überschuss sollte allerdings aus dem ordnungsmäßigen Geschäftsbetrieb stammen und nicht daraus resultieren, dass Ausgaben, wie die Transferentschädigungen, bilanziert werden, die eigentlich keine Vermögensgegenstände im Sinne des Handelsrechts darstellen. Vor diesem Hintergrund lässt sich abschließend festhalten, dass der BFH aufgefordert werden sollte, seine Position zur Aktivierung von Transferentschädigungen zu überdenken und Ablösezahlungen steuerlich im Jahr ihres Entstehens in voller Höhe als sofort abzugsfähige Betriebsausgaben zu behandeln.

Literatur

ADS (1998): Rechnungslegung und Prüfung der Unternehmen: Kommentar zum HGB, AktG, GmbHG, PublG nach den Vorschriften des Bilanzrichtlinien-Gesetzes, 6. Aufl. Stuttgart.

BAETGE, J./KIRSCH, H.-J./THIELE, S. (2001): Bilanzen, 5. Aufl. Düsseldorf.

ENGELSING, L./LITTKEMANN, J. (2002): Steuerliche Anerkennung der Gemeinnützigkeit von Vereinen. In: SCHEWE, G./LITTKEMANN, J. (Hrsg.): Sportmanagement: Der Profi-Fußball aus sportökonomischer Perspektive. Schorndorf, 55-66.

FEDERMANN, R. (2000): Bilanzierung nach Handelsrecht und Steuerrecht, 11. Aufl. Berlin.

FRICK, B./WAGNER, G. (1996): Bosman und die Folgen: Das Fußballurteil des Europäischen Gerichtshofes aus ökonomischer Sicht. In: Wirtschaftswissenschaftliches Studium 25, 611-615.

FÜLBIER, R. U./HONOLD, D./KLAR, A. (2000): Bilanzierung immaterieller Vermögenswerte (Bilanzierung nach US-GAAP und IAS). In: Recht der Internationalen Wirtschaft, Heft 11, 833-844.

GUTZEIT, M./REIMANN, M. (1996): Zur Freizügigkeit von Berufsfußballspielern in der EU: Das „Bosman-Urteil" des EuGH im Überblick. In: Wirtschaftswissenschaftliches Studium 25, 366-367.

HÜTTEMANN, R. (1994): Transferentschädigungen im Lizenzfußball als Anschaffungskosten eines immateriellen Wirtschaftsguts. In: Deutsches Steuerrecht 32, 490-495.

JANSEN, R. (1992): Zur Aktivierung von Transferentschädigungen nach den Vorschriften des Lizenzspielerstatuts des Deutschen Fußball-Bundes. In: Deutsches Steuerrecht 30, 1785-1789.

KÄHLERT, J.-P./LANGE, S. (1993): Zur Abgrenzung immaterieller von materiellen Vermögensgegenständen. In: Betriebs-Berater 48, 613-619.

KNOBBE-KEUK, B. (1989): Bilanz- und Unternehmenssteuerrecht, 7. Aufl. Köln.

LITTKEMANN, J./SUNDERDIEK, B. (1998): Besonderheiten der Rechnungslegung von Vereinen der Fußball-Bundesliga. In: Wirtschaftswissenschaftliches Studium 27, 253-255.

LITTKEMANN, J./SUNDERDIEK, B. (2002): Bilanzanalyse von Vereinen der Fußball-Bundesliga, in: SCHEWE, G./LITTKEMANN, J. (Hrsg.): Sportmanagement: Der Profi-Fußball aus sportökonomischer Perspektive, Schorndorf, 67-82.

MOXTER, A. (1979): Immaterielle Anlagewerte im neuen Bilanzrecht. In: Betriebs-Berater 34, 1102-1109.

REICHERT, B. (1990): Rechtsfragen beim Konkurs von Sportvereinen mit Profi- und Amateuerabteilungen. In: GRUNSKY, W. (Hrsg.): Der Sportverein in der wirtschaftlichen Krise, Recht und Sport, Bd. 12, Heidelberg, 1-24.

SÖFFING, A. (1996): Bilanzierung und Abschreibung von Transferzahlungen im Lizenzfußball. In: Betriebs-Berater 51, 523-526.

VEIT, K.-R. (1990): Die Behandlung immaterieller Vermögensgegenstände bzw. Wirtschaftsgüter in Handels- und Steuerbilanz, in: Steuer und Studium, Heft 5, 170-174.

VON KEITZ, I. (1997): Immaterielle Güter in der internationalen Rechnungslegung, Düsseldorf.

ZIEGLER, F. (1991): Aktuelle Fragen aus der Praxis der Außenprüfung. In: Die steuerliche Betriebsprüfung, Heft 12, 280-283.

Transferentschädigungen im Kontext von HGB und IAS –

Korreferat zum Beitrag von Jörn Littkemann

Andreas Parensen*

1   Einleitung

Die bisherige Tätigkeit des Arbeitskreises Sportökonomie fokussierte sich auf die eher „großen" oder traditionellen Themenkomplexe aus dem Bereich der Sport-Ökonomie, z.B. die Liga- und Vereinsstrukturen, Strukturen des Arbeitsmarktes und der Entlohnung, die Finanzierung des Sportes oder die Rolle von Medien und Vermarktungsagenturen. Für diese Bereiche wurde vorwiegend die Institutionen-ökonomie als in besonderem Maße geeignetes Analyseinstrument und für die Entwicklung von Lösungswegen herangezogen.

LITTKEMANN liefert erstmals einen Beitrag für den bisher bei den Themengebieten des Arbeitskreises Sportökonomie beinahe „stiefmütterlich" behandelten Bereich der Rechnungslegung und Bilanzierung bei Sportunternehmen. Gleichwohl handelt es sich um ein herausragendes und von Beginn an kontrovers diskutiertes Bilanzierungsthema, nämlich die für Sportunternehmen spezifische und einzigartige Aktivierung von Transferentschädigungen, das fast so alt ist wie die Fußball-Bundesliga selbst.[1] Die fachliche Diskussion hat jedoch im Zuge der theoretischen Erörterung der Umwandlung bzw. Ausgliederung der als wirtschaftliche Geschäftsbetriebe geführten Lizenzspielabteilungen in Kapitalgesellschaften zum Ende der 90er Jahre deutlich nachgelassen. Ein Wiederaufleben oder eine stärkere Diskussion hätte man im Zusammenhang mit den für Fußball-Kapitalgesellschaften dann maßgeblichen Bestimmungen des HGB sowie nach erfolgtem Going Public IAS oder US-GAAP mit einem dann deutlich erweiterten Kreis der primären Bilanzadressaten durchaus erwarten können.

---

*   Andreas Parensen, Am Schüttenhassel 23, 40822 Mettmann, acparensen@aol.com
[1]   Vgl. FINANZMINISTERIUM NRW, Erlass vom 26.07.1974, S 2170-50-V B 1. In: Der Betrieb (1974), 2085. Dieser räumte jedoch den Clubs ein Wahlrecht ein. Aktivierungspflicht für Transferzahlungen bestand erst nach dem BFH-Urteil von 1992.

Daher werden zunächst die Grundzüge der Argumentation des BFH und von LITTKEMANN gegenübergestellt. Es folgt eine Einordnung in die bisherige Literatur zu dieser Thematik sowie ein Ausblick, der zum einen die Konsequenzen der Nichtaktivierung, zum anderen den internationalen Bilanzierungskontext kurz darstellt.

2   Gegenüberstellung der Argumentationen von BFH und Littkemann

Beide Argumentationsstränge sind der Systematik nach gleich aufgebaut. Sie prüfen anhand der in der Rechtsprechung und nach den Grundsätzen der ordnungsgemäßen Bilanzierung entwickelten Parameter der Verkehrsfähigkeit, selbstständigen Verwertbarkeit und dem entgeltlichen Erwerb, ob die Voraussetzungen für die (abstrakte und konkrete) Bilanzierungsfähigkeit vorliegen.

2.1   Argumentation des BFH

Der BFH[2] gelangt zu dem Ergebnis, dass eine Aktivierungsfähigkeit von Spielerlizenzen uneingeschränkt vorliegt.

Er subsumiert die Spielerlizenzen unter die Bilanzposition des § 266 Abs. 2 Buchst. AI1 HGB als immateriellen Vermögensgegenstand und damit zum Anlagevermögen. Er charakterisiert sie als ein „ähnliches Recht" mit befristeter Erteilung und Erlaubnischarakter. Es handelt sich nicht um Konzessionen, denn ihnen fehlt auf Grund der Erteilung durch den DFB das Merkmal der behördlichen Genehmigung.

Die Verkehrsfähigkeit liegt für den BFH wegen abstrakten Veräußerbarkeit vor. Nach seiner Argumentation bestehen im Rechtsverkehr entwickelte Möglichkeiten, Spielerlizenzen zu übertragen. Dabei ist es ausreichend, dass der abgebende Verein während der Vertragslaufzeit die folgenden Optionen hat: Der Club, bei dem der Spieler einen gültigen Arbeitsvertrag hat, kann diesen einsetzen. Somit wird der Arbeitsvertrag zwischen Club und Spieler erfüllt. Alternativ kann der Club auf den Einsatz verzichten, damit unter der Voraussetzung der Mitwirkung des abzugebenden Spielers ein anderer Club diesen Spieler einsetzen kann.

---

[2]   Vgl. BFH-Urteil vom 26.08.1992 I R 24/91, in: Bundessteuerblatt (1992), 978 ff.

Die selbstständige Bewertbarkeit von Spielerlizenzen ergibt sich aus der zwischen den Clubs verhandelten Transferentschädigung. Diese ist nach Ansicht des BFH losgelöst vom Wert der Arbeitsleistung, da ein Wert für die Auflösung des Arbeitsverhältnisses mit dem Spieler erzielt werden kann.

Das dann noch zur Aktivierung fehlende Kriterium des entgeltlichen Erwerbs der Spielerlaubnis realisiert sich auf einem bestehenden Transfermarkt.

Weiterhin qualifiziert der BFH Spielerlizenzen als abnutzbares Wirtschaftsgut. Sie sind linear nach der betriebsgewöhnlichen Nutzungsdauer abzuschreiben, die sich in der Regel nach der Dauer des zwischen Club und Spieler abgeschlossenen Arbeitsvertrages richtet, wobei bei den – üblicherweise[3] – ausgehandelten Verlängerungsoptionen nach Wahrscheinlichkeitsgesichtspunkten zu bestimmen ist, ob von der Vertragsverlängerungsoption Gebrauch gemacht werden wird.

2.2 Argumentation Littkemann's

LITTKEMANN sieht in der Spielerlizenz kein konzessionsähnliches Recht, denn sie entspricht lediglich einer Bestätigung und ist nicht Resultat eines komplexen Prüfungsverfahrens. Die Spielerlaubnis entsteht ausschließlich durch Abschluss eines Arbeitsvertrages des neuen, aufnehmenden Clubs mit dem Spieler.

Die Verkehrsfähigkeit ist nach seiner Ansicht ebenfalls nicht gegeben. Die Spielerlaubnis ist nicht übertragbar, insbesondere nicht direkt oder unmittelbar zwischen den Clubs. Das Recht, von einem Menschen eine Arbeitsleistung auf Grund eines Arbeitsvertrages zu verlangen, kann nicht übergehen. Das Mitbestimmungsrecht, den Spieler während des noch laufenden Vertrages an einen anderen Club abzugeben oder nicht, reicht für das Kriterium der Verkehrsfähigkeit nicht aus.

---

[3] Dies ist in der Mehrzahl auch noch nach dem Bosman-Urteil üblich, wobei mehrere Optionen vorkommen: Einseitige Vertragsverlängerung durch den Spieler, einseitige Vertragsverlängerung durch den Club oder automatische Verlängerung über eine befristete Periode, wenn der Vertrag nicht von einer Vertragspartei zu einem bestimmten Datum gekündigt wird. Der jeweilige Modus richtet sich nach der Verhandlungsposition von Spieler und Club.

Die selbstständige Bewertung verneint LITTKEMANN ebenfalls, da die Transferent-
schädigung nicht zur Erlangung des wirtschaftlichen Vorteils, sondern als
Entschädigung für wirtschaftliche Nachteile des abgebenden Vereins ohne weitere
Leistungserbringung an den aufnehmenden Club erfolgt.

Für ihn ist als Konsequenz daraus das Charakteristikum des entgeltlichen Erwerbs
zumindest fragwürdig. Denn die Transferentschädigung ist aus dem oben genannten Grund keine Gegenleistung für den Transfer, sondern primär Ausdruck des
Wertes der Arbeitsleistung des Spielers.

In Bezug auf die Nutzungsdauer sieht LITTKEMANN nur die ursprünglich vereinbarte Vertragslaufzeit als maßgeblich an. Eventuell bestehende Optionsvereinba-
rungen sind zur Vermeidung von Willkür außer Acht zu lassen. Als Abschrei-
bungsmethode hält er im engeren Sinne nur die lineare für zulässig. Denkbar sind
auf Grund seiner Analyse der ständigen BFH-Rechtsprechung auch die degressive
und die leistungsabhängige Abschreibung, wenn dies mit der Handelsbilanz korrespondiert. Auch Teilwertabschreibungen hält LITTKEMANN für möglich.

2.3   Zwischenergebnis I

Die nachfolgende Abbildung stellt die Argumentationsstränge von BFH und
LITTKEMANN in ihren wesentlichen Aussagen noch einmal gegenüber. Sie verdeutlicht, dass dieser in allen wesentlichen Punkten der Auffassung des BFH widerspricht.

	BFH **Immaterielles Wirtschaftsgut**	**Littkemann** **Kein immaterielles** **Wirtschaftsgut**
Bilanz- **philosophie**	„Dynamischer" Wirtschaftsgutbegriff	„Statischer" Vermögensgegenstands- begriff

Abstrakte
Bilanzierung
	„Ähnliches Recht"
	(keine Konzession)
	- befristete Erteilung
	- Erlaubnischarakter
		Kein ähnliches Recht
		- „triviale" Prüfung des
		  DFB
		- entsteht durch
		  Arbeitsvertrag

Verkehrs- **fähigkeit**	„Abstrakte Verkehrsfähigkeit" durch im Rechtsverkehr entwickelte Übertragungsmöglichkeiten	Keine unmittelbare Übertragung Keine freie Verfügung Übertragung des Rechts auf Arbeitsleistung nicht möglich
Selbst- **ständige** **Bewertung**	„Freier Transfermarkt" unabhängig vom Wert der Arbeitsleistung	Kein wirtschaftlicher Vorteil, sondern Entschädigung ohne Gegenleistung
Entgeltlicher **Erwerb**	Konkretisierung am Markt	Entschädigungscharakter mit impliziter Repräsentation einer Arbeitsleistung

Abbildung 1: Gegenüberstellung der wesentlichen Argumentationsstränge von BFH und LITTKEMANN. Quelle: Eigene Darstellung.

Grundlage der positiven Einschätzung des BFH für die abstrakte Bilanzierungsfähigkeit ist die Konstruktion der Identität der Begriffe Vermögensgegenstand handelsrechtlicher und der weiter, „dynamisch" ausgelegten und im fiskalischen Interesse liegenden Auslegung des Wirtschaftsgutbegriffes steuerrechtlicher Prägung. Dieser umfasst nicht nur Gegenstände *des bürgerlichen Rechts, sondern auch rechtliche und tatsächliche Zustände, konkrete Möglichkeiten oder Vorteile für den Betrieb, deren Erlangung der Kaufmann sich etwas kosten lässt* (BFH v. 08.04.1992, Bundessteuerblatt II, 893, und 26.08.1999, ebd., 978). Demgegenüber basiert die Argumentation LITTKEMANNs auf der eher statischen Interpretation des handelsrechtlichen Vermögensgegenstandsbegriffs. Weil er konsequent an Hand der gläubigerschutzorientierten Vorgaben von HGB und den Grundsätzen ordnungsgemäßer Bilanzierung argumentiert, gelangt er in allen zu prüfenden Kriterien zu einem die Aktivierung ablehnenden Ergebnis. Auf diese Weise legt er die Hauptangriffsflanken des BFH-Urteils offen.

Um eventuell mögliche Kritik auf Grund der schon herrschenden Literaturmeinung zu antizipieren, hat der BFH seinerzeit die Einordnung als „ähnliches Recht" gewählt, um die strengeren Bilanzierungsanforderungen einer Konzession zu vermeiden. Wegen des lizenzvertraglichen Dreiecksverhältnisses zwischen DFB/DFL, Club und Spieler[4] sind der Erhalt der Spielerlaubnis und der Zahlungsfluss der Transferentschädigung nicht richtungsinvers. Außerdem wird eigentlich beim Spielertransfer mit der Erteilung einer neuen Spielerlaubnis für den aufnehmenden Club ein neues Wirtschaftsgut geschaffen, das ohne Mitwirkung des Spielers gleichsam „über Eck" nicht übertragbar wäre. Deswegen reichte dem BFH die „abstrakte Veräußerbarkeit" in Form eines abgeleiteten Erwerbs für aus, um die Spielerlizenz als verkehrsfähig einzustufen. Selbstständige Bewertung und Entgeltcharakter fußen auf der ständigen Rechtsprechung des BFH, denn der Spielerlizenz wird regelmäßig im Geschäftverkehr zwischen Fußballclubs ein selbstständiger Wert beigelegt wird, der sich auf dem bestehenden Transfermarkt konkretisiert. Die hier gegenteilige Ansicht LITTKEMANNs sowie anderer Kritiker wird zu Gunsten des BFH noch zu diskutieren sein.

---

[4] Vgl. dazu grundlegend BUCHNER (1982), auch wenn das Lizenzspielerstatut mittlerweile durch die Lizenzordnung Spieler und die Lizenzierungsordnung ersetzt wurde.

3   Einordnung in das bisherige Schrifttum

Mit seinem Beitrag reiht sich LITTKEMANN in die – schon vor dem BFH-Urteil – herrschende, allerdings nicht höchstrichterliche Meinung ein.

3.1   Gegner einer Aktivierung

3.1.1 Vor dem BFH-Urteil

Gründe, sich bereits vor dem Urteil des BFH mit dieser Thematik auseinander zu setzen, war die schon damals vorliegende, durch die Fremdfinanzierung ihrer Lizenzspielbetriebe hervorgerufene finanzielle Schieflage[5] etlicher deutscher Profivereine sowie die Nichterteilung von Bundesligalizenzen an bilanzschwache Vereine. Parallel dazu erreichte auch im Nachgang der grundlegenden und richtungsweisenden Artikel von SACK und SCHMIDT die Diskussion um die Problematik der Rechtsformverfehlung von Fußballvereinen mit der Arbeit von KEBEKUS[6] einen ersten Höhepunkt.

In seinem grundlegenden Artikel, der in Bezug auf die Qualität der Beurteilung dieser Thematik noch immer nichts an Aktualität verloren hat, lehnt STRÖFER[7] die Aktivierung von Spielerlizenzen umfänglich ab. Für die Qualifizierung als Vermögensgegenstand sind nach seiner Einschätzung allein die im Handelsrecht entwickelten Kriterien maßgeblich. Eine Spielerlizenz ist daher kein immaterieller Vermögensgegenstand, weil vom aufnehmenden Club statt eines *Rechts*, das nicht Bestandteil der Ablösesummenvereinbarung zwischen den Clubs ist, nur die *Möglichkeit* erlangt wird, mit einem Spieler einen Vertrag abzuschließen. Das letztlich bilanzierte Recht, den Spieler einzusetzen, resultiert dann aus dem handelsrechtlich nicht bilanzierungsfähigen Arbeitsvertrag und der dahinter stehenden Arbeitsleistung des Spielers. Damit ist für STRÖFER auch die Verkehrsfähigkeit nicht gegeben. Die Aktivierung hat wegen der für das Steuerrecht geltenden handelsrechtlichen Grundsätze ordnungsgemäßer Bilanzierung zu unterbleiben. Hier sprechen vor

---

[5] Gemessen an den heutigen Dimensionen der Verbindlichkeiten der gesamten Bundesliga waren die damaligen Verhältnisse vergleichsweise unspektakulär.

[6] Vgl. SACK (1974), 179 ff.; SCHMIDT (1975), 477 ff. und KEBEKUS (1991).

[7] Vgl. STRÖFER (1982), 1087 ff.

allem das Vorsichtsprinzip (Verein rechnet sich reicher, als er ist), das Realisationsprinzip (Verbot des Ausweises unrealisierter Gewinne z.B. durch antizipierte
höhere Eintrittsgelder durch Starverpflichtung oder potenzieller Wertsteigerung bei
Weiterverkauf) und das Verbot der Bilanzierung von Kosten gegen eine Aktivierung. Außerdem macht STRÖFER verfassungsrechtliche Bedenken gegen die Bewertung von Menschen als Rechtsobjekte oder Güter geltend, die darüber hinaus
noch einer Abnutzung unterliegen.

Nach der Einschätzung von REUTER[8] basiert die Einsatzmöglichkeit allein auf dem
zwischen Club und Spieler geschlossenem Arbeitsvertrag. Damit fehlt das für die
Aktivierbarkeit erforderliche Kriterium des entgeltlichen Erwerbs. Auf Grund der
unmittelbaren betrieblichen Veranlassung der Transferzahlung muss diese als Betriebsausgabe gelten und sofort in voller Höhe aufwandswirksam sein.

Für MÜLLER[9] ist die Bilanzierung vor allem mangels selbstständiger Bewertbarkeit
ausgeschlossen. Nach seiner Einschätzung fehlt die Unmittelbarkeit zwischen der
vom aufnehmenden Club erbrachten Geldleistung und dem dafür bilanzierten Vermögensgegenstand. Denn die Transferentschädigung ist nicht das direkte Äquiva-
lent zum Erwerb des ausschließlichen Rechts des Spielereinsatzes. Das bilanzierte
Recht wird erst mit Abschluss eines Arbeitsvertrages mit dem Spieler erworben,
dem es frei steht, zu entscheiden, welchem Club er sich anschließen möchte.

3.1.2 Nach dem BFH-Urteil

In seiner Stellungnahme nach dem Urteil widerspricht JANSEN[10] in allen wesentlichen Punkten der Auffassung des BFH. Er negiert den Konzessionscharakter, da er
ihn für verfassungsrechtlich unzulässig hält, weil die Berufsausübung bei einem
Arbeitgeber nicht durch irgendeine Institution gestattungspflichtig ist. Er sieht
ebenfalls nicht den Erlaubnischarakter als gegeben an, da der DFB nicht Rechte
verleihen kann, die einzig durch einen Arbeitsvertrag zwischen Spieler und Club
entstanden sind und dazu lediglich eine Formalprüfung durch den DFB stattfindet.

---

[8]   Vgl. REUTER (1983), 649 ff.
[9]   Vgl. MÜLLER (1991), 81 ff.
[10] Vgl. JANSEN (1992), 1785 ff.

Es handelt sich ebenso nicht um ein zusätzliches Recht, weil im Falle der Vertragbrüchigkeit eines Spielers bei einem intendierten vorzeitigen Wechsel das übliche arbeitsrechtliche Instrumentarium für Sanktionen ausreicht. Spielerlizenzen sind nicht verkehrsfähig, weil die Spielerlaubnis nicht allein durch eine Vereinbarung zwischen den Clubs übergehen kann. Auch kann das Recht, von einem Menschen eine Arbeitsleistung zu verlangen, nicht verkehrsfähig sein. Eine selbstständige Bewertbarkeit scheidet aus, weil es sich um eine Entschädigungszahlung zur Abgeltung von Nachteilen an den abgebenden Verein handelt. Ein entgeltlicher Erwerb der Spielerlaubnis liegt daher aus demselben Grund nicht vor.

MADL[11] betont bei seiner Untersuchung der zivilrechtlichen Besonderheiten eingetragener Vereine die Sonderstellung der Bilanzierung von Ablösesummen und räumt ein, dass Betriebsvermögen vorliegt und dieses wegen des Anspruchs auf Transferentschädigung steigen kann. Vorteile für die Vereine sind der Vermögensausweis und die Vermeidung der Überschuldung. Er stimmt der Auslegung des BFH im Ergebnis jedoch nicht zu, da die Argumentation zu brüchig ist und die dahinter verborgene Problematik, dass der Mensch bzw. dessen Arbeitskraft nicht aktivierungsfähig ist und stattdessen pro forma das Recht, den Spieler unter Vertrag zu nehmen, bilanziert wird.

Nach der Ansicht von MARX[12] weicht der BFH mit seinem Urteil von seiner bisherigen, eher restriktiven Beurteilungspraxis in Bezug auf immaterielle Vermögensgegenstände ab. Von den Aktivierungskriterien hält er vor allem den Entgeltcharakter für fraglich, weil das ohnehin flüchtige Recht am Spieler nicht unmittelbar zwischen den Clubs übergeht. Im Ergebnis findet an Stelle einer Lizenz- oder Konzessionszahlung primär ein am zukünftigen Nutzenpotenzial des Spielers orientierter Nachteilsausgleich statt.

ARENS[13] gelangte in seiner Diskussion um die Werthaltigkeit von Spielerlizenzen und ihre Aktivierungsfähigkeit nach dem Bosman-Urteil des Europäischen Gerichtshofes ebenfalls zu kritischen Resultaten. Er sah vor allem bei noch aktivierten Spielerlizenzen von Spielern aus EG-Staaten deutlichen Wertberichtigungsbedarf.

---

[11] Vgl. Madl (1994), 19 ff.
[12] Vgl. MARX (1994), 2379 ff.
[13] Vgl. ARENS (1996), 39 ff.

Darüber hinaus hält er aber auch eine Aktivierungsfähigkeit generell für fraglich. Vor allem aus dem kaufmännischen Vorsichtsprinzip sollte eine Aktivierung unterbleiben, denn nach dem Bosman-Urteil ist bei Beendigung des Vertrages keine Transferentschädigung mehr zu erhalten. Das Realisationsprinzip wird ebenfalls verletzt, da nur Verkaufserwartungen bilanziert werden dürfen, die sich durch konkrete Umsatzerlöse oder vergleichbare Vorgänge bereits realisiert haben.

3.2   Befürworter einer Aktivierung

Bei der Durchsicht der speziell zu dieser Thematik verfassten Beiträge ist als einziger HÜTTEMANN[14] zu nennen, der die Argumentation des BFH vollumfänglich unterstützt. Das schon genannte „Dilemma" zwischen Vermögensgegenstand und Wirtschaftsgut wird seiner Ansicht nach durch die vom BFH erfolgte Qualifizierung als „ähnlicher Wert" aufgelöst. Der BFH bewegt sich damit im Bereich seiner ständigen Rechtsprechung, denn die vom DFB erteilte Spielerlizenz entfaltet durchaus eine Erlaubniswirkung mit Gewinnwirksamkeit für den aufnehmenden Club. Da sie nur konzessionsähnlich ist, wird die ihr zu Grunde liegende Qualität ihrer Prüfung unerheblich. Das Recht, den Spieler einzusetzen hat sehr wohl durch den DFB erteilten Erlaubnischarakter. Der Arbeitsvertrag entfaltet nur Wirkung zwischen den Vertragsparteien. Die lizenzmäßige Berechtigung zum Einsatz des Spielers erfolgt erst durch die Erteilung der Spielerlaubnis auf Basis des Lizenzspielerstatuts. In Bezug auf die Bejahung der Verkehrsfähigkeit ist entscheidend, dass der aufnehmende Club wirtschaftlich so gestellt wird, als habe er die Spielerlaubnis erworben, denn der abgebende Club wirkt als Verhandlungspartner maßgeblich an der Übertragung der Spielerlaubnis mit. Eine selbstständige Bewertung ist ebenfalls möglich, weil ein eindeutiger Zusammenhang zwischen der geleisteten Transferentschädigung und der Spielerlaubnis besteht, die in Hinblick auf deren Erwerb gezahlt wird. Beim entgeltlichen Erwerb der Spielerlaubnis handelt es sich um einen abgeleiteten Erwerb, der hauptsächlich eine wirtschaftliche Gegenleistung für den Erwerb des Rechts den Spieler einzusetzen und nicht eine Entschädigungszahlung darstellt, da der abgebende Verein keine „Verluste" oder zumindest Trainingskosten in Rechnung stellt. Diese Sichtweise wird durch die bis zum Bosman-Urteil

---

[14]   Vgl. HÜTTEMANN (1994), 490 ff.

praktizierte Multiplikatorenregel[15] gestützt, die ja im Wesentlichen auf historischen und zukünftigen Spielergehältern basiert. Somit handelt es sich um einen Werttransfer vom abgebenden zum aufnehmenden Club, der sich dann auch bilanziell niederschlägt, und nicht um eine Kompensationsleistung.

3.3   Zwischenergebnis II

Die Kritiker der BFH-Entscheidung sind damit deutlich in der Mehrzahl. Die Argumentationen behandeln die schon in der Gegenüberstellung der Auffassungen von BFH und LITTKEMANN dargestellten Kernpunkte. Pro und contra Aktivierung stehen hier unvereinbar gegenüber. Der mittlerweile alte „Streit" um die immateriellen Wirtschaftsgüter sowie die Problematik der Begrifflichkeiten „Vermögensgegenstand" (handelsrechtlich, „statisch") und Wirtschaftsgut (steuerrechtlich, „dynamisch", „fiskalisch") ist im Laufe der Jahre durch die neueren Entwicklungen im Bereich der Bilanzierung keineswegs entschärft worden. Die Diskussion verdeutlicht aber auch die Stellung der Transferentschädigungen als pars pro toto in der Debatte um die nach MOXTER „*ewigen Sorgenkinder des Bilanzrechts*".

Die Argumente der Kritiker vermögen im Wesentlichen bis zu den Kriterien der selbstständigen Bewertung und des entgeltlichen Erwerbs deutlich zu überzeugen. Die theoretische Diskussion von Transferentschädigungen[16] macht klar, dass die Transferzahlung nicht einfach als Entschädigung gewertet werden kann. Die Kalkulation einer Transferentschädigung als Gegenleistung für den Transfer setzt eine komplexe Würdigung des aufnehmenden Clubs von Gehaltszusagen und der dem abgebenden Club angebotenen Transferzahlung voraus, die dem antizipiertem Beitrag des Spielers zum Grenzwertprodukt des aufnehmenden Clubs gegenübergestellt wird.[17] Das bedeutet, dass sich am Transfermarkt primär ein Preis durch das Nutzenkalkül der Nachfrager in Form von Erwartungswerten bildet und nicht durch

---

[15] Bis zum Bosman-Urteil wurde für Spieler auch nach Vertragsablauf eine Ablösezahlung fällig, die grundsätzlich zwischen den Clubs frei verhandelbar war. Bei Unstimmigkeiten zwischen den Clubs existierte eine Berechnungsformel zur Ermittlung eines verbindlichen Schiedswertes: Transferentschädigung = 1/3 x (Vorjahresgehalt + Gehaltsangebot des abgebenden Clubs + Gehaltsangebot des aufnehmenden Clubs) x (Multiplikator des aufnehmenden Clubs + Alterszuschlag). Vgl. DFB (1993), Richtlinien für die Festsetzung von Transferentschädigungen.

[16] Vgl. die grundlegenden Beiträge von Büch/Schellhaaß (1978), 255 ff. und Schellhaaß (1984), 218 ff..

[17] Dies war selbst partiell bei Nutzung der Multiplikatorenregelung, da diese auch das neue Gehaltsangebot des aufnehmenden Clubs beinhaltete.

Entschädigungsforderungen der Anbieter. Das stärkt eher die Position von BFH und Hüttemann in Bezug auf die Kriterien selbstständige Bewertung und des entgeltlichen Erwerbs.

Eine breitere Diskussion des Problems hätte im Zuge des Bosman-Urteils über den genannten Beitrag von ARENS hinaus erwartet werden können. Jedoch wurden eher partielle Aspekte, insbesondere Teilwertabschreibungen wegen des EuGH-Urteils auf die Spielerlizenzen von SÖFFING[18] (zustimmend) und als Replik dazu KESSLER[19] (eher ablehnend) diskutiert. Implizit wird jedoch die grundsätzliche Einschätzung des BFH zur Abnutzungsdauer bestätigt, denn Spielerlizenzen haben nach Ablauf des Arbeitsvertrages tatsächlich keinen Wert mehr. Für den von LITTKEMANN und teilweise auch anderen Autoren unterstellten Reflex der generell längeren Vertragslaufzeiten nach dem Bosman-Urteil fehlt bisher der empirische Beleg. Es ist wahrscheinlich, dass die durchschnittliche Vertragslaufzeit angestiegen ist. Dies hängt dann aber mit der wesentlich differenzierten Vertragspolitik zusammen. Verträge mit Talenten und Starspielern werden langfristiger sein, bzw. zu früheren Zeitpunkten durch die Clubs verlängert. Bei Durchschnittsspielern wird wie vor dem Bosman-Urteil überwiegend vom Standard-Vertragstypus – zwei Jahre ggf. plus eine einjährige Verlängerungsoption – Gebrauch gemacht.

Ein Problem der konkreten Bilanzierung bleiben nach wie vor die häufig vereinbarten Optionen. Wegen des Vorsichtsprinzips ist eine Abschreibung gemäß der fest vereinbarten Vertragslaufzeit wohl gegenüber der BFH-Auffassung einer nach Wahrscheinlichkeitsgesichtspunkten ermittelten Wahl, ob von der Verlängerungsoption Gebrauch gemacht wird, vorzuziehen. Die Behandlung von Sondereffekten, insbesondere Verletzungen, wurde nicht verbindlich geklärt. Aber Abschreibungen auf Teilwert bei voraussichtlich dauernder Wertminderung oder Vollabschreibung bzw. Korrektur auf die für diese Fälle abgeschlossene Versicherungssumme bei Invalidität[20] sind handelsrechtlich sicher unproblematisch. Ein Problem ist aber hierbei, dass nicht das eigentliche bilanzierte „ähnliche Recht" der Spielerlizenz, sondern die sich dahinter verbergende, reduzierte Leistungsfähigkeit des Spielers zu Grunde liegt.

---

[18] Vgl. Söffing (1996), 523 ff.
[19] Vgl. KESSLER (1996), 976 ff.
[20] Vgl. Wertenbruch (1993), 179 ff.

Auch die konkrete Aktivierung mit einer daraus möglicherweise resultierenden Spanne des Wertansatzes wurde grundsätzlich weder vom BFH, noch von LITTKEMANN oder den anderen genannten Autoren thematisiert. Folgt man den allgemeinen HGB-Bewertungsmaßstäben für Anschaffungskosten, besteht im Rahmen der Aktivierung ebenfalls Spielraum bzw. wird in der Praxis bisher unterschiedlich vorgegangen. Wenn Spielerlizenzen als immaterielles Anlagevermögen qualifiziert werden, gelten dann auch die für das Anlagevermögen zu Grunde gelegten Bewertungskriterien der Anschaffungs- und Anschaffungsnebenkosten gem. § 255 Abs. 1 HGB:

Bewertung gem. § 255 Abs. 1 HGB	*Ausgestaltungsbeispiele im Profisport*
Anschaffungspreis	Nettotransferentschädigung
+ Aufwendungen für die Versetzung in den betriebsbereiten Zustand	ärztliche Untersuchungen, Zusatztraining bei Reha-Maßnahmen oder Formschwäche
+ Anschaffungsnebenkosten	Spielervermittler, Handgeld, Reisekosten zum neuen Club
+ nachträgliche Anschaffungskosten	Erwerb von Persönlichkeitsrechten
./. Anschaffungspreisminderungen	Rabatte bei Farm-Team-Kooperationen oder bei häufig in Anspruch genommenen Spielerberatern, bekannte, dem neuen Club nicht mitgeteilte Verletzungen
= aktivierte Anschaffungskosten	

Abb. 2: Handelsrechtliche Bewertung von Anschaffungskosten und Ausgestaltungsbeispiele im Profisport. Quelle: Eigene Darstellung.

Die selbstgewählten Ausgestaltungsbeispiele, deren Ansatz sicher noch ausführlicher zu diskutieren ist, werden wahrscheinlich nur in den wenigsten Fällen in vollem Umfang und aus unterschiedlichen Gründen aktiviert. Zum einen scheitert eine

Hinzurechnung an einer nicht installierten Kostenstellen- oder Kostenträgerrechnung (Arzt-, Reha- oder Zusatztrainingskosten) zum anderen soll sie bewusst bilanziell nicht erscheinen (Spielerberater, Handgelder, erworbene Persönlichkeitsrechte des Spielers).

4   Aus- und Seitenblicke

4.1   Konsequenzen einer Nichtaktivierung

Sollte die BFH-Rechtsprechung revidiert und eine Aktivierung von Spielerlizenzen unzulässig werden, wird eine seit Jahren ständige, allerdings mittlerweile selbst in Deutschland nicht mehr einheitliche Praxis aufgegeben. Die Clubs, die es sich nicht „leisten" können, Transferzahlungen – BFH-widrig – unmittelbar aufwandswirksam zu buchen, können bei Nichtaktivierung kaum noch vorhandenes Anlagevermögen darstellen. Denn nur die wenigsten Clubs verfügen etwa über vereinseigene oder auf Tochtergesellschaften ausgelagerte Stadien, sonstiges Immobilienvermögen oder nennenswerte Beteiligungen. Dies führt dann zur Verschlechterung des Eigenkapitalausweises bzw. des Postens „Vereinsvermögen".[21] Für nicht wenige Clubs, die schon jetzt kein Vereinsvermögen mehr ausweisen können, steigt der nicht durch Eigenkapital gedeckte Fehlbetrag und damit die bilanzielle Überschuldung, die einen Insolvenzantragsgrund darstellt. Das Clubmanagement wäre dann gezwungen, stille Reserven im Überschuldungsstatus darzustellen. Dafür müssten, zumindest nach bisherigen DFB/DFL-Bestimmungen, bei Spielerwerten konkrete Kaufangebote anderer Clubs vorliegen.

Für die von LITTKEMANN angesprochenen Bilanzadressaten erweist sich die Frage der Aktivierung als nicht sonderlich dramatisch, denn Banken, Wirtschaftsprüfer und die interessierte Öffentlichkeit, sofern sie überhaupt in den Genuss des Bilanzstudiums von Fußballclubs gelangte, war mit diesem Aspekt der Fußball-Buchführung vertraut. Vor allem DFB und DFL[22] als „Herren" des Lizenzierungsverfahrens

---

[21] Dies trifft vor allem einen großen und in den letzten Jahren deutlich zunehmenden Teil von Lizenzclubs der 2. Bundes- und Regionalligen.

[22] Christian Müller, Geschäftsführer Finanzen, Organisation und Verwaltung der DFL und zuständig für das Lizenzierungsverfahren, hat in seiner Stellungnahme zu diesen beiden Beiträgen auf die unterschiedliche Praxis der Clubs in diesem Bereich hingewiesen und deutlich gemacht, dass die Beurteilung der Bilanz für eine Lizenz- und Auflagenerteilung in ihrer Bedeutung hinter die aus Bilanz und Planungsrechnungen der Clubs ermittelte Liquiditätsentwicklung zurücktritt.

und bisherige primären Bilanzadressaten der handelsrechtlichen Jahres- oder Zwischenabschlüsse hätten wahrscheinlich nur in der Übergangsphase von einer Bilanzierungsweise zur nächsten Handlungsbedarf. Im Wesentlichen würden dann im Lizenzierungsverfahren ausgesprochene Kapitalauflagenverstöße nach einer Übergangsregel zu beurteilen sein und es müsste überlegt werden, ob bei überschuldeten Clubs Spielerwerte in der bisherigen Form nicht zumindest im Überschuldungsstatus angesetzt werden können. Als positiver Effekt könnten daraus eventuell Investitionsdämpfungseffekte resultieren, da DFB/DFL im Lizenzierungsverfahren häufig Kapitalauflagen erteilen mit der Verpflichtung der Clubs, ihre Vermögenssituation bis zum nächsten Zwischen- oder Abschluss-Stichtag nicht zu verschlechtern. Andererseits könnte im Zusammenwirken mit den plötzlich unplanmäßig reduzierten TV-Vermarktungsgeldern für die kommende Saison sowie den konjunkturell bedingt teilweise ausbleibenden Sponsoringerlösen die Gefahr drohen, dass Clubs zur Finanzierung des Spielbetriebs wieder in (zweifelhafte) Finanzierungsmodelle[23] abgleiten, nur um die Transferausgaben zum Zweck der Kapitalerhaltung nicht „über die Bücher laufen zu lassen".

Gegenüber dem Fiskus haben Clubs mit oder ohne Aktivierung genügend Potenzial, um Steuerzahlungen zu minimieren. Auch Banken kennen die Bilanzierungspraxis im Fußball. Sie lassen sich ihre Kredite mit konkreten Rechten und Vermögensgegenständen absichern, wozu durchaus noch laufende Spielerverträge oder potenzielle Transfererlöse dienen können.[24] Die Wirtschaftsprüfer unterstützen in der von LITTKEMANN zitierten Stellungnahme die Nichtaktivierung. Im Lizenzierungsverfahren müssen sie jedoch prüfen, was DFB/DFL als Auftraggeber ihnen und den Clubs vorgibt. Wird nicht mehr aktiviert, werden sich die Prüfungstätigkeiten dann in vielen Fällen auf den Überschuldungsstatus verlagern.

Eine Nichtaktivierung hätte vor allem zur Folge, dass keine bilanzielle Würdigung durch seit Jahren kontinuierlich steigende Transfervolumen eigentlich als wesentlichen zu bezeichnenden „Vermögensgegenständen" von Fußballunternehmen mehr stattfände und diese Besonderheit des Profi-Sports aus den Bilanzen verschwände.

---

[23] Vgl. zu dieser Thematik EILERS (1991), 48 ff. und WESTERMANN (1991), 81 ff.

[24] Dies war wohl auch ein Kernproblem im Lizenzierungsverfahren der aktuellen Saison: Während die DFL eine unkonditionierte Bankbürgschaft für Eintracht Frankfurt erwartete, hat sich die Hessischen Landesbank ihre Bürgschaft mit Transferrechten besichern lassen. Dies ist ein Indiz, dass auch in Bankenkreisen den Transferrechten ein Wert beigemessen wird.

Wesentlich ist dieser Vermögensgegenstand auch durch die exorbitante Bedeutung des Faktors „Humankapital".[25] Die Aktivierung dokumentiert bilanziell das Recht, einen Spieler exklusiv unter Vertrag zu haben und diesen auch exklusiv einsetzen oder auch nicht einsetzen zu können, um somit zumindest die Konkurrenz zu schwächen. Während der Vertragslaufzeit mit dem Spieler besteht einerseits ein Kontrahierungsschutz gegenüber Konkurrenten oder anderen Nachfragern und gleichzeitig ein Vermögenspotenzial, sofern Interesse anderer Clubs besteht, das Recht zu erwerben, diesen Spieler einzusetzen. Dies ist nach wie vor unabdingbar damit verbunden, sich sowohl mit dem Spieler über Vertragsmodalitäten aber insbesondere auch mit dem abgebenden Club über eine Transferentschädigung zu einigen. Aktiviert ein Club Transferentschädigungen nicht, hat er über die Laufzeit der Verträge stille Reserven. Diese hat er auch, wenn mit Spielern bestehende Verträge verlängert und die Abschreibung der für diese Spieler geleisteten Transferentschädigungen bereits erfolgt ist.[26]

4.2   Profifußball im Zeichen von Internationalisierung und Transparenz

Die Globalisierung macht auch vor dem professionellen Sport nicht halt. Das trifft auch für das hier diskutierte Bilanzierungsproblem zu. Denn der Spieler- und damit der Humankapitalbeschaffungsmarkt für Fußballclubs ist längst international und seit dem Bosman-Urteil ist das Ausland für die Spielerrekrutierung wesentlich stärker im Focus der Sportmanager, Scouts und Spielerberater. Neben dem weltweiten Spielermarkt spielen nach den Börsengängen von Fußballclubs auch die internationalen Kapitalmärkte, für die besondere Rechnungslegungsvorschriften gelten, eine wichtige Rolle. Von diesem Finanzierungsinstrument haben in der Vergangenheit vor allem englische Clubs Gebrauch gemacht.

---

[25] Dies trifft aber auf jedes Dienstleistungsunternehmen mit hochqualifiziertem Personal und Management zu.

[26] Würde man für eine konsequente Aktivierung plädieren, müsste dann wieder eine Zuschreibung auf den ursprünglich aktivierten Wert abzüglich der bis zum Verlängerungszeitpunkt auf diesen vorgenommene Abschreibungen unter Berücksichtigung der verlängerten Vertragsdauer erfolgen. Spielerlizenzen selbst ausgebildeter Spieler mit mehrjährigen Verträgen scheiden als „originäres Anlagevermögen" von einer Aktivierung nach HGB aus.

4.2.1 Bilanzierungspraxis im Mutterland des Fußballs

Bei strukturell ähnlichen Bilanzproblemen[27] wie in der Bundesliga war die Bilanzierungspraxis in der Premier und Football League bis in die späten 90er Jahre völlig uneinheitlich. Größtenteils erschienen die Transferentschädigungen überhaupt nicht in der Bilanz, sondern wurden unmittelbar über die Gewinn- und Verlustrechnung gebucht mit der Folge von erheblichen Schwankungen der Jahresergebnisse. Eine unterschiedlich basierte Bewertung des Spielerkaders fand sich dann zum Teil im Geschäftsbericht (directors report) der Clubs. Seit Anfang der 90er Jahre ist jedoch steigende Tendenz[28] zu einem bilanziellen Ansatz mit Aktivierung der entgeltlich erworbene Spielerlaubnisse (cost of registrations) die Regel. Teilweise waren auch subjektive Bewertungen der Geschäftsführung (directors'/managers' valuation) oder durch Kapitalisierungsverfahren objektivierte Werte (capitalised value) sowie unabhängige Schätzungen einzelner Spieler oder des Gesamtkaders üblich. Die Nettotransferzahlungen sind seit Ende 1998 gemäß FRS 10 (financial reporting standard) zu aktivieren und über die Vertragslaufzeit abzuschreiben. Hauptmotive für eine Änderung der Bilanzierungspraxis waren ein verbessertes Bilanzbild insbesondere für Clubs mit hohen Transferausgaben, eine größere Konstanz bei den Jahresergebnissen, eine Erleichterung bei der Vergleichbarkeit der Bilanzen und eine Harmonisierung der Praxis im Vergleich zu den anderen kontinentaleuropäischen Ligen wie Italien, Frankreich[29] und Deutschland herbeizuführen.

4.2.2 Umwandlung, Going public und erhöhte Transparenzanforderungen

Seit dem DFB-Bundestagsbeschluss vom Oktober 1998 können auch deutsche Lizenzclubs auch mit Tochtergesellschaften am Spielbetrieb teilnehmen. Die

---

[27] Vgl. BOON (1994), 96 f.

[28] 1992/93 vier, 1994/95 fünf, 1995/96 zwölf, 1997/98 sechzehn Clubs der Premier und Football League; vgl. BOON (1993), 6 ff.; ders. (1996), 27 f.; ders. (1998), 26; ders. (1999), 39 f.

[29] Vgl. BOON (1999), 26. Die Auswertung der zuvor (Fn. 28) genannten Berichte ergibt ein in der Saison 1997/98 bilanziell ausgewiesenes Spielerlizenzvermögen von £ 238,0 Mio. bei 16 Clubs; dies erhöhte sich mit der verpflichtenden Einführung des FRS 10 in der Saison 1998/99 auf £ 425,6 Mio. Branchenführer Manchester United weist in seinem Geschäftsbericht 2000 £ 30,7 Mio. und damit 20% seines Anlage- bzw. 16% seines Gesamtvermögens, 2001 £ 71 Mio. und damit sogar 36% seines Anlage bzw. 33% seines Gesamtvermögens als intangible fixed assets aus (MANCHESTER UNITED PLC (2001), 33).

Möglichkeiten der Kapitalbeschaffung werden somit ausgeweitet. Dies verlangt insbesondere für die börsennotierten Fußball-Kapitalgesellschaften eine größere Transparenz des externen Rechnungswesens. Der Kreis der bisher typischen Bilanzadressaten DFB/DFL, Fiskus und Banken wird um die Aktionäre oder um – potenzielle – Investoren erweitert, die sich an einer Fußballkapitalgesellschaft beteiligen (wollen). Die Anforderungen an die Berichterstattung im Falle eines Börsengangs nehmen deutlich zu; zusätzlich sind die spezifischen Publizitätspflichten des Börsensegments zu beachten, an dem das Fußballunternehmen gelistet ist. Hier wird in der Regel neben dem HGB-Abschluss auch ein nach internationalen Bilanzierungsregeln (US-GAAP, IAS) erstellter Abschluss gefordert. Insoweit werden im Folgenden ansatzweise die für immaterielles Anlagevermögen (intangible assets) einschlägigen international accounting standards (IAS) für den Ansatz von Transferentschädigungen diskutiert.

Spielerlizenzen müssen, um der Definition als intangible assets gemäß IAS 38[30] zu genügen, als identifizierbare, nicht-monetäre und nicht körperliche Vermögenswerte qualifiziert werden können, die Fußballclubs besitzen, um damit Dienstleistungen herzustellen. Dafür ist zu überprüfen, ob sie folgende Kriterien erfüllen:

1. Abgrenzbarkeit (identifiability): Spielerlizenzen müssen veräußert, vermietet oder getauscht werden können, ohne dass gleichzeitig der künftige wirtschaftliche Nutzen anderer Vermögenswerte veräußert wird. Dies scheint grundsätzlich möglich, mit der Einschränkung, dass ohne Zustimmung des Spielers seine Spielberechtigung nicht übertragen werden kann.

2. Kontrolle durch das bilanzierende Unternehmen (control): Die Kontrolle über den künftigen wirtschaftlichen Nutzen der Spielerlizenz muss sich auf gerichtlich durchsetzbare Rechte stützen. Dies ist für die Dauer des Arbeitsvertrages mit dem Spieler hinreichend erfüllbar. IAS 38 schränkt jedoch explizit ein, dass eine ausreichende wirtschaftliche Kontrolle über den künftigen wirtschaftlichen Nutzen von besonders gut ausgebildetem Personal oder Managementkompetenz ausgeschlossen wird. Dies verhindert – analog zum HGB – die unmittelbare Bilanzierung von Humankapital.

---

[30] Vgl. zur Definition und zur weiteren Diskussion der intangible assets die Ausführungen von KPMG (1998), 64 ff.

3. Vorhandensein künftigen ökonomischen Nutzens (future economic benefit): Mit der Nutzung der Spielerlizenz müssen entweder Dienstleistungen erbracht werden oder Kosteneinsparungen bzw. andere Vorteile der betriebsinternen Nutzung erkennbar sein. Dieses Kriterium wird erfüllt, weil hinter der Nutzung der Spielerlizenz der Einsatz des Spielers als Bestandteil der Faktorkombination zur Produktion des Unterhaltungsgutes Fußball-Bundesliga[31] steht und durch dieses Kriterium auch die in Meisterschaftsspielen nicht zum Einsatz kommenden, jedoch im Training zur Vorkombination benötigten Spieler erfasst werden.

Die Aktivierung erfolgt dann anlog der allgemeinen Definition eines asset[32], wenn es wahrscheinlich ist, dass der künftige wirtschaftliche Nutzen, welcher der Spielerlizenz zuzuordnen ist, dem Fußballclub zufließen wird und die Kosten der Lizenz messbar sind. Durch die produktionstechnischen Besonderheiten des Fußballs ist der Wert eines eingesetzten Spielers zum Beitrag des Teamprodukts schwer zu konkretisieren. Ein Nutzenzufluss wird aber kaum zu bestreiten sein. Durch das Erfordernis der messbaren Kosten wird der Bewertungsspielraum auf die den HGB-vergleichbaren Anschaffungskosten[33] konkretisiert.

Für eine abschließende Würdigung der Bilanzierungsfähigkeit sind darüber hinaus die qualitativen Anforderungen[34] von Bedeutung, welche die IAS an den Jahresabschluss einer (Fußball-)Kapitalgesellschaft stellen. Danach wäre zu hinterfragen, ob der Jahresabschluss ein den tatsächlichen Verhältnissen entsprechendes Bild (fair presentation/ein true and fair view) liefert:

---

[31] Vgl. PARENSEN (1998), mit weiteren Nachweisen.

[32] Gem. framework (F. 49a) des International Accounting Standards Board (IASC) ist ein asset eine Ressource, über die ein Unternehmen aufgrund eines vergangenen Ereignisses verfügt und von der zukünftig der Zufluss wirtschaftlichen Nutzens erwartet wird (KPMG 1999, 28). Dabei ist der künftige Nutzen durch vernünftige und überprüfbare Annahmen des Managements für die Dauer der wirtschaftlichen Nutzung zu unterlegen.

[33] Analog IAS 38.24 wären dies die Transferentschädigung, nichtabziehbare Umsatzsteuern und Aufwendungen, um den Vermögensgegenstand in den Zustand der geplanten Nutzung zu versetzen, die, sofern zurechenbar, weitgehend deckungsgleich mit den Beispielen aus Abb. 2 wären.

[34] Vgl. KPMG (1999), 21 ff.

- Ist er verständlicher (understandability) mit oder ohne aktivierte Transferentschädigungen?
- Ist die Aktivierung für einen Bilanzadressaten entscheidungsrelevant (relevance), d.h. ist ein solcher Bilanzposten wesentlich?
- Sind alle wesentlichen Vermögenswerte bilanziert (faithful presentation) und steht die wirtschaftliche Betrachtungsweise (substance over form) im Vordergrund?
- Wurde gleichwohl das Vorsichtsprinzip (prudence) beachtet?
- Sind Unternehmensabschlüsse intern und extern vergleichbar (comparability)?

Stellt man bei der Würdigung die regelmäßig und trotz Bosman-Urteil wachsende wirtschaftliche Bedeutung von Transferentschädigungen in den Vordergrund und unterstellt man, dass auch ein weiter Interessentenkreis von Bilanzadressaten mit diesem Sportunternehmensspezifikum – gegebenenfalls mit erläuternden Angaben im Anhang des Jahresabschlusses – richtig umzugehen weiß, wird man diese Fragen eher zu Gunsten einer Aktivierung beantworten. Eine Bilanzierung nach IAS 38 ist möglich, wenn nicht sogar erforderlich.

4.2.3 UEFA-Lizenzierungsverfahren

Die UEFA plädiert für eine Einführung eines Lizenzierungsverfahrens vergleichbar dem Verfahren, das DFB und DFL anwenden. Es soll nach den UEFA-Rahmenrichtlinien[35] verbindlich ab 2002/03 bei allen ihr angehörenden Nationalverbänden implementiert werden. Im Verbandsgebiet der UEFA sind sowohl die Rechtsformen von Fußballclubs als auch die jeweils nationalen handels-, steuerrechtlichen und verbandsseitigen Anforderungen an Buchhaltung und Bilanzierung[36] sehr heterogen. Da es der UEFA in einem ersten Schritt um eine flächendeckende Einführung mit zunächst möglichst einheitlichen Verfahrensgrundsätzen geht, ist der Konkretisierungsgrad in Bezug auf verbindliche Bilanzierungsnormen noch nicht so hoch. Vorschriften bezüglich der anzuwendenden Rechnungslegungsstandards müssen von den nationalen Fußballverbänden als Verantwortliche für die Durchsetzung des Verfahrens erlassen werden. Für die Harmonisierung und die Vergleichbarkeit der

---

[35] Vgl. UEFA (2002).
[36] Vgl. für eine erste grundsätzliche Diskussion des UEFA-Konzeptes EBEL/KLIMMER (2001), 179 ff., die ebenfalls eine einheitliche Rechnungslegungskonzeption für erforderlich halten.

Abschlüsse auf Ebene der UEFA – insbesondere dann, wenn sie auch für die Zulassung zu internationalen Clubwettbewerben eine Rolle spielen sollen – wird aber eine gemeinsame Rechnungslegungsbasis erforderlich sein. Die IAS werden hier mittel- bis langfristig eine maßgebliche Rolle spielen.

4.3 Zwischenergebnis III

Würde man sich zu einer verbindlichen Nichtaktivierung durchringen, schmilzt das bilanzielle Anlagevermögen der Fußballclubs deutlich. Bei einigen Clubs führt dies dazu, dass noch häufiger für eine Würdigung der Vermögenssituation von Fußballclubs ein Überschuldungsstatus an die Stelle der Bilanz treten muss. Das Ausweisproblem wird dann hierhin verlagert. Ein gleichwohl humankapitalbasierter Vermögensgegenstand, der weltweit, regelmäßig und mit kontinuierlichen Wachstumsraten gehandelt wird, würde bilanziell nicht mehr in Erscheinung treten. Dies wäre jedoch für die bisherigen primären Handelsbilanzadressaten nicht so sehr von Bedeutung. Der international vergleichende und zukunftsorientierte Blick wirft auf die Aktivierungsproblematik ein anderes Licht. Hier sind dann relevante Bestimmungen wie die FRS oder noch relevant werdende Bestimmungen wie die IAS „aktivierungsfreundlicher" als für den nationalen Raum HGB und die Grundsätze ordnungsmäßiger Bilanzierung zulassen.

5 Resümee

LITTKEMANN hat mit seinem Beitrag noch einmal ein viel und kontrovers diskutiertes Problem aufgegriffen. Er hat dabei die Thematik korrekt aufbereitet und sein Urteil analytisch und konsequent auf dem Boden des HGB klar zu Gunsten einer Nichtaktivierung entwickelt.

Die internationale Perspektive und der Blick in die Zukunft der wahrscheinlich auch für die deutschen Clubs maßgeblich werdenden Rechnungslegung lässt diesen Punktsieg wieder etwas geringer ausfallen.

Literatur

ARENS, W. (1996): Der Fall Bosman - Bewertung und Folgerungen aus der Sicht des nationalen Rechts. In: Sport und Recht, Heft 2, 39-43.

BOON, G. (1994): Football club audits: are there too many yellow cards?, in: Accountancy, October, 96-97.

BOON, G. (1993): Survey of Football Club Accounts, Manchester.

BOON, G. (1995): Survey of Football Club Accounts, Manchester.

BOON, G. (1996): Deloitte & Touche Annual Review of Football Finance, Manchester.

BOON, G. (1998): Deloitte & Touche Annual Review of Football Finance, Manchester.

BOON, G. (1999): Deloitte & Touche Annual Review of Football Finance, Manchester.

BUCHNER, H. (1982): Die Rechtsverhältnisse im deutschen Lizenzfußball. In: Recht der Arbeit, Heft 1, 1-16.

BÜCH, M.-P./SCHELLHAAß, H.-M. (1978): Ökonomische Aspekte der Transferent-schädigung im bezahlten Mannschaftssport, in: Jahrbuch für Sozialwissen-schaft, Bd. 29, 255-274.

EBEL, M./KLIMMER, Chr. (2001): Zur geplanten Einführung nationaler Lizenzie-rungsverfahren auf Grundlage harmonisierter Datenbasis als Teilnahme-voraussetzung an den UEFA-Clubwettbewerben. In: SIGLOCH, J./KLIMMER, Chr. (Hrsg.): Unternehmen Profifußball: vom Sportverein zum Kapitalmarkt-unternehmen. Wiesbaden, 179-206.

EILERS, G. (1991): Das so genannte „Ommer-Modell": Darstellung des Modells und Stellungnahme des DFB, in: WÜRTTEMBERGISCHER FUßBALLVERBAND e.V. (Hrsg.): Wirtschaftliche und rechtliche Aspekte zu Problemen des Berufsfuß-balls, Ostfildern, 48-80.

HÜTTEMANN, R. (1994): Transferentschädigungen im Lizenzfußball als Anschaf-fungskosten eines immateriellen Wirtschaftsguts. In: Deutsches Steuerrecht, Heft 14, 490-495.

JANSEN, R. (1992): Zur Aktivierung von Transferentschädigungen nach den Vor-schriften des Lizenzspielerstatuts des Deutschen Fußball-Bundes. In: Deutsches Steuerrecht, Heft 51/52, 1785-1789.

KEBEKUS, F. (1991): Alternativen zur Rechtsform des Idealvereins im bundes-deutschen Lizenzfußball, Frankfurt.

KESSLER, H. (1996): Teilwertabschreibung auf Spielgenehmigungen für Lizenz-spieler? In: Betriebsberater, Heft 18, 978-984.

KPMG (1999): International Accounting Standards. Stuttgart.

MADL, R. (1994): Der Sportverein als Unternehmen, Gesellschafts- und steuer-rechtliche Gesichtspunkte. Wiesbaden.

MANCHESTER UNITED PLC (2001): Annual Report. Manchester.

MARX, F. J. (1994): Objektivierungserfordernisse bei der Bilanzierung immateriel-ler Anlagewerte. In: Betriebsberater, Heft 34, 2379-2388.

MÜLLER, CHR. (1991): Rechtsfragen der Finanzierung im bezahlten Sport darge-stellt am Beispiel des Bundesliga-Fußballs. Frankfurt.

PARENSEN, A. (1998): Die Fußball-Bundesliga und das Bosman-Urteil. In: TOKARSKI, W. (Hrsg.): EU-Recht und Sport, Aachen. 70-150.

SACK, R. (1974): Der vollkaufmännische Idealverein, in: Zeitschrift für das gesamte Rechnungswesen, Heft 2, 179-207.

SCHELLHAAß, H.-M.(1984): Die Funktion der Transferentschädigung im Fuß-ballsport. In: Recht der Arbeit, Heft 4, 218-223.

SCHMIDT, K. (1975): Sieben Leitsätze zum Verhältnis zwischen Vereinsrecht und Handelsrecht, in: Zeitschrift für das gesamte Rechnungswesen, Heft 4, 477-486.

STRÖFER, J. (1982): „Berufsfußballspieler" als „Aktivposten" in den Steuerbilanzen der Bundesligavereine?". In: Betriebs-Berater, Heft 18, 1087-1098.

UEFA (2002): UEFA Club Licensing Manual, http://www.uefa.com/newsfiles/22719.pdf.

WERTENBRUCH, J. (1993): Die „Gewährleistungsansprüche" des übernehmenden Bundesligavereins bei Transfer eines nicht einsetzbaren DFB-Lizenzspielers. In: Neue Juristische Wochenschrift, Heft 3, 179-184.

WESTERMANN, H. P. (1991): Das sogenannte „Ommer-Modell": Rechtliche Aspekte des Modells, in: Württembergischer Fußballverband e.V. (Hrsg.): Wirtschaftliche und rechtliche Aspekte zu Problemen des Berufsfußballs, Ost-fildern, 81-100.

Die Praxis der bilanziellen Behandlung von Transferentschädigungen in der Bundesliga

Christian Müller

1 Aufgabenstellung

Obwohl die Verteidigung von Spielerbindungsregeln ein besonderes Anliegen des Autors ist (MÜLLER 2002) und der von SCHELLHAAß/MAY neu ins Spiel gebrachte Grundgedanke, dass Nachwuchsspieler ihrem Arbeitgeber gewissermaßen „Dank" schulden, wenn sie in Pflichtspielen zum Einsatz kommen, bereits aufgegriffen wurde (DIETL/FRANCK 2002) und sehr eingängig und praxisrelevant erscheint, war es meine Aufgabe, den Vortrag von LITTKEMANN aus Sicht des in die Praxis übergelaufenen vormaligen Nachwuchs-Wissenschaftlers schlaglichtartig zu kommentieren und, wenn möglich, noch anzureichern. Als Grundlage meiner Erwiderung und Bezugspunkt für Seitenverweise, kenntlich gemacht durch (a.a.O.), dient notgedrungen die vor dem Vortrag erschienene Veröffentlichung LITTKEMANN/SCHAARSCHMIDT (2002).

2 Wegfall der Aktivierungs-Rechtfertigung

LITTKEMANN kommt wohlbegründet zu dem Schluss, dass die im einschlägigen BFH-Urteil von 1992 gefundene „juristische Krücke" zugunsten einer Aktivierbarkeit der Anschaffungskosten der nach Zahlung der Transferentschädigung vom Verband erteilten Spielerlaubnis im Anlagevermögen, genaugenommen beruhend auf der in diesem Urteil festgestellten selbstständigen Verkehrsfähigkeit der Spielerlaubnis, einer sorgfältig strukturierten Überprüfung nicht bzw. zumindest nicht mehr standhält. Damit steht er im Einklang mit JANSEN (1992) und im Widerspruch zu SÖFFING (1996), den beiden profiliertesten Stimmen zu diesem Thema. LITTKEMANN selbst hebt stark darauf ab, dass durch das Ende 1995 ergangene Bosman-Urteil die vom BFH definierte Rechtsgrundlage für einen Bilanzansatz entfallen ist, denn anders als früher sei die Zahlung der Transferentschädigung nicht länger Voraussetzung für die Erteilung der Spielerlaubnis eines Spielers durch den Verband (a.a.O., 83-85).

Diese Argumentation ist allerdings nicht ganz korrekt, denn bereits vor Erlass des Bosman-Urteils haben die Fußball-Verbände, insbesondere der DFB, das Recht auf freie Berufsausübung der Spieler in besonderem Maße respektiert. Auch wenn Transferstreitigkeiten anhängig waren, konnte ein umworbener Spieler immer spielen. Die Verweigerung der Spielerlaubnis hätte vor keinem Arbeitsgericht standgehalten. Insofern war die Erteilung der Spielerlaubnis nie an die Zahlung von Transfersummen geknüpft, egal ob der Spieler aus einem laufenden Vertrag herausgelöst wurde oder vertragsfrei war. Um die wirtschaftliche Situation kränkelnder Clubs zu verbessern, hat der DFB früher sogar eine Zeit lang Transferauflagen erteilt, nach denen sich ein betroffener Club nicht ohne weiteres weiter verstärken konnte oder sich umgekehrt veranlasst sah, Spieler zu anderen Clubs zu transferieren. Der unstrittige Vorrang der Freizügigkeit von Arbeitnehmern hat die Spielräume des Verbandes jedoch so stark eingeengt, dass diese Form der Regulierung der Clubs wieder aufgegeben wurde.

Es gibt aber, dies als kleiner Einschub, auch weiterhin verbandsrechtliche Vorgaben bei Zahlungen aufgrund von Spielerwechseln: Durch Erlass des neuen Transferreglements der FIFA werden bei Transfers vertragsfreier Spieler unter 23 Jahren unter bestimmten Bedingungen künftig Ausbildungsentschädigungen fällig, deren Höhe durch Richtwerte vorgegeben wird (FIFA 2002). Weltweit alle Clubs werden in die 6 Kontinentalverbände und dort je nach Ligazugehörigkeit in bis zu 4 Kategorien eingruppiert, für die bestimmte Entschädigungssummen vorgegeben sind.

Bei allen Schwierigkeiten im Detail, die sich aus den neuen Bestimmungen der FIFA ergeben und einer Lösung harren, soll ein einfaches Rechenbeispiel das Konzept illustrieren. Für jedes Jahr der in der Phase von 12–21 Jahren durchlaufenen Ausbildung in einer Jugendmannschaft wird eine Entschädigung fällig. Wechselt ein junger Spieler, der im Alter von 12 Jahren in der D-Jugend-Mannschaft von Bayern München anfing und diesem Club bis zum Alter von 22 Jahren erhalten blieb, zu Inter Mailand, dann geht es um einen Transfer zwischen zwei Clubs der 1. Kategorie Europas, bei dem die Höchstzahl von 9 Ausbildungsjahren abzugelten ist. Für die ersten drei Jahre (12–15 Jahre) sind je 10 T € zu erstatten, für die folgenden sechs Jahre je 90 T €, insgesamt beträgt die Ausbildungsentschädigung 570 T € unter der Voraussetzung, dass der Spieler in Mailand seinen ersten Profi-Vertrag unterschreibt, also als Amateur wechselt. In der DFL wird gerade an einer Sammlung von Fall- und Rechenbeispielen gearbeitet, um die zahlreichen Facetten auszuloten, die bei der Umsetzung des neuen Reglements noch einer Klärung bedürfen.

Dagegen sind Transferentschädigungen, die bei vorzeitiger Vertragsaufhebung eines Nicht-Amateurs an den abgebenden Club gezahlt werden, auch weiterhin im Grundsatz der Höhe nach frei verhandelbar.

Auf die aus Sicht des Praktikers spannende Frage, ob die häufig hohen Anschaffungsnebenkosten, insbesondere der Aufwand für Spielervermittler, gemäß der früher geltenden Begründung aktiviert werden durften oder seit jeher eine sofort absetzbare Betriebsausgabe darstellen, geht LITTKEMANN nicht näher ein. Hier wird immer debattiert, ob alle Nebenkosten bilanziell genauso zu behandeln sind wie die Anschaffung selbst. Eine im April 2002 stattgefundene Tagung des Steuer- und Wirtschaftsausschusses des DFB mit den für Finanzen zuständigen Vertretern der 36 Clubs zeigte, dass diese Frage im Alltag der Lizenznehmer bis heute relevant ist, nicht nur als Gegenstand bilanzpolitischer Entscheidungen der Clubmanager, sondern auch als Konfliktstoff bei deren anschließender Überprüfung durch die Finanzbehörden.

Als Anpassungsreaktion auf das Bosman-Urteil gibt es laut LITTKEMANN einen Trend zum Abschluss langfristigerer Verträge. Diese Behauptung (a.a.O., 84, 88) und die Frage, ob als Folge des Wegfalls des alten Transfersystems die Spielerfluktuation zugenommen hat, sind interessante, empirisch zu untersuchende Punkte, zu denen SWIETER (2002, 99 ff.) einige neuere Daten liefert. Nach unserer Aktenlage ebbt der Trend zu langfristigeren Verträgen mit Spielern allerdings wieder ab, wenn es ihn überhaupt je gab.

3   Die Position der Lizenzierungsinstanz DFL

Eine interne Auswertung der DFL zum Stichtag 31. 12. 2001 ergab, dass nur ein Drittel der Bundesliga-Clubs und zwei Zweitligisten ihre Transferzahlungen nicht aktivieren. Diese 8 von insgesamt 36 Clubs schreiben ihren Transferaufwand demnach sofort ab, was nach LITTKEMANN nicht nur handels- und steuerrechtlich geboten ist, sondern auch im Interesse von Eigen- und Fremdkapitalgebern liege (a.a.O., 97). Folgerichtig lautet seine Forderung an den BFH, die bis heute unangetastete Rechtsprechung von 1992 zugunsten der Sofortabschreibung von Transferzahlungen zu ändern. Die von LITTKEMANN (a.a.O., 90) erwähnte Analogie zur Abfindung bzw. Kompensation eines bisherigen Arbeitgebers im Falle vorzeitiger Aufhebung eines Arbeitsvertrages, die im normalen Wirtschaftsleben natürlich auch nicht beim neuen Unternehmen des Arbeitnehmers aktiviert würde, ist hier sehr überzeugend.

Kann LITTKEMANNs Präferenz für Sofortabzug ohne weiteres beigepflichtet werden? Aus Sicht der Adressaten der Rechnungslegung wäre zunächst zu prüfen, ob durch planmäßige Abschreibungen des Transferaufwandes „geglättete" Jahresergebnisse eine höhere Aussagekraft als durch Sofortabschreibung in der Regel stark schwankende Ergebnisse besitzen. Kapitalgeber könnten dies anders beurteilen als Finanzämter, die dies vor allem abhängig von der Zulässigkeit steuerlicher Ergebnisvor- und -rückträge sehen. Und zurecht erwähnt LITTKEMANN die mit dem Sofortabzug von Aufwand viel schneller drohende Gefahr der bilanziellen Überschuldung (a.a.O., 86), die betroffene Clubs zur Erstellung eines Überschuldungsstatus im Jahresabschluss zwingen würde. Es gibt auch Stimmen, die im Falle eines Aktivierungsverbots „aus psychologischen Gründen" eine Reduzierung der gezahlten Transfersummen vermuten. Ob davon aber gerade die bedürftigen Clubs profitieren würden, erscheint angesichts der Gravitation von Spieltalent von finanzschwachen zu finanzstarken Clubs (MÜLLER 2002, 161 f.) fraglich.

Zudem weisen weder die noch als Vereine verfassten Clubs, die schwächere Anreize zur Gewinnerzielung haben, noch viele der zwischenzeitlich in Kapitalgesellschaften umgewandelten Clubs bisher (regelmäßig) hohe Jahresüberschüsse aus. Dies gilt unabhängig von ihrer Rechtsform auch für die Clubs in England, Italien, Spanien usw., so dass die branchenspezifischen Rahmenbedingungen für die unbefriedigende Profitabilität vieler Anbieter im Teamsport ausschlaggebend sein dürften. Insofern ist der von LITTKEMANN angeführte Verzicht auf „Steueraufschiebungseffekte" (a.a.O., 95) als ein bei der Aktivierung von Transferentschädigungen in Kauf genommener Nachteil der Clubs ein eher theoretisches oder in Sonderfällen relevantes Argument. Daraus ergibt sich auch, dass der von LITTKEMANN vermutete stillschweigende „Deal" zwischen bezahltem Fußball und Finanzbehörden (a.a.O., 96) in Wirklichkeit nicht existiert. Uns ist vielmehr bekannt, dass Betriebsprüfer einen Sofortabzug des Transferaufwandes als Gewinnverkürzung verstehen und deshalb auf Aktivierung bestehen, obwohl ein Club aufgrund seiner speziellen Ergebnissituation in einer bestimmten Rechnungsperiode für einen Wechsel seiner Bilanzierungsmethode optiert, um auf diese Weise nicht zuletzt steuerliche Optimierungsspielräume zu nutzen.

Insgesamt gilt, dass es aus Sicht der DFL Deutsche Fußball Liga GmbH als Lizenzgeber keine Rolle spielt, ob die Clubs ihren Transferaufwand aktivieren oder sofort abschreiben. Dies liegt auch daran, dass nicht die Vermögensverhältnisse der Clubs Grundlage für Lizenzierungsentscheidungen sind, sondern deren durch Planrechnungen nachgewiesene Liquidität bis zum Ende der kommenden Spielzeit. Details hierzu lassen sich der Lizenzierungsordnung der DFL entnehmen, nachlesbar im Internet unter www.bundesliga.de.

Inwieweit die von einigen Fachleuten angenommene Verdrängung des deutschen Handelsrechts durch internationale Rechnungslegungs-Standards (IAS, US-GAAP) hier eine neue Situation herbeiführen wird, bleibt abzuwarten. Zuvor müsste u.a. erst Klarheit darüber geschaffen werden, nach welchem Verfahren das als Basis der Steuerbemessung dienende Jahresergebnis zu berechnen wäre. Hinzu kommt, dass ein Abrücken von der vorsichtigen, dem Gläubigerschutz verpflichteten deutschen Bilanzierungspraxis zugunsten einer kurzfristigeren, optimistischeren und scheinbar anlegerfreundlicheren Darstellung der Vermögens- und Ertragslage längst nicht mehr so populär scheint wie noch im Jahr 2000. In Bezug auf Fußball-Unternehmen in ihrem spezifischen Wettbewerbsumfeld wäre einer solchen Akzentverschiebung aus Ligasicht eher zurückhaltend zu begegnen, ungeachtet der Tatsache, dass eine geänderte Rechnungslegung keine optimistischeren Liquiditätsberechnungen durch den Lizenzgeber (Schema im Internet nachlesbar) nach sich ziehen dürfte.

Das als Spielervermögen bezeichnete immaterielle Anlagevermögen eines Clubs reflektiert naturgemäß nicht den Marktwert seines Spielerkaders, sondern „nur" die planmäßig abgeschriebenen Anschaffungskosten entgeltlich von anderen Vereinen verpflichteter Spieler. „Signing fees" bzw. Handgelder, bei Vertragsschluss oder Vertragsverlängerung fällige Gehaltszahlungen, die häufig von vertragsfreien Spielern durchgesetzt werden können, sind dagegen nie in dieser Summe enthalten, sondern laufender Personalaufwand. Neben dem Umstand, dass die Clubs unterschiedlich viele selbst ausgebildete Spieler unter Vertrag halten, und neben der Tatsache, dass der Wertansatz keine Aussage über die Vertragsdauer von Dritten nachgefragter Spieler (und damit über mögliche Schadenersatzzahlungen im Falle eines vorzeitigen Weggangs des Spielers) zulässt, sind die nicht aktivierbaren Gehaltszahlungen ein weiteres Argument dafür, dass die Bilanzposition „Spieler" an sich keine verwertbare Aussage über den Wert der bei einem Club unter Vertrag stehenden Spieler erlaubt. Letztlich lässt jede Form der Rechnungslegung wichtige Aspekte unbeachtet. Denn der tatsächliche Marktwert des Spielervermögens eines Clubs hängt weder von gezahlten Transferentschädigungen noch von tatsächlich geleisteten Ausbildungskosten für die Eigengewächse in der Mannschaft ab, sondern allein von der Performance der Spieler vor dem Hintergrund der Laufzeit und für den Fall der vorzeitigen Vertragsauflösung eventuell vereinbarter Klauseln in ihren Arbeitsverträgen.

Unter den Protagonisten der Bundesliga wird darüber nachgedacht, die Performance der Spieler künftig durch eine objektivierte einheitliche Bewertung aller Lizenzspieler abzubilden, die sich ein wenig an der „Schwacke-Liste" für Automobile orientiert. Parameter, die in die Bewertung eines Spielers einfließen, könnten z.B. die Spielposition, das Alter und die Anzahl der Berufung in Auswahlmannschaften sein. Aber auch die Marktlage für den jeweiligen Spielertyp soll regelmäßig erhoben werden und in das Berechnungsschema Eingang finden (ZORN 2002).

Den Gedanken vom Ansatz des Spielervermögens zu Marktwerten greift auch die UEFA auf. Die im UEFA-Handbuch zum Lizenzierungsverfahren genannte Bestimmung, wonach demnächst „alle aktivierten Spielerwerte [...] jährlich in Bezug auf eine mögliche Wertbeeinträchtigung („Impairment of Assets") überprüft werden" und ggf. eine außerplanmäßige Abschreibung auf den aktivierten Restbuchwert (Teilwertabschreibung) vorzunehmen ist, greift einen Teil der genannten Mängel auf, ohne allerdings konkrete Hilfestellungen für die Praxis zu geben. Wie Clubs und ihre Wirtschaftsprüfer in Zukunft „bei Verletzungen, Leistungseinbrüchen usw. [...] entsprechende Wertkorrekturen" (UEFA 2002, 119) im Spielervermögen eines Clubs durch außerplanmäßige Abschreibungen berücksichtigen sollen, ist noch ungeklärt. Die dort angeregte Berechnung des „Nutzwertes" jedes einzelnen Spielers im Sinne seines Wertgrenzproduktes hilft dem Praktiker auch nicht weiter, solange keine zusätzlichen Berechnungshilfen angeboten werden. Originär erworbenes Spielervermögen, also selbst ausgebildete Spieler, kann auch nach diesen neuen Bestimmungen nicht aktiviert werden. Inwieweit für Clubs in Ländern mit entsprechenden Spielräumen der Rechnungslegungs-Standards im Falle einer nur vorübergehenden Wertminderung auch Zuschreibungen im Spielervermögen möglich sind oder stille Reserven entstehen, ist noch nicht bekannt.

4   Die Transfergeschäfte der Bundesliga-Clubs in Zahlen

Die folgenden Darlegungen sollen einen Eindruck davon geben, über welche Vermögensmasse der Clubs wir im Zusammenhang mit den aktivierten Wertansätzen sprechen und welche Einnahmen aus Transfers diesen Ausgaben gegenüberstehen. Der Überblick soll einem interessierten Kreis Datenmaterial zur Verfügung stellen, eine Interpretation der Zahlen wird durch den Autor hier nicht vorgenommen. Neueres Zahlenmaterial zu Transfers, das die nachfolgenden Tabellen teilweise ergänzt, finden sich in der Studie der WGZ-BANK (2002, 68 ff.)

Eine Analyse der Bilanzen zum 31. 12. 2001 zeigt, dass die aktivierten „Spielerwerte" unter den Clubs stark streuen, und zwar sowohl innerhalb der beiden Lizenzligen als auch vor allem dazwischen.

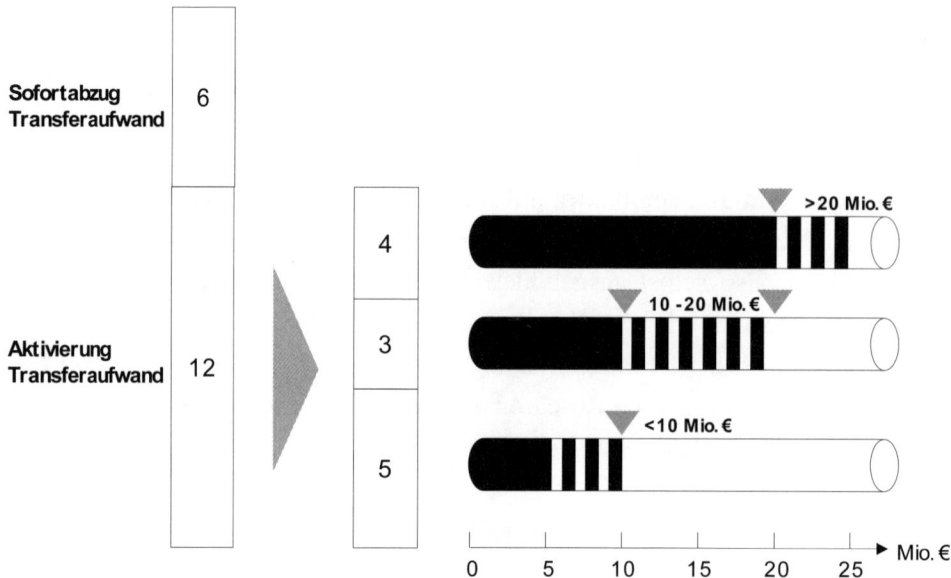

Abbildung 1: Spielervermögen von 12 Bundesliga-Clubs in Mio. €

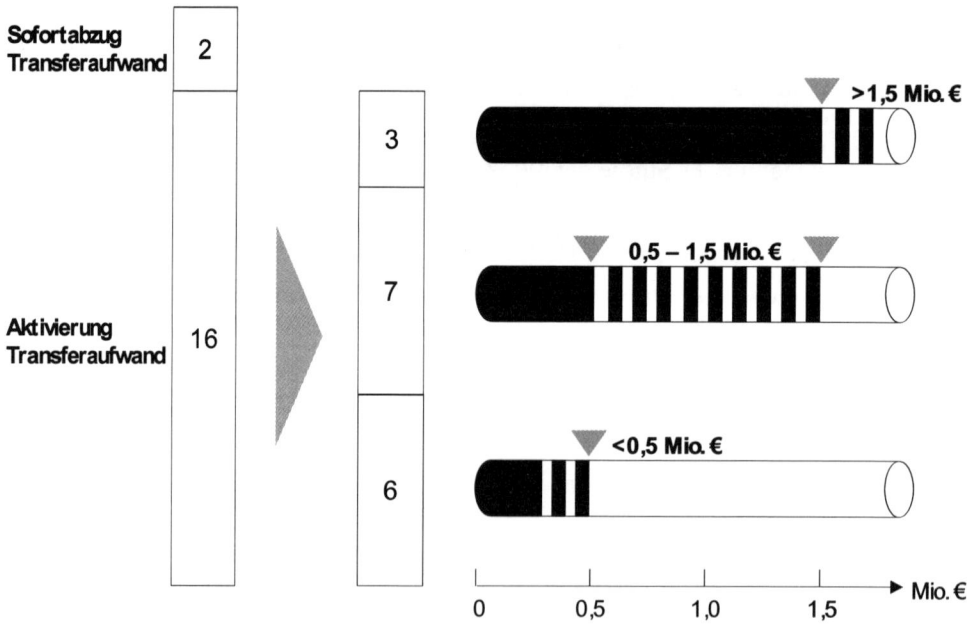

Abbildung 2: Spielervermögen von 16 Clubs der 2. Bundesliga in Mio. €

Die 12 Bundesliga-Clubs schrieben in der Spielzeit 2000/2001 im Schnitt 5,2 Mio. Euro und in der ersten Hälfte der Spielzeit 2001/2002 3,8 Mio. Euro auf ihr aktiviertes Spielervermögen (Afa) ab. Der durchschnittliche Transferaufwand für die Saison 2001/2002 kann zwar noch nicht exakt beziffert werden, doch dürfte er angesichts der Halbjahreszahl bei knapp 8 Mio. Euro liegen. Hinzu kommen durchschnittlich rund 0,6 Mio. Euro sonstiger Transferaufwand je Club, die sofort abgeschrieben werden. Hierunter fallen Provisionen für Spielervermittler und Kosten für Spielerbeobachter, wenn sie unter dieser Position ausgewiesen werden. Die an dieser Stelle vorkommende unterschiedliche Handhabung wurde bereits angesprochen. Die Abschreibungen der 16 Clubs der 2. Bundesliga betragen im Schnitt 1,0 Mio. Euro sowohl in der Spielzeit 2000/2001 als auch in 2001/2002 und nur ein Bruchteil der Summe der Erstligisten. Dies ist nicht überraschend, wenn, wie Abbildung 2 zeigt, nur 3 Clubs ein Spielervermögen von mehr als 1,5 Mio. € aktiviert haben.

Der durchschnittliche Aufwand der 6 Erstligisten, die ihren Transferaufwand sofort abschreiben, beträgt in der Saison 2001/2002 rund 7,5 Mio. Euro. Für die beiden Zweitligisten schlagen im gleichen Zeitraum 0,1 Mio. Euro zu Buche. Diese Zahlen belegen, dass über die gesamte Liga betrachtet die Transferausgaben unabhängig von der Methode ihres Ausweises eine in etwa gleich hohe Ergebniswirkung erzeugen.

Abschließend wird die Transfertätigkeit der Bundesliga-Clubs in den fünf Spielzeiten 1996/97 bis 2000/01 für Bundesliga und 2. Bundesliga getrennt aus drei Blickwinkeln dargestellt:

1. auf Basis der absoluten Beträge

2. des Saldos der Transfereinnahmen und -ausgaben unter Hinausrechnung des ligainternen Handels

3. und schließlich rein numerisch die Anzahl der Transfers aufgefächert in Transfers mit Entschädigungszahlungen und in ablösefreie Transfers.

Bundesliga

Tabelle 1: Transferausgaben der Bundesliga-Clubs fließen ...

T€	1996/97	1997/98	1998/99	1999/00	2000/01
... in die Bundesliga	24.353	28.414	28.462	33.298	9.706
... in die 2. Bundesliga	6.815	2.787	11.564	22.287	10.865
... zu den Amateuren	3.647	1.879	226	848	2.591
... ins Ausland	48.563	83.580	93.641	82.543	85.907
Summe	83.378	116.660	133.893	138.976	109.069

Tabelle 2: Transfersaldo Bundesliga

T€	1996/97	1997/98	1998/99	1999/00	2000/01
Bundesliga intern	24.353	28.414	28.462	33.298	9.706
Einnahmen von 2. BL, Amateure, Ausland	31.396	50.137	55.882	14.940	41.709
Ausgaben für 2. BL, Amateure, Ausland	59.025	88.246	105.431	105.678	99.363
5.1 Saldo aus 2. BL, Amat., Ausl.	-27.629	-38.109	-49.549	-90.738	-57.654

Tabelle 3: Anzahl der Transfers 2000/2001 von der Bundesliga ...

	Gesamt	Mit Entschädigung	Ohne Entschädigung
... in die Bundesliga	31	19 (61,3%)	12 (38,7%)
... in die 2. Bundesliga	32	22 (68,8%)	10 (31,2%)
... zu den Amateuren	2	0 (0,0%)	2 (100,0%)
... ins Ausland	50	20 (40,0%)	30 (60,0%)
Summe	**115**	61 (53,0%)	54 (47,0%)

2. Bundesliga

Tabelle 4: Transferausgaben der Zweitliga-Clubs fließen...

T€	1996/97	1997/98	1998/99	1999/00	2000/01
... in die Bundesliga	5.227	2.603	5.488	3.813	3.205
... in die 2. Bundesliga	2.039	1.190	2.312	5.347	2.235
... zu den Amateuren	2.336	1.297	1.456	1.749	2.489
... ins Ausland	2.803	4.831	9.924	6.220	2.710
Summe	12.405	9.921	19.180	17.129	10.639

Tabelle 5:Transfersaldo 2. Bundesliga

T€	1996/97	1997/98	1998/99	1999/00	2000/01
2. Bundesliga intern	2.039	1.190	2.312	5.347	2.235
Einnahmen von BL, Amateure, Ausland	11.571	6.291	20.207	23.764	11.928
Ausgaben für BL, Amateure, Ausland	10.366	8.731	16.868	11.782	8.404
Saldo aus BL, Amat., Ausland	1.205	-2.440	3.339	11.982	3.524

Tabelle 6: Anzahl der Transfers 2000/2001 von der 2. Bundesliga ...

	Gesamt	Mit Entschädigung	Ohne Entschädigung
... in die Bundesliga	23	12 (52,2%)	11 (47,8%)
... in die 2. Bundesliga	26	16 (61,5%)	10 (38,5%)
... zu den Amateuren	8	4 (50,0%)	4 (50,0%)
... ins Ausland	38	12 (31,6%)	26 (68,4%)
Summe	95	44 (46,3%)	51 (53,7%)

Ausland

Tabelle 7: Transferausgaben ausländischer Clubs fließen ...

T€	1996/97	1997/98	1998/99	1999/00	2000/01
... in die Bundesliga	26.169	47.534	50.394	11.127	38.504
... in die 2. Bundesliga	4.756	3.504	8.643	1.477	1.063
Summe	30.925	51.038	59.037	12.604	39.567

Tabelle 8: Transfersaldo Ausland

T€	1996/97	1997/98	1998/99	1999/00	2000/01
Einnahmen aus BL, 2. BL	51.366	88.411	103.565	88.763	88.617
Ausgaben für BL, 2. BL	30.925	51.038	59.037	12.609	39.567
Saldo aus BL, 2. BL	20.441	37.372	44.528	76.158	49.050

Tabelle 9: Anzahl der Transfers 2000/2001 vom Ausland ...

	Gesamt	Mit Entschädigung	Ohne Entschädigung
... in die Bundesliga	66	52 (78,8%)	14 (21,2%)
... in die 2. Bundesliga	41	28 (68,3%)	13 (31,7%)
Summe	**107**	**80 (74,8%)**	**27 (25,2%)**

Die tabellenförmige Darstellung der Transfertätigkeit zeigt u.a., dass der Lizenz-fußball in den beobachteten Spielzeiten ein „Außenhandelsdefizit" erwirtschaftet hat. Somit ist Deutschland ein Spielerimportland. Außerdem fällt auf, dass die Ergebniswirkung der Transfertätigkeit in den beiden höchsten deutschen Spielklas-sen unterschiedlich aussieht. Während die Bundesliga in jeder der fünf Spielzeiten höhere Ausgaben als Einnahmen zu verzeichnen hat, konnte die 2. Bundesliga in den letzten drei Spielzeiten einen Überschuss aus Transfertätigkeit erzielen.

Interessant ist auch das für die Spielzeit 2000/2001 ermittelte Verhältnis von Trans-fers mit Entschädigungszahlungen und solchen, die ohne Ablöse stattgefunden haben. Anzumerken ist, dass Transfers mit Amateurclubs hierbei nicht berücksichtigt werden.

Tabelle 10: Anzahl der Transfers 2000/2001

	Gesamt	Mit Entschädigung	Ohne Entschädigung
Innerhalb Lizenzfußball	112	69 (61,6%)	43 (38,4%)
Vom Lizenzfußball ins Ausland	88	32 (36,4%)	56 (63,6%)
Vom Ausland in den Lizfußball	107	80 (74,8%)	27 (25,2%)
Summe	**307**	**181**	**126**

Die Zahlen für den Handel innerhalb des Lizenzfußballs zeigen, dass knapp 40% aller Transfers ohne Zahlung einer Transferentschädigung vollzogen wurden. Im 5. Jahr nach Bosman wurden demnach in der Mehrzahl der Fälle des Binnenhandels Spieler aus laufenden Verträgen herausgelöst. Dies könnte prima facie als Anhaltspunkt für längere Vertragslaufzeiten interpretiert werden, aber genauso für gestiegene Mobilität des Produktionsfaktors unabhängig von der dafür institutionalisierten Verteilung der Verfügungsrechte.

Die Auswertung der wechselseitigen Beziehungen zwischen Lizenzfußball und Ausland bekräftigt die oben gemachte Feststellung eines Außenhandelsdefizits des Lizenzfußballs. Während 64% aller Spielerwechsel vom Lizenzfußball ins Ausland ablösefrei blieben, sind für nahezu 75% der Spieler, die aus dem Ausland in den Lizenzfußball kamen, Entschädigungen gezahlt worden.

5 Fazit

Zusammenfassend bleibt festzuhalten, dass Transfers auch nach Bosman eine wichtige Rolle für die Finanzierung der Clubs spielen. Zum einen geht es darum, die Mittel aufzubringen, die bei der Verpflichtung eines Spielers gezahlt werden müssen, zum anderen können Transfererträge Bedeutung für die Gesamterlöse eines Clubs haben. Die Besonderheit, dass die Wanderungen der wichtigsten Human-

kapitallieferanten im Zahlenwerk der Fußball-Unternehmen eine so große Berücksichtigung finden, dürfte auch für die nächsten Jahre charakteristisch für die Branche bleiben.

Literatur

DIETL, H./ FRANCK, E. (2002): Zur Effizienz von Transferrestriktionen im euro-
    päischen Profifußball, Working Paper No. 11, Lehrstuhl für Unternehmens-
    führung und -politik der Universität Zürich.

FIFA (2002): Zirkular Nr. 826: Überarbeitetes FIFA-Reglement bezüglich Status
    und Transfer von Spielern – Ausbildungsentschädigung. Zürich.

JANSEN, R. (1992): Zur Aktivierung von Transferentschädigungen nach den Vor-
    schriften des Lizenzspielerstatuts des Deutschen Fußball-Bundes In:
    Deutsches Steuerrecht 30, 1785-1789.

LITTKEMANN, J./ SCHAARSCHMIDT, P. (2002): Probleme der bilanziellen Behand-
    lung von Transferentschädigungen in der Fußball-Bundeslig. In: SCHEWE, G./
    LITTKEMANN, J. (Hrsg.): Sportmanagement – Der Profi-Fußball aus sportöko-
    nomischer Perspektive. Schorndorf, 83-98.

MÜLLER, C. (2002): Befreiung der Profi-Fußballer von den Fesseln institutionali-
    sierter Kompensationssysteme? Ein Plädoyer für die Zulässigkeit von Spie-
    lerbindungen im Teamsport. In: HORCH, H.-D./ HEYDEL, J./ SIERAU, A.:
    Finanzierung des Sports, Aachen, 147-168.

SCHELLHAAß, H.M./ MAY, F.C. (2002): Die ökonomischen Institutionen des
    Spielermarktes im Fußballsport – Eine Analyse des Fifa-Tansferreglements.
    In: DIETL, H. (Hrsg.): Globalisierung des wirtschaftlichen Wettbewerbs im
    Sport. Schondorf (im Druck).

SÖFFING, A. (1996): Bilanzierung und Abschreibung von Transferzahlungen im
    Lizenzfußball. In: Betriebs-Berater 51, 523-526.

SWIETER, D. (2002): Eine ökonomische Analyse der Fußball-Bundesliga. Berlin.

UEFA (2002): Handbuch Uefa-Klublizenzierungsverfahren, Version 1.0 D. Nyon.

WGZ-BANK (2002): FC €uro AG – Analyse der börsennotierten europäischen Fuß-
    ballunternehmen – Entwicklung und Chancen des deutschen Fußballmarktes.
    Düsseldorf.

ZORN, R. (2002): Die große Finanznot macht die Liga erfinderisch. In: Frankfurter
    Allgemeine Zeitung vom 13. 11. 2002.

Institutionen und ihr Einfluss auf Produktionseffizienz im Profi-Fußball

Dieter J. Haas

Zusammenfassung

Mittels Data Envelopment Analysis wird die Produktionseffizienz von Fußballmannschaften in der deutschen Bundesliga und der US-amerikanischen Major League Soccer untersucht. Dabei werden die in diesen Ligen gänzlich unterschiedlichen institutionellen Gegebenheiten zum Anlass genommen, zu untersuchen, ob und wenn ja, welchen Einfluss institutionelle Arrangements auf die Produktionseffizienz haben. Als Inputs im Produktionsprozess der Mannschaften werden Spieler- und Trainergehälter herangezogen und Outputs sind die erspielten Punkte, die Stadionauslastung und der Jahresumsatz. Die Ergebnisse weisen klare Unterschiede zwischen den betrachteten Ligen auf, wofür in erster Linie institutionelle Faktoren verantwortlich zeichnen.

1   Einleitung

In Europa hat der professionelle Fußballsport in den letzten Jahren enorm an wirtschaftlicher Bedeutung gewonnen und entsprechend wurden auch strukturelle Veränderungen – besonders bei den Klubs – notwendig. Zu diesen Veränderungen zählen beispielsweise die Umwandlung von Vereinen in Aktiengesellschaften, Änderungen beim Verkauf von Übertragungsrechten und Verschiebungen bei der Einnahmenstruktur und -höhe der Fußballklubs. Bayern München beispielsweise, das wirtschaftlich erfolgreichste Team der letzten Jahre, erwirtschaftete in der Saison 2000/01 einen Umsatz von mehr als 150 Mio. €.

In einem derartigen Umfeld, in dem Fußballklubs von der Mitarbeiterzahl und der Höhe der finanziellen Transaktionen her die Größe eines mittleren Unternehmens erreichen und mitunter Aktionären gegenüber verantwortlich sind, drängen sich folgende Fragen auf: „Spielen Mannschaften mit offensichtlich schlechteren Ausgangsbedingungen durch geringere Budgets, schlechtere Spieler oder unerfahrene Trainer über ihren Möglichkeiten?", „Welche Mannschaften hätten mit den ihnen zur Verfügung stehenden Ressourcen mehr erreichen müssen?" und „Um wie viel war bei erfolglosen Mannschaften der Inputeinsatz zu hoch oder der Output zu gering?" Diese Fragen stellen sich nicht nur viele Fans, die aufgrund der Klubdispositionen eine gewisse Erwartungshaltung gegenüber der Leistung ihres Lieblingsvereins haben und die mitunter enttäuscht werden. Derartige Fragen sind auch von ökonomischer Relevanz, da sie auf die relative Leistungsfähigkeit von Mannschaften und deren tatsächlich gezeigte Leistungen abstellen und letztlich mit einem der zentralsten ökonomischen Konzepte, jenem der Produktionseffizienz, zu beantworten sind.

Effizienzbezogene Fragestellungen auf der Ebene einzelner Mannschaften sind in einer Reihe von Arbeiten abgehandelt worden (vgl. DOBSON und GODDARD (2001) oder DIETL und FRANCK (2000). Darüber hinaus sind im Bereich des Teamsports Arbeiten aus institutionenökonomischer Perspektive und über die Differenzen zwischen dem nordamerikanischen und dem europäischen Spitzensport (vgl. FORT (2000) sowie SZYMANSKI und HOEHN (1999) zu finden. In der vorliegenden Arbeit wird versucht, anhand von Mannschaften aus zwei Fußball-Profi-Ligen mit jeweils unterschiedlichen institutionellen Rahmenbedingungen, dem Einfluss von Institutionen[1] auf die Produktionseffizienz nachzugehen. Dazu wird auf Basis von Input- und Outputdaten einzelner Mannschaften aus der jeweils obersten Spielklasse in Deutschland und den USA, die tatsächliche Performance einer Mannschaft mit ihrem Potential verglichen und auftretende Diskrepanzen als Ineffizienz ausgelegt.

Im Gegensatz zu einigen anderen Arbeiten (vgl. HOFLER und PAYNE 1996, 1997) in diesem Bereich, die stochastische Produktionsgrenzenmodelle basierend auf Produktionsfunktionen verwenden, kommt in der vorliegenden Untersuchung eine deterministische Produktionsgrenzen-Technik – genannt Data Envelopment Analysis (DEA) – zur Anwendung.[2] DEA erscheint im Kontext als besonders geeignet und vorteilhaft, da sie die Berücksichtigung mehrerer Inputs und Outputs in den Berechnungen erlaubt und a priori keine Annahmen bezüglich des funktionalen Zusammenhangs zwischen Inputs und Outputs in der Produktion zu treffen sind.

Für die Verwendung von DEA als Untersuchungsmethode in der vorliegenden Arbeit spricht des Weiteren die Berücksichtigung von Outputs für die keine Märkte existieren und sich daher auch keine Marktpreise bilden können. DEA wird deshalb

---

[1]   Institutionen werden in dieser Arbeit als Regeln verstanden, die Einfluss auf das menschliche Handeln haben. Vgl. FRANCK (1995), S. 1.

[2]   Unter den wenigen Arbeiten, die diese Methode im Sport verwenden sei auf ANDERSON und SHARP (1997); SUEYOSHI et al. (1999) sowie HAAS et al. (2001) verwiesen.

für die Beantwortung folgender Fragen herangezogen: „Wie effizient produzieren Fußballmannschaften?", „Sind vor dem Hintergrund unterschiedlicher institutioneller Rahmenbedingungen Unterschiede bei der Produktionseffizienz von Fußballmannschaften feststellbar?" Des Weiteren wird der Frage nachgegangen, ob es einen systematischen Zusammenhang zwischen Effizienz und dem Tabellenplatz am Ende einer Saison in den untersuchten Ligen gibt.

Um diese Fragen beantworten zu können, ist die vorliegende Arbeit folgendermaßen gegliedert: Zunächst erfolgt die Erläuterung der institutionellen Rahmenbedingungen in den untersuchten Ligen. Abschnitt 3 stellt das verwendete DEA-Modell vor, gefolgt von der Darstellung der Datenbasis in Abschnitt 4. In Abschnitt 5 werden die Ergebnisse präsentiert. Der Beitrag schließt mit einer Zusammenfassung in Abschnitt 6.

2 Institutionelle Rahmenbedingungen in den betrachteten Ligen

Obwohl Fußball eine hochstandardisierte Sportart ist, die überall auf der Welt grundsätzlich gleichen (Spiel)Regeln folgt, sind die institutionellen Rahmenbedingungen in den untersuchten Ligen derart unterschiedlich, dass sie in diesem Abschnitt kurz vorgestellt werden sollen. Institutionelle Rahmenbedingungen im professionellen Fußball umfassen zum einen die Organisation der Liga als Veranstalter der nationalen Meisterschaft mit den durch sie aufgestellten Regeln; zum anderen die Struktur des sportlichen Wettbewerbs an sich und letztlich auch die interne Organisation der teilnehmenden Fußball-Mannschaften.

In der deutschen Bundesliga werden unter den 18 teilnehmenden Mannschaften in 34 Runden der Meister, drei zusätzliche Champions League-Teilnehmer und zwei UEFA-Cup-Teilnehmer am oberen Ende der Tabelle ermittelt. Die am unteren Ende der Abschlusstabelle befindlichen drei Mannschaften müssen in die nächstniedrige Liga absteigen und werden durch die stärksten drei Mannschaften der zweiten Bundesliga in der kommenden Saison ersetzt. Die ersten sechs, für die entsprechenden europäischen Klubbewerbe qualifizierten Mannschaften, bestreiten in der darauf folgenden Saison parallel zur heimischen Meisterschaft Spiele gegen andere europäische Spitzenteams. Daneben bestreiten alle Bundesligisten einen nationalen Cup-Bewerb und während der Winterpause auf freiwilliger Basis verschiedene Hallenturniere, wobei letztere eher Show-Charakter haben und sportlich wie auch finanziell eine untergeordnete Rolle spielen.

Von der Major League Soccer (MLS) wurden bei ihrer Gründung im Jahr 1996 zehn Lizenzen für diese höchste Freiluft-Fußballliga in den USA ausgegeben. Diese Lizenzen beinhalten für den Inhaber das Recht, eine Mannschaft in die MLS zu entsenden, ohne jemals der Gefahr des Abstiegs ausgesetzt zu sein. Es gibt also keine Relegation/Promotion, sondern man hat sich andere amerikanische Profi-Ligen zum Vorbild genommen und eine hermetische Liga mit handelbaren Lizenzen eingerichtet (vgl. www.us-soccer.com). Die MLS, die mittlerweile auf 12 Mannschaften ausgeweitet wurde, ist im Grunddurchgang in drei „Conferences" eingeteilt, deren Sieger zusammen mit den fünf über alle Conferences hinweg punktebesten Mannschaften später in eine „play-off"-Phase eintreten; für alle anderen Mannschaften endet die Saison nach diesem Grunddurchgang. Im Grunddurchgang bestreitet jede Mannschaft Spiele innerhalb der eigenen Conference und gegen jede Mannschaft der anderen Conferences, sodass am Ende des Grunddurchganges 32 Runden ausgetragen sind. Unmittelbar danach folgen die „play-offs" mit Viertel- und Semifinale in Form einer „best-of-three"-Serie und ein Finalspiel um die Meisterschaft. Neben der Meisterschaft bestreiten die Teams der MLS noch den U.S. Open Cup.[3] Internationale Klub-Wettkämpfe werden hingegen in den USA nicht durchgeführt, wodurch es nicht zu einer in Europa üblichen Drei- oder sogar Vierfachbelastung innerhalb einer Saison (mit dem entsprechenden Umsatz- und Erlöspotential für die teilnehmenden Mannschaften) kommt.

Nach diesem kurzen Überblick über die Organisation der Wettbewerbe, an denen die untersuchten Mannschaften teilnehmen, wird im Folgenden vor allem auf jene Regeln eingegangen, denen ein Einfluss auf die Produktionseffizienz unterstellt wird.

2.1 Das Relegationssystem

Einer der wesentlichen institutionellen Unterschiede zwischen dem europäischen und US-amerikanischen Profi-Sport besteht in der Notwendigkeit der sportlichen Qualifikation für europäische Ligen. Will man in Europa professionelle Fußball-Unterhaltung anbieten, muss man ganz unten in der Ligenhierarchie beginnen und sich auf Basis der sportlichen Leistungen emporarbeiten (vgl. FRANCK, 1995,

---

[3] Darüber hinaus existiert in den USA noch eine eigene Indoor-Liga, mit der die hier untersuchten Mannschaften allerdings nichts zu tun haben und eine Reihe weiterer (Amateur)-Ligen, die dem Aufbau junger Talente dienen.

S. 102). Darüber hinaus ist es europäischen Klubs nicht gestattet den Produktions-
standort frei zu wählen.[4]

Sowohl das Relegationssystem als auch die Beschränkung der Absatzmärkte haben
potentiell Einfluss auf die Produktionseffizienz von Fußball-Mannschaften – wenn
auch in unterschiedlicher Richtung. Der Effekt des Relegationssystems könnte sein,
dass durch die drohende Sanktion des Abstiegs – wodurch ein Großteil des Kapitals
einer Mannschaft im weitesten Sinne vernichtet und ihr Erlöspotential enorm reduziert würde – der Anreiz, möglichst nahe an der Produktionsgrenze zu produzieren
und damit möglichst effizient in der Ressourcenausnutzung im Vergleich zu den
Konkurrenten zu sein, als groß einzuschätzen ist. Das fehlende Umzugsrecht wirkt
vermutlich nicht positiv auf die technische (wie auch die in dieser Arbeit unberück-
sichtigte allokative) Effizienz von Mannschaften, da durch das Relegationssystem
immer wieder „Minimärkte" wie Freiburg oder Bielefeld hervorgebracht und
Mannschaften gezwungen werden in diesen kleinen Heimmärkten zu operieren
(vgl. FRANCK, 1995, S. 116). In den USA übliche handelbare Lizenzen würden hingegen dazu beitragen, die technische, allokative und auch die Skaleneffizienz mancher Provinzvereine zu erhöhen. Gleichfalls ist zu vermuten, dass Klubs durch die
Möglichkeit der Abwanderung eine stärkere Verhandlungsmacht gegenüber der
jeweiligen Stadtverwaltung hätten, die in der Regel Eigentümer des Stadions ist.
Gäbe es die Möglichkeit mit der Abwanderung aus einer Region zu drohen, würden
Anpassungen an die jeweiligen Bedürfnisse der Klubs seitens der verantwortlichen
Gebietskörperschaft schneller vorgenommen (etwa im Bereich der Stadionkapazi-
tät), wodurch auch die Produktionseffizienz beeinflusst würde.

2.2 Spielertransfer-, Spielerbindungsregeln und Spielerentlohnung

In Deutschland kann jeder beliebige Amateurspieler in die Bundesliga eintreten,
wenn er bereit ist, die Lizenzspielerstatuten des Deutschen Fußballbundes zu unter-
schreiben. Damit kommt er auf die offizielle Transferliste und muss letztlich „nur"
einen Profi-Klub finden, der ihn verpflichten möchte.[5] Zwischen diesem Spieler
und dem jeweiligen Klub wird dann ein Spielervertrag mit einer verhandelbaren

---

[4] Einem Klub aus einer Region mit einem kleinen Einzugsgebiet ist es also nicht möglich in einen
großen, mit professionellem Fußball unterversorgten Markt zu ziehen und dort Bundesliga-
Fußball anzubieten.

[5] Vgl. § 10 und 11 des Deutschen Lizenzspielerstatuts.

Entlohnung auf eine vereinbarte Laufzeit abgeschlossen. Nach Ende der Vertragslaufzeit ist der Spieler kostenlos verfügbar, bei einem Wechsel vor Ablauf des Vertrages ist jedoch vom neuen Klub eine Ablöse an den abgebenden Klub zu zahlen.[6]
Während in Europa junge Fußballtalente prinzipiell von jedem Klub engagiert werden können, müssen sie in allen US-Profisportarten zunächst einmal „gedraftet"
werden. Das bedeutet, dass sie während ihrer Zeit als Amateure nach ihren Fähigkeiten beurteilt und einem Ranking unterzogen werden. Nach dem Ende einer
Saison haben die Teams dann nach dem Inverse-Order-Picking-Verfahren[7] die
Möglichkeit, Spielertalent zu akquirieren und sich die Dienste der Spieler für eine
gewisse Zeit zu sichern. Ebenfalls anders als in europäischen Ligen üblich, werden
in der MLS zum einen die Verträge nicht zwischen einem Spieler und dem entsprechenden Verein, sondern zwischen dem Spieler und der MLS abgeschlossen und
zum anderen gilt eine Gehalts- sowie eine Gehaltssummenobergrenze („salary-
cap"). Entsprechend dieser salary-caps durfte ein MLS-Team in der Saison 2000
nicht mehr als 1,7 Mio. US $ (knapp über 2 Mio. €) für Spielergehälter ausgeben
und das Gehalt eines einzelnen Spielers die Grenze von 225000 US $ (etwa
265000 €)[8] nicht überschreiten. Von dieser Regelung sind pro Team vier Spieler
ausgenommen, die durch spezielle Sponsorverträge ein höheres Gehalt beziehen
können (vgl. www.sover.net/~spectrum/overview.html). Zusätzlich ist auch die Anzahl der Spieler pro Mannschaft durch eine Kaderbeschränkung limitiert, der zu
Folge eine Mannschaft maximal 18 „senior players" – also Profi-Spieler – und fünf
„roster protected players" – im Wesentlichen Nachwuchskräfte – unterhalten darf.
Diese strengen, input-begrenzenden Regelungen beschränken die Auswahl der
Klubs bezüglich der engagierten Spieler und führen so zu vergleichsweise ausgeglichenen Spielergehaltssummen. Dies fällt besonders gegenüber europäischen Ligen
auf, wo Mannschaften – wenn sie über entsprechende finanzielle Ressourcen verfügen – keinerlei zusätzlichen Restriktionen beim Erwerb von Spieltalent und dessen
Entlohnung unterworfen sind.

---

[6]   Dies stellt eine europaweit gültige Regelung nach dem so genannten Bosman-Urteil vom
      15.12.1995 (Aktenzahl: C-415/93) betreffend den Königlichen Belgischen Fußballverband und
      Jean-Marc Bosman dar. Vgl. dazu Rec. 1995 des Europäischen Gerichtshofes, p.I-4921.
[7]   Das Inverse-Order-Picking (IOP) Verfahren besagt, dass die schlechteste Mannschaft des
      Vorjahres zuerst wählen darf und sich die Dienste der besten Spieler sichern wird. Erst danach
      kommen die besseren Mannschaften an die Reihe.
[8]   Als Basis für die Umrechnung von Dollar in Euro diente der €/$-Kurs vom 2. August 2001 in
      der Höhe von 1,18053 € für einen US-$ laut www.xe.com.

2.3   Verein vs. Aktiengesellschaft

Die Klubs der deutschen Bundesliga weisen derzeit verschiedenste Organisations- und Rechtsformen auf, denen eine gewisse Heterogenität in den verfolgten Zielen[9] unterstellt werden muss. Es ist zu vermuten, dass diese Diskrepanz der Zielvektoren durchaus einen gewissen Einfluss auf die relative Effizienz deutscher Fußball-Mannschaften haben kann, da die berücksichtigten Variablen durch die verschiedenen Mannschaften unterschiedlich gewichtet werden.

In der MLS hingegen sind die Mannschaften durch das „single-entity-Concept", bei dem die Liga eine Aktiengesellschaft mit Filialen in Form der teilnehmenden Teams ist, in ein engeres (Liga)Korsett gelegt. Dabei halten Investoren nicht nur Anteile an Mannschaften, sondern auch gleichzeitig an der Liga. Die Klubs sind somit zwar eigenständige wirtschaftliche Einheiten, haben aber durchaus identische Ziele.[10] Die Ähnlichkeit der Ziele führt unter anderem zu intensiven Umverteilungsmaßnahmen[11] von finanzstarken zu finanzschwachen Mannschaften, wodurch die berücksichtigten Outputs teilweise fast „gleich geschaltet" werden.

2.4   Verschiedene Ebenen des Wettbewerbs

In der deutschen Bundesliga kommt es ebenfalls zu finanzieller Umverteilung zwischen großen und kleinen Klubs, wenn auch in wesentlich geringerem Ausmaß. Hinzu kommt noch, dass schon alleine aufgrund der Tabellenplatzierung die Erlöspotentiale der Bundesligaklubs sehr unterschiedlich sind. Verantwortlich dafür sind die europäischen Klubwewerbe wie UEFA-Cup und Champions League, denn dort teilnehmende Mannschaften weisen wesentlich höhere Gehaltssummen auf als ihre

---

[9]   Diese Ziele können von Nutzenmaximierung bei ausgeglichenem Budget (Verein) bis zu Gewinnmaximierung (Aktiengesellschaft) reichen.

[10]   Die kollektive Vergabe von MLS-Lizenzen oder die kollektive Entscheidung über den Standortwechsel eines Teams zeugen von relativ intensiver Zusammenarbeit der Teams auf Ligaebene.

[11]   Das Ziel der finanziellen Umverteilung zwischen den MLS-Teams ist in den Statuten explizit angeführt, ebenso wie die Absicht Management und Finanzierung möglichst zentral durchzuführen, um geschlossen nach außen auftreten zu können und so die Verhandlungsmacht der Liga zu stärken.

„nur" national tätigen Rivalen[12], wobei sie aber auch wesentlich höhere Umsatz-
aussichten haben. Im Zusammenhang der Produktionseffizienz ist dies deshalb von
Bedeutung, weil Mannschaften mit hohen Spielerausgaben und dem Ziel
international erfolgreich zu sein, entsprechenden Erfolg in internationalen Bewerben aufweisen müssen, um effizient zu sein. Ist dies nicht der Fall, wird sich ihr
Output drastisch reduzieren, die Höhe des Inputeinsatzes ist aber auf Grund langfristiger Spielerverträge nicht kurzfristig adaptierbar und Ineffizienz in der Produktion wird die Folge sein.

In den USA existieren derartige Parallelbewerbe auf internationaler Ebene für
MLS-Teams nicht. Die acht besten Mannschaften der MLS spielen dagegen nach
der regulären Saison noch eine unterschiedliche Anzahl an play-off-Spielen, die ein
ähnliches Erlöspotential bieten wie zwei bis vier überstandene Runden in Europa-
Cup-Bewerben für europäische Mannschaften; allerdings werden sich die Mannschaften, dadurch dass acht von zwölf Mannschaften in die play-off-Phase einstei-
gen können, nicht zu einer in Europa offensichtlichen „Jackpot-Mentalität" (vgl.
FRANK und COOK 1995, S. 122 und FRANCK und MÜLLER 2000) verleiten lassen,
die letztlich in einem ökonomisch ineffizienten „Rattenrennen" (vgl. AKERLOF
1976; FRANCK und MÜLLER 2000) enden kann. Darüber hinaus kann das fehlende
Relegationssystem die Effizienz von Mannschaften beeinflussen, wenn auch die
davon ausgehende Wirkung nicht eindeutig ist, wie weiter oben bereits ausgeführt
wurde.

3   Data Envelopment Analysis

DEA eignet sich als Effizienzermittlungsmethode im Teamsport vor allem deshalb,
weil zur Ermittlung der Effizienzwerte a priori keine Verteilungs- oder Gewich-
tungsannahmen hinsichtlich der Inputs und Outputs notwendig sind. Stattdessen
wird im Rahmen der Optimierung jeder In- und Output der betrachteten Decision
Making Unit (DMU, in diesem Fall eine Fußballmannschaft) mit jener Gewichtung
versehen, die – bei Unterstellung der gleichen Gewichtung bei allen anderen DMUs

---

[12] Für Klubs wie Bayern München oder Borussia Dortmund ist es ganz klar das Ziel, zumindest
einen internationalen Bewerb (und damit die ersten 5 Plätze) zu erreichen und dort erfolgreich
mitspielen zu können. Da sie dieses Ziel mit allen Mitteln erreichen wollen, haben sie auch
wesentlich höhere Inputs in Form von Spielergehältern als ihre Konkurrenten.

– zum vorteilhaftesten Ergebnis für die betrachtete Einheit führt. Die Effizienz einer Mannschaft wird dann *relativ* zu allen anderen im Sample berücksichtigten Mannschaften[13] berechnet – gegeben die Restriktion, dass alle Mannschaften auf oder unterhalb der Effizienzgrenze liegen.

Die Mannschaften werden durch den Index $j=1, 2, …, n$ dargestellt. Jede Mannschaft verwendet m verschiedene Inputs ($i=1, 2, …, m$) um s verschiedene Outputs ($r=1, 2, …, s$) zu produzieren. Eine spezifische DMU$_j$ verwendet Input i im Umfang von x_{ij} und produziert y_{rj} des Outputs r. Es gilt, dass $x_{ij} \geq 0$ and $y_{rj} \geq 0$ und dass bei jeder DMU zumindest ein Input- und ein Output einen positiven Wert hat. Im Rahmen der Optimierung werden die Input- und Outputvektoren $\underline{x}_j$ und $\underline{y}_j$ als gegeben angenommen und eine Referenzeinheit mit Outputs im Umfang von $\sum_{j=1}^{n} y_{rj} \lambda_j$ und Inputs $\sum_{j=1}^{n} x_{ij} \lambda_j$ mittels des folgenden dualen Problems konstruiert: (vgl. COOPER et al. 2000)

$$\text{min.} \quad g_0(\theta, \underline{s}^-, \underline{s}^+) = \theta - \varepsilon \left(\sum_{i=1}^{m} s_i^- + \sum_{r=1}^{s} s_r^+ \right) \tag{1.1}$$

$$\text{s. t.} \quad \theta \, x_{i0} - \sum_{j=1}^{n} x_{ij} \lambda_j - s_i^- = 0 \qquad (i = 1, 2,..., m) \tag{1.2}$$

$$\sum_{j=1}^{n} y_{rj} \lambda_j - s_i^+ = y_{r0} \qquad (r = 1, 2,..., s) \tag{1.3}$$

$$\lambda_j \geq 0 \qquad (j = 1, 2,..., n)$$
$$s_i^- \geq 0 \qquad (i = 1, 2,..., m) \tag{1.4}$$
$$s_r^+ \geq 0 \qquad (r = 1, 2,..., s)$$

λ_j stellt dabei die Gewichtung von DMU$_j$, s_i^- den Input-Slack and s_r^+ den Output-Slack dar. Die Nebenbedingung (1.2) besagt, dass nach einer proportionalen Reduktion der Inputs bei der untersuchten DMU$_0$ die Inputs nicht niedriger sein können als jene der konstruierten Referenzeinheit. Nebenbedingung (1.3) hingegen stellt sicher, dass die Outputs von DMU$_0$ maximal gleich hoch sein können wie jene

---

[13] Eigentlich stellen zwei verschiedene Ligen – weil unterschiedliche Produktionssysteme – zwei getrennte Samples dar. Dem kann nun durch getrennte Berechungen oder durch Verwendung eines entsprechenden DEA-Modells Rechnung getragen werden. Beide Möglichkeiten wurden gerechnet, doch nachdem die so ermittelten Ergebnisse ähnlich den hier präsentierten sind, wurden aus Gründen der Darstellung und Übersichtlichkeit, aber auch der MLS-Samplegrösse alle Mannschaften *einer* Berechnung unterzogen.

der Referenzeinheit. Mit anderen Worten, eine DMU_0 ist dann effizient, wenn keine Referenzeinheit konstruiert werden kann, die ein besseres Input-Outputverhältnis aufweist. Andererseits ist eine DMU_0 ineffizient, wenn die Optimalwerte λ_j eine Referenzeinheit konstruieren, die DMU_0 überflügelt und ein Ziel für DMU_0 darstellt. Nachdem die Heranführung ineffizienter DMUs in dieser Arbeit über eine Reduktion der Inputs erfolgen soll, ist das oben angegebene Modell ein *input-orientiertes DEA-Modell*.

Ein input-orientiertes DEA-Modell kann *konstante Skalenerträge* (CRS) oder *variable Skalenerträge* (VRS) unterstellen. Der Unterschied dabei ist, dass – geometrisch ausgedrückt – CRS-Effizienzgrenzen durch den Ursprung gehen, während dies bei der durch BANKER et al. (1984) vorgeschlagenen Modellerweiterung nicht der Fall sein muss. Damit können Produktionssituationen besser untersucht werden, in denen eine Inputerhöhung zu einer über- oder unterproportionalen Erhöhung der Outputs führt.

Die mathematische Formulierung eines VRS-Modells unterscheidet sich von einem CRS Modell durch die Hinzufügung folgender Bedingung $\sum_{j=1}^{n} \lambda_j = 1$ zu den Nebenbedingungen (1.1) – (1.4) (vgl. COOPER et al. 2000). Ökonomisch betrachtet nimmt ein VRS Modell eine konvexe Kombination der untersuchten DMUs als effiziente Grenze an und stellt die *lokale technische Effizienz* (PTE) dar. CRS Modelle hingegen geben die *globale technische Effizienz* (TE) an. Die Zerlegung globaler technischer Effizienz in ihre Komponenten streicht die Ursachen der Ineffizienz einer DMU – ineffiziente Umwandlung von Inputs in Outputs (PTE), ineffizienter Produktionsumfang (SE) oder eine Mischung aus beidem – heraus.

Nachdem bei der Effizienzmessung in dieser Arbeit eine Variable verwendet wird, die einen Maximalwert von 100 Prozent (Stadionauslastung) nicht überschreiten kann, werden folgende Ober- und Untergrenzen bei der Optimierung eingezogen: (vgl. COOPER et al., 2000)

$$l_{y_r}^0 \le y_r \lambda \le u_{y_r}^0 \tag{2}$$

($l_{y_r}^0, u_{y_r}^0$) zeigen Unter- und Obergrenzen der Outputvariablen y_r von DMU_0 an. Diese Begrenzungen fließen nicht direkt in die Optimierung ein, sondern finden nur in den Restriktionen Berücksichtigung, mittels derer die Optimierung beschränkt wird.

4 Daten

Die Daten für die Bundesliga stellte *das* Fußballmagazin in Deutschland, das „Kicker Sportmagazin", zur Verfügung. Die sportbezogenen Daten der MLS wurden der offiziellen Website der MLS (www.mlsnet.com) entnommen. Nachdem Lohn- und Umsatzdaten für einzelne Klubs aufgrund des „single entity"-Konzepts der MLS nicht öffentlich zugänglich sind, wurde auf Informationen von Tom Mulroy, *den* Experten des nordamerikanischen Fußballsports, zurückgegriffen.

Als Inputvariablen dienen Proxies für die Qualität des Spielerkaders und die Trainerfähigkeiten, wodurch versucht wird eine Annäherung an das in einem Klub auf sportlicher Ebene liegende Potential zu finden. Die Trainer werden deshalb gesondert berücksichtigt, da den Fähigkeiten eines Trainers zumeist besondere Bedeutung bei der Leistungserstellung einer Mannschaft (vgl. DAWSON et al. 2000) beigemessen wird. [14]

Die Spielstärke und damit die Qualität einer Mannschaft wird durch die Spielerlohnsumme, in der sämtliche von einem Verein bezahlte Spieler erfasst werden, abgebildet. Damit wird unterstellt, dass einerseits ein teurer Kader mehr Talent aufweist als ein vergleichsweise billiger und andererseits ein größerer Kader – mit dem hohe sportliche Belastungen leichter zu bewältigen sind – mehr Kosten verursacht als ein kleiner. Die Beurteilung der Trainerqualität wird über das Gehalt des Cheftrainers vorgenommen. Der Ansatz, Talent über die jeweils gezahlten Löhne zu approximieren, geht auf SZYMANSKI und SMITH (1997) sowie SZYMANSKI und KUYPERS (1999) zurück und ist deshalb notwendig, da es kaum andere zuverlässige ex-ante Indikatoren für die Qualität einer Mannschaft gibt (vgl. GEERARD 2000). Die verwendeten Löhne werden nicht durch den Erfolg im Zuge der Saison beeinflusst, da sie vor Saisonstart veröffentlicht wurden. Somit wird sichergestellt, dass Outputaspekte – wie etwa erfolgsabhängige Spielerprämien – nicht auf Seite der Inputs Eingang finden.

Ursprünglich ist auch die Einwohnerzahl der jeweiligen Heimatstädte der Klubs als unkontrollierbare Inputvariable angedacht worden. Dahinter steht folgende Überlegung: Die an einer Liga teilnehmenden Mannschaften kommen aus verschiedenen Regionen mit unterschiedlich großen Einzugsgebieten und somit kann die Zuschau-

---

[14] Allerdings ist die weit verbreitete Ansicht, der Trainer habe einen entscheidenden Einfluss auf die Performance eines Teams, nicht unumstritten. KONING (2000) findet beispielsweise in seiner ökonometrischen Analyse der niederländischen Fußball-Liga kaum Hinweise darauf, dass die Entlassung eines Trainers die Leistung einer Mannschaft steigert. Dies wird auch als Rechtfertigung dafür gesehen werden, dass nur das Gehalt jenes Trainers, der am Anfang einer Saison dieses Amt innehatte, in die Berechnung aufgenommen wird.

ernachfrage voneinander abweichen, ohne durch die Klubs beeinflusst werden zu können.[15] Vermutlich aufgrund der historischen Wurzeln von Fußball-Vereinen in Europa konnte allerdings für Deutschland festgestellt werden, dass bekannte und vielbesuchte Mannschaften nicht unbedingt nur in der Nähe großer Agglomerationen entstanden sind. Eine Berücksichtigung der Stadtgröße würde – zusätzlich zu der Problematik der regionalen Abgrenzung – nicht viel an Erklärung beisteuern, möglicherweise die Ergebnisse sogar noch verzerren, und deshalb wurde auf diese unkontrollierbare Variable verzichtet.

Die Outputs der Fußball-Mannschaften umfassen zum einen die im Zuge einer Saison gewonnenen Punkte in der nationalen Meisterschaft, zum anderen die durchschnittliche Auslastung des Stadions in nationalen Meisterschaftsspielen und schließlich den erzielten Umsatz der Klubs. Die erste Outputvariable, die erzielten *Punkte*, soll den *athletischen Output* über eine Saison hinweg darstellen.[16] Diese Punkte entscheiden in Deutschland über die Platzierung in der Abschlusstabelle und somit darüber, ob eine Mannschaft Meister wird, sich für einen internationalen Bewerb qualifiziert oder absteigen muss. In den USA werden nur die Punkte des Grunddurchganges herangezogen und die „play-off"-Phase somit wie internationale europäische Bewerbe behandelt; sie finden zwar Niederschlag in der Variable *Umsatz*, nicht aber bei den Punkten. Die nationalen Cup-Bewerbe werden weder bei den Punkten noch bei der Stadionauslastung berücksichtigt, allerdings führen dort erzielte Erfolge zu Umsatzsteigerungen und schlagen sich entsprechend im *Umsatz* nieder.

Die zweite Outputvariable gibt die Auslastung des Stadions – ausgedrückt als Verhältnis zwischen tatsächlichen Besuchern in einer Meisterschaftssaison und den verfügbaren Plätzen im Stadion – an und repräsentiert den *sozialen Output* einer Fußball-Mannschaft. Diese Variable soll zum Ausdruck bringen, dass im professionellen Sport das Gut „Unterhaltung" in erster Linie für die Zuseher produziert wird; je höher nun der von einer Mannschaft ausgehende „soziale Nutzen" und die Unterhaltung ist, desto höher wird die Anerkennung (sprich Nachfrage) seitens der

---

[15] Ein ähnliches Beispiel verwenden auch COOPER et al. 2000, S. 189. Für sie ist „Population" eine unkontrollierbare Variable in Zusammenhang mit einer Effizienzanalyse unter Bibliotheken.

[16] Punkte, die in unabhängigen nationalen Meisterschaften erzielt werden, sind zwar nicht optimale Erfolgsindikatoren, wenn Mannschaften aus unterschiedlichen Ligen direkt miteinander verglichen werden. Nachdem aber die Verwendung eines ligen-neutralen Indikators für den sportlichen Erfolg (Anteil der gewonnenen Spiele) zu fast identischen Ergebnissen (Pearson Korrelationskoeffizient: 0.99, $p<0.01$) geführt hat, wurde an den national errungenen Punkten als Outputvariable festgehalten.

Zuseher ausfallen. Man kann also den von einer Mannschaft generierten Nutzen mittels der Zusehernachfrage approximieren. Allerdings werden nicht die absoluten Zuseherzahlen einer Saison verwendet, da dadurch Mannschaften aus kleinen Märkten systematisch benachteiligt würden; stattdessen wird angenommen, dass die Größe der von den Mannschaften in Anspruch genommenen Stadien auf die jeweiligen Nachfragebedingungen angepasst ist und eine nicht vollständige Auslastung als Ineffizienz interpretiert werden kann.

Die dritte Outputvariable, der *Umsatz*, inkludiert alle Einnahmen eines Klubs im Laufe einer Saison, beispielsweise aus dem Verkauf von TV-Übertragungsrechten, dem Ticketverkauf, aber auch aus verschiedenen Werbeaktivitäten, dem Merchandising und Einnahmen aus Sponsorvereinbarungen; dadurch soll der *kommerzielle Output* einer Mannschaft dargestellt werden. Diese Variable gewährleistet auch die Berücksichtigung internationaler Engagements, die in den anderen Variablen nicht zum Ausdruck kommen. Für eine weitreichende Beurteilung der Produktionseffizienz von Fußball-Mannschaften erscheint es geboten, nicht nur nationale Outputs (in Form von Punkten und Stadionauslastung) zu berücksichtigen, sondern auch internationale Aktivitäten in die Berechnung aufzunehmen. Dies gilt umso mehr, als besonders einige Bundesliga-Teams nicht nur am Erfolg in der nationalen Meisterschaft interessiert sind, sondern zusätzlich auch das Ziel verfolgen, in internationalen Bewerben eine bedeutende Rolle zu spielen. Gerade diese Mannschaften allerdings würden, bei der Berücksichtigung ausschließlich nationaler Erfolge, in der Berechnung als ineffizient ausgewiesen werden.[17] Eine Variable musste daher gefunden werden, die den kommerziellen Output einer Mannschaft – unabhängig von nationalen oder internationalen Engagements – wiedergibt, und der *Umsatz* pro Saison vermag dies[18].

Tabelle 1 gibt die Rohdaten aus den beiden untersuchten Ligen an. Nachdem die Stadionkapazität stark differiert wurde zusätzlich die absolute Anzahl der Besucher angegeben. In der Spalte „International/play-off" werden jene Bundesligisten

---

[17] Würde eine Optimierung ohne die Berücksichtigung der Variablen Umsatz vorgenommen, werden Mannschaften wie Bayern München oder Dortmund – also gerade die „big player" des europäischen Klub-Fußballs – als sehr ineffizient eingestuft.

[18] Dabei werden anteilig ausbezahlte Fernsehgelder der UEFA ebenso berücksichtigt wie Zuschauereinnahmen aus internationalen Bewerben in Abhängigkeit davon, ob eine Mannschaft das Viertel- oder Semifinale erreicht oder aber in der ersten Runde ausscheidet. Des Weiteren wird der Umsatz auch durch die Performance in nationalen Cup-Bewerben – bzw. in den play-offs des MLS – beeinflusst und daher kann diese Variable als ein umfassender Indikator für den *kommerziellen Output* angesehen werden.

kenntlich gemacht, die in der entsprechenden Saison parallel zur nationalen Meisterschaft an internationalen Bewerben teilgenommen haben und es zeigt sich, dass international tätige Mannschaften ihren Spielern und Betreuern wesentlich höhere Gehälter bezahlen[19] (durchschnittlich 21,18 Mio. € jährlich, beziehungsweise 99337 € monatlich) als die übrigen Bundesligisten (jährlich 13,387 Mio. €, respektive 39740 € monatlich).[20]

Bundesligisten, die an europäischen Klubbewerben teilnehmen weisen darüber hinaus auch höhere Umsätze auf (Mittelwert 72,08 Mio. €) als jene, die es nicht schaffen sich für einen solchen zu qualifizieren (Mittelwert 34,93 Mio. €). Dies kann als Bestätigung für die Wahl des Umsatzes als Outputvariable genommen werden, da dadurch die einseitige Benachteiligung international aktiver Klubs in der Effizienzberechnung verhindert werden kann.

Wesentlich geringer sind die Entlohnungsunterschiede zwischen jenen MLS-Teams, die die play-off Phase erreichen und jenen, die nach dem Grunddurchgang ausscheiden. Erstere zahlen ihren Spielern kaum mehr – wie die durchschnittlichen Lohnsumme von 2,0018 Mio. € belegt – als ihre nach dem Grunddurchgang ausgeschiedenen Konkurrenten (Mittelwert: 2 Mio. €). Bei den Trainergehältern ist der Unterschied zwischen diesen beiden Gruppen mit monatlich 17000 € gegenüber 15250 € etwas ausgeprägter.[21] Eine genauere Betrachtung der Tabelle zeigt deutlich einen ersten Unterschied zwischen dem europäischen und dem US-amerikanischen Profi-Fußball auf: Europäische Klubs haben die Möglichkeit – unter Beachtung der finanziellen Restriktionen – die Spielstärke ihrer Mannschaft frei zu wählen. Dadurch haben große und reiche Klubs einen vergleichsweise teuren Kader, während kleine mit einem Kader das Auslangen finden, der oft nur einen Bruchteil jener der „big player" kostet. In den USA sind die Spielerlohnsummen der Klubs, bedingt durch strikte Gehaltsobergrenzen und die Tatsache, dass die Liga die Spielerallokation vornimmt, sehr ähnlich bis gänzlich gleich. Der Logik der Annahmen folgend, die dieser Arbeit zugrunde liegen, sind somit auch die Spielstärken der MLS-Klubs ausgeglichener als in der Bundesliga.

---

[19] Die höheren Gehaltssummen können durch teurere Akteure oder durch eine höhere Anzahl an Akteuren verursacht werden.

[20] Ein Mann-Whitney-Test zeigt die folgenden Signifikanzniveaus (N=18): p=0.016 (Spieler) und p=0.006 (Trainer). Dadurch wird die unterschiedliche Höhe der Entlohnung zwischen diesen beiden in der Bundesliga gebildeten Gruppen von Mannschaften zusätzlich unterstrichen.

[21] Ein U-Test (Mann-Whitney) zeigt sowohl bei der Trainerentlohnung als auch bei der Spielerentlohnung ein Signifikanzniveau von p=0.57, wodurch der geringe Unterschied zwischen den beiden oben gebildeten Gruppen unterstrichen wird.

Tabelle 1: Rohdaten aus der Deutschen Bundesliga und der MLS

Klub	Nat. Rang	Spielerlohn-summe in Mio. €	Monatslohn Cheftrainer in 1000 €	Punkte in nat. Meister-schaft	Absol. Zuseher in 1000	Stadion-auslastung in %	Umsatz in Mio. €	Internati-onal/play-off[a]
Bayern München	1	33.20	153	63	824	70.2	172.8	CL
FC Schalke 04	2	23.50	36	62	776	73.6	59.8	
Bor. Dortmund	3	33.20	92	58	1083	92.9	116.6	
Bayer Leverkusen	4	25.60	153	57	382	99.9	97.1	CL/UE
Hertha BSC Berlin	5	20.50	61	56	686	52.9	51.1	UC
SC Freiburg	6	7.70	31	55	423	99.5	22.0	
Werder Bremen	7	12.80	20	53	510	85.2	34.7	UC
1. FC Kaiserslautern	8	16.90	128	50	670	94.8	63.3	UC
Vfl Wolfsburg	9	12.30	46	47	265	72.2	26.5	
1. FC Köln	10	11.20	46	46	583	74.5	24.8	
1860 München	11	17.90	82	44	459	39.1	39.8	CL/UC
Hansa Rostock	12	7.70	18	43	257	61.8	21.0	
Hamburger SV	13	21.50	97	41	729	78.0	86.9	CL/UC
Energie Cottbus	14	5.10	20	39	288	80.6	15.6	
Vfb Stuttgart	15	17.90	64	38	433	56.7	31.0	UC
SpVgg Unterhaching	16	7.70	15	35	185	72.7	16.9	
Eintracht Frankfurt	17	10.20	43	35	505	48.6	25.6	
Vfl Bochum	18	10.70	26	27	333	59.4	20.5	
Chicago Fire	1	2.01	22	57	214	53.6	7.9	F
Kansas City Wizards	2	1.99	13	57	146	44.3	5.7	Champion
Metro Stars	3	2.01	25	54	282	68.9	7.7	HF
Tampa Bay Mutiny	4	1.98	9	52	151	54.1	4.8	VF
Los Angeles Galaxy	5	2.00	22	50	326	68.0	8.7	HF
Dallas Burn	6	2.01	15	46	210	58.2	5.8	VF
New England Rev.	7	2.01	16	45	247	62.2	6.7	VF
Colorado Rapids	8	2.00	14	43	201	88.3	5.7	VF
Miami Fusion	9	1.99	10	41	119	36.5	4.6	
Columbus Crew	10	2.01	20	38	247	68.5	6.4	
D.C. United	11	2.01	22	30	297	71.0	7.6	
San Jose Earthqu.	12	1.99	9	29	199	47.9	4.6	

ª CL (Champions-League), UC (UEFA-Cup). In der jeweiligen CL-Gruppe drittplatzierte Mannschaften wechseln nach

der ersten CL-Runde in den UEFA-Cup.

F (Finale), HF (Halbfinale), VF (Viertelfinale) in der MLS

Quelle: Kicker Sportmagazin, Olympia Verlag beziehungsweise

www.mlsnet.com und Informationen von Tom Mulroy

Bei der zweiten Inputvariable zeigt sich, dass die Trainer in der Deutschen Bundesliga mit durchschnittlich knapp 63000 € pro Monat wesentlich mehr verdienen als ihre amerikanischen Kollegen. Die Trainerentlohnung in der MLS unterliegt keinerlei inputbeschränkenden Regelungen und entsprechend stark variiert diese im Vergleich zu den Spielergehaltssummen.

Die zweite Outputvariable, die „Stadionauslastung" ist mit durchschnittlich 72.91 % in Deutschland höher als in den USA (60,12 %) und hinsichtlich der dritten der Outputvariable, dem „Umsatz", sind die Klubs der MLS (Mittelwert 6,37 Mio. €) vom Niveau der deutschen Bundesliga (durchschnittlich 51,7 Mio. €) weit entfernt. Auch die Streuung der Umsätze ist in der MLS wesentlich geringer, was zum einen das Ergebnis ähnlicher Marktpotentiale sein dürfte, zum anderen aber auch als Folge der umfassenden Umverteilungsmaßnahmen seitens der Liga angesehen werden kann.

5   Ergebnisse

Die in Tabelle 2 angegebenen Effizienzwerte wurden mittels *DEA-solver, professional version 1.0* der Firma Saitech ermittelt und es ist unmittelbar erkennbar ist, dass in der Bundesliga nur ein schwacher Zusammenhang zwischen dem Tabellenrang und dem Effizienzrang einer Mannschaft besteht.[22] Kein signifikanter Unterschied konnte bei den Effizienzwerten zwischen jenen Mannschaften festgestellt werden, die an internationalen Klubbewerben teilnehmen und jenen, die ausschließlich national engagiert sind.[23] Dies kann als Indiz dafür gewertet werden, dass die Berücksichtigung des Umsatzes als Outputvariable, die auch internationale Erfolge abbildet, keine systematische Verzerrung der Effizienzwerte zugunsten der Europacupstarter zur Folge hat.

---

[22] Der Pearson-Korrelationskoeffizient zwischen Tabellenrang und Effizienzrang beträgt bei Annahme konstanter Skalenerträge 0.59 ($p<0.01$) und 0.60 ($p<0.01$) bei Annahme variabler Skalenerträge.
[23] Ein Mann-Whitney-Test gibt ($p > 0.4$) an.

Globale technische Effizienz (TE), die bei Erreichen eines CRS-Effizienzwertes von 1 gegeben ist, wird von zwei Bundesligisten und vier MLS-Teams erreicht: Die effizienten Mannschaften aus der Bundesliga sind einerseits der Meister (Bayern München) und ein Klub aus dem oberen Mittelfeld der Tabelle (Werder Bremen), wobei Bayern München vor allem aufgrund des hohen Umsatzes, der durch den Triumph in der Champions League bedeutend gehoben wurde, effizient ist. Werder Bremen liegt mit dem Niveau der verwendeten Inputs im unteren Mittelfeld des jeweiligen Spektrums, erreicht aber sportlich und finanziell das obere Mittelfeld, wodurch es der Gruppe effizienter Mannschaften zugerechnet wird. Die effizienten Mannschaften aus der MLS liegen allesamt nach dem Grunddurchgang in der oberen Tabellenhälfte. Kansas City, verdankt den Status einer effizienten Mannschaft dem vergleichsweise niedrigen Inputeinsatz und der höchsten Punkteanzahl. Los Angeles Galaxy weist, unter anderem dank der höchsten absoluten Zuseherzahlen, den höchsten Umsatz auf. Chicago Fire, ist sowohl sportlich als auch kommerziell erfolgreich und liegt deshalb auf der effizienten Grenze. Tampa Munity erreicht zwar nur den drittschlechtesten Umsatz, ist aber aufgrund der geringen verwendeten Inputs ebenfalls technisch effizient. Am anderen Ende der Effizienzwertung finden sich 1860 München, dessen Effizienz vor allem unter der schlechten Auslastung (39.1 %) des offensichtlich für diesen Klub viel zu großen Münchner Olympiastadions leidet, und der VfB Stuttgart wieder. Letztgenannter Klub hat in der untersuchten Saison gemessen am Potential der Spieler einfach zu wenig sportlichen Erfolg aufzuweisen. Das ineffizienteste MLS-Team, San Jose, erreicht immerhin noch einen Effizienzwert von 0.72, weist aber die geringsten Punkte und den niedrigsten Umsatz aller MLS-Teams auf.

Wenn man nun die Annahme konstanter Skalenerträge (CRS) durch variable Skalenerträge (VRS) ersetzt, wird der Datensatz enger umhüllt und die durchschnittlichen Effizienzwerte[24] steigen. Zu jenen Mannschaften, die unter konstanten Skalenerträgen global technisch effizient waren, kommen die rein lokal technisch effizienten Mannschaften FC Schalke, Borussia Dortmund, Metro Stars, DC United und Miami Fusion hinzu. Global technisch effiziente Mannschaften (CRS) sind per definitionem auch lokal technisch effizient und deshalb bleiben ihre Effizienzwerte unverändert. In der rechten äußeren Spalte von Tabelle 2 sind die Referenz-DMU(s) mit den jeweiligen Optimalwerten λ_j unter der Annahme variabler Skalenerträge

---

[24] Der Mittelwert der CRS-Effizienzwerte liegt bei 0.79, jener der VRS-Effizienzwerte bei 0.85.

angegeben und je höher der λ-Wert der Referenz-DMU ist, desto größer ist ihr Einfluss bei der Konstruktion der Referenzeinheit für die ineffiziente Mannschaft. Die Skaleneffizienzwerte zeigen, dass der Großteil der Bundesliga-Mannschaften auf dem richtigen Größenniveau produziert. Der auffallend niedrige Skaleneffizienzwert der SpVgg Unterhaching deutet auf eine sub-optimale Produktionsgröße bei dem Absteiger hin. Bei den Teams aus der Major League Soccer hingegen zeigt sich, dass die festgestellte globale technische Ineffizienz fast ausschließlich auf sub-optimalen Produktionsniveaus beruht und kein Team einen rein lokalen technischen Effizienzwert von < 0.99 aufweist. Dieses Ergebnis steht in Gegensatz zu jenem aus der Bundesliga, wo in erster Linie die ineffiziente Umwandlung von Inputs in Outputs für die festgestellte globale technische Ineffizienz von Fußball-Mannschaften verantwortlich ist. Der Grund für niedrigen Skaleneffizienzwerte US-amerikanischer Fußballteams dürfte in der Nebenrolle, die Fußball in den Vereinigten Staaten im Vergleich zu anderen Sportarten spielt, zu suchen sein. Eine optimale Produktionsgröße kann daher durch das beschränkte Marktpotential dieser Sportart (vorerst noch) nicht erreicht werden.

Tabelle 2:CRS-, VRS-Effizienzwerte und Skaleneffizienz

Nr.	Klub	Nat. Rang	CRS- Effizienz	VRS- Effizienz	Skalen- Effizienz	reference-set VRS
1	Bayern München	1	1	1	1	$\lambda_1=1.00$
2	Werder Bremen	7	1	1	1	$\lambda_2=1.00$
3	Borussia Dortmund	3	0.96	1	0.96	$\lambda_3=1.00$
4	FC Schalke	2	0.94	1	0.94	$\lambda_4=1.00$
5	Hansa Rostock	12	0.84	0.87	0.96	$\lambda_5=1.00$
6	Hamburger SV	13	0.80	0.81	0.98	$\lambda_6=1.00$
7	Energie Cottbus	14	0.77	0.83	0.93	$\lambda_7=1.00$
8	Bayer Leverkusen	4	0.74	0.74	1	$\lambda_1=0.54, \lambda_{22}=0.46$
9	Kaiserslautern	8	0.73	0.73	1	$\lambda_1=0.33, \lambda_{22}=0.67$
10	SC Freiburg	6	0.73	0.74	0.98	$\lambda_1=0.07, \lambda_2=0.13, \lambda_{20}=0.40, \lambda_{21}=0.41$
11	SpVggUnterhaching	16	0.71	0.84	0.85	$\lambda_2=0.35, \lambda_{20}=0.65$
12	Hertha BSC	5	0.64	0.64	0.99	$\lambda_1=0.16, \lambda_4=0.03, \lambda_2=0.52, \lambda_{21}=0.29$
13	Eintracht Frankfurt	17	0.55	0.59	0.94	$\lambda_1=0.11, \lambda_2=0.05, \lambda_{20}=0.84$
14	Vfl Bochum	18	0.54	0.61	0.89	$\lambda_1=0.02, \lambda_2=0.37, \lambda_{20}=0.61$
15	Vfl Wolfsburg	9	0.53	0.54	0.98	$\lambda_1=0.10, \lambda_7=0.14, \lambda_{20}=0.76$
16	1. FC Köln	10	0.52	0.54	0.97	$\lambda_1=0.10, \lambda_2=0.08, \lambda_{20}=0.82$
17	1860 München	11	0.46	0.47	0.98	$\lambda_1=0.21, \lambda_2=0.04, \lambda_{20}=0.76$
18	Vfb Stuttgart	15	0.41	0.43	0.95	$\lambda_1=0.11, \lambda_2=0.20, \lambda_{20}=0.68$
19	Chicago Fire	1	1	1	1	$\lambda_{19}=1.00$
20	Tampa Bay Mutiny	4	1	1	1	$\lambda_{20}=1.00$
21	Kansas City Wizards	2	1	1	1	$\lambda_{21}=1.00$
22	Los Angeles Galaxy	5	1	1	1	$\lambda_{22}=1.00$
23	Metro Stars	3	0.97	1	0.97	$\lambda_{23}=0.53$
24	New England Rev.	7	0.92	0.99	0.92	$\lambda_{20}=0.52, \lambda_{22}=0.47$
25	Dallas Burn	6	0.87	0.99	0.88	$\lambda_{20}=0.75, \lambda_{22}=0.25$
26	Colorado Rapids	8	0.85	0.99	0.86	$\lambda_{20}=0.78, \lambda_{22}=0.21$
27	Miami Fusion	9	0.83	1	0.84	$\lambda_{27}=1.00$
28	DC United	11	0.83	1	0.83	$\lambda_{28}=1.00$
29	Columbus Crew	10	0.77	0.99	0.78	$\lambda_{20}=0.61, \lambda_{22}=40$
30	San Jose Earthquakes	12	0.72	0.99	0.73	$\lambda_{20}=1.00$

Quelle: Eigene Berechnungen

Ein weiterer Unterschied zwischen der MLS und der Bundesliga besteht in den vergleichsweise hohen Effizienzwerten der MLS-Teams. Wie Tabelle 2 zeigt liegen sowohl die durchschnittlichen CRS-Effizienzwerte (Mittelwert MLS: 0.90, Bundesliga: 0.72) als auch die VRS-Effizienzwerte (Mittelwert MLS: 0.90, Bundesliga: 0.72) der US-amerikanischen Teams deutlich[25] über jenen der Bundesligisten. Verantwortlich dafür ist vor allem der hohe Regulierungsgrad in der MLS, der nur geringe Abweichungen bei den Variablen zulässt. Durch den „salary cap" beispielsweise, sind die Ausgaben für Spielergehälter bei allen Vereinen praktisch gleich hoch und durch umfangreiche Umverteilungsmaßnahmen werden die Umsätze nivelliert. Somit sind zwei der effizienzbeeinflussenden Variablen durch die Institutionen der Liga im Wesentlichen gleichgeschaltet und geringe Abweichungen bei der Produktionseffizienz die Folge.

Schließlich besteht ein Unterschied zwischen der Bundesliga und der MLS im Hinblick auf den Zusammenhang zwischen Effizienz- und Tabellenrang, da für die MLS festzustellen ist, dass sportlich erfolgreiche Mannschaften auch tendenziell effizienter sind, ein Pearson-Korrelationskoeffizient von 0.92 ($p<0.01$) unterstreicht. Dieses Ergebnis ist unter anderem auch auf die geringen Abweichungen bei den Variablen „Spielergehälter" und „Umsatz" zurückzuführen, wodurch die Outputvariable „Punkte" ein größeres Gewicht erhält. Die Ergebnisse des Mann-Whitney U-Tests[26] verdeutlichen ebenfalls die größere Bedeutung sportlicher Erfolge für technische Effizienz unter den MLS-Teams, da Mannschaften, die nach dem Grunddurchgang ausscheiden mussten, signifikant niedrigere Effizienzwerte aufweisen als jene, die sich in der Saison 2000 für die „play-off"-Phase qualifizieren konnten.

6   Zusammenfassung

In der vorliegenden Arbeit wurde versucht, dem Einfluss von Institutionen auf die Produktionseffizienz am Beispiel des professionellen Teamsports nachzugehen. Dazu wurde eine Methode aus dem Bereich der mathematischen Programmierung – genannt Data Envelopment Analysis – auf Datensätze aus der deutschen Bundesliga und der amerikanischen Major League Soccer angewandt. Die Stärken dieser

---

[25] Die Ergebnisse eines Mann-Whitney-U-Tests zeigen ein Signifikanzniveau von ($p<0.01$) sowohl bei Unterstellung konstanter wie auch variabler Skalenerträge.

[26] ($p<0.01$) bei Annahme konstanter Skalenerträge.

Methode liegen in der Verarbeitungsmöglichkeit mehrerer Inputs und Outputs ohne die Notwendigkeit einer ex-ante Gewichtung. Diese Vorteile überwiegen die Schwäche der ausschließlichen Berechnung relativer Effizienz innerhalb eines Samples und damit die damit verbundenen Schwierigkeiten der Erfassung unterschiedlicher Produktionssysteme – wie etwa zwei verschiedene Ligen – klar.

In den beiden untersuchten Ligen wurde versucht die Qualität der jeweiligen Akteure über die gezahlten Gehälter zu beurteilen. Die gewählten Inputs sollen dabei die wesentlichen Produktionsfaktoren im Teamsport abbilden. Als Outputs wurden die im Zuge der jeweiligen nationalen Meisterschaft erspielten Punkte, die Auslastung des Heimstadions und der Umsatz in der betrachteten Saison verwendet.

Mannschaften der deutschen Bundesliga weisen Effizienzwerte zwischen 0.41 und 1 auf und jene der MLS erreichen Effizienzwerte jenseits von 0.70. Die hohen und sehr ähnlichen Effizienzwerte amerikanischer Teams sind im Wesentlichen auf sehr homogene Mannschaften zurückzuführen, die durch strenge Kooperations- und Umverteilungsregeln seitens der Liga herbeigeführt werden. Dies kann als Indiz dafür gewertet werden, dass das Ziel der Liga, allzu große Unterschiede zwischen den Teams – im weitesten Sinn – zu verhindern, als erfüllt angesehen werden kann. In Europa, wo vor allem derart ausgeprägte Inputbegrenzungen kaum anzutreffen sind, sind die Klubverantwortlichen in ihren Entscheidungen wesentlich freier, was in der Streuung der Effizienzwerte entsprechend Niederschlag findet. Insofern sind institutionelle Einflüsse auf die Produktionseffizienz feststellbar, auch wenn die unmittelbare Bedeutung jeder einzelnen Regel durch die verwendete Methode nicht ermittelt werden kann.

Eine weitere Frage, jene des Zusammenhangs zwischen Produktionseffizienz und dem Tabellenplatz in der Abschlusstabelle, muss für die Bundesliga und die MLS getrennt beantwortet werden. In der Bundesliga ist nur ein schwacher Zusammenhang zwischen den sportlichen Leistungen und der Effizienz im Sinne dieser Arbeit feststellbar. In der MLS hingegen werden den Teams bei manchen der berücksichtigten Variablen klare und enge Grenzen vorgegeben, was zu einer geringen Streuung der Werte führt. Dadurch kommt dem athletischen Output bei der Berechnung der Effizienzwerte eine höhere Bedeutung zu und im MLS-Effizienzranking liegen jene Teams an der Spitze, die auch in sportlicher Hinsicht dominiert haben.

Noch vor der eigentlichen Effizienzberechnung werden institutionelle Unterschiede zwischen den zwei untersuchten Ligen an den Rohdaten offenkundig, denn während die Spielerlohnsummen der MLS-Teams durch einen salary-cap in der Höhe begrenzt sind und sämtliche Spielerlohnsummen nahe dieser Grenze liegen, weichen die Ausgaben für Spieltalent in der Bundesliga stark voneinander ab. Ähnliches gilt auch für die Höhe der Umsätze; in Deutschland, wo für die sportlich erfolgreichen Mannschaften die Möglichkeit besteht, internationale Spiele zusätzlich zur nationalen Meisterschaft zu bestreiten, ist die Streuung der Variablen „Umsatz" wesentlich höher. Allerdings ist nicht allein der Aufbau der sportlichen Bewerbe für die relativ großen Differenzen bei den Umsätzen verantwortlich; im US-Teamsport weitverbreitete Umverteilungsinstrumente kommen auch in der MLS zur Anwendung und führen dazu, dass sportlich erfolgreiche und/oder populäre Mannschaften nur einen Teil ihres Erfolges ausschließlich für sich finanziell verwerten können. Für sportlich weniger erfolgreiche Teams oder Teams aus kleineren Märkten wird hingegen die Möglichkeit geschaffen, vom Erfolg ihrer Konkurrenten zu profitieren. Die Vergabe von handelbaren Lizenzen zur Spielberechtigung in der obersten Fußballliga der USA hat des Weiteren zur Folge, dass kleine Märkte von den Profiteams erst gar nicht versorgt werden. Über die Ähnlichkeit des Umsatzpotentials in den mit professioneller Fußballunterhaltung versorgten Märkten werden die Unterschiede bei den tatsächlichen Umsätzen der MLS-Teams ebenfalls reduziert.

Es ist daher offenkundig, dass die Effizienzwerte der amerikanischen Teams höher sind als jene der Bundesligisten. Des Weiteren fällt auf, dass in der MLS alle Mannschaften beinahe perfekt effizient in der rein technischen Umwandlung von Inputs in Outputs sind und die auftretenden Ineffizienzen ausschließlich durch suboptimale Produktionsgrößen verursacht werden. Ersteres mag die Konsequenz dessen sein, dass die MLS als Gesamtheit auf Erzielung finanzieller Gewinne ausgerichtet ist und deshalb unter anderem versucht, Ineffizienzen technischer Natur zu minimieren. Letzteres kann als Ergebnis der Tatsache angesehen werden, dass Fußball in den USA nur eine Randsportart darstellt und mögliche Skalenvorteile nicht gänzlich ausgeschöpft werden können.

Abschließend soll noch kurz eine Überlegung zu möglichen Implikationen der Untersuchungsergebnisse für den europäischen Spitzenmannschaftssport angestellt werden. Wenn man annimmt, dass nicht nur die Ausgeglichenheit des Wettbewerbs („competitive balance"), sondern auch die Effizienz der an einer Meisterschaft teilnehmenden Teams die Zuschauernachfrage determiniert, könnten Überlegungen in Richtung inputbegrenzender Maßnahmen und einer intensiveren Umverteilung in europäischen Sportligen in Zukunft durchaus aktuell werden. Bei der Beurteilung der Teameffizienz wäre dann DEA ein hilfreiches Untersuchungsinstrument, denn der methodische Nachteil der ausschließlichen Ermittlung relativer Effizienz innerhalb eines Samples – in dem Fall einer Liga – wäre dann vollkommen irrelevant.

Literatur

AKERLOF, G.A. (1976): The Economics of Caste and the Rat Race and other Woeful Tales. *Quarterly Journal of Economics, 90,* S. 599-617.

ANDERSON, T., SHARP, G. (1997): A new measure of baseball batters using DEA. *Annals of Operations Research*, vol. 73, S. 141-55.

BANKER, R.D., CHARNES, A., COOPER, W.W. (1984): Some models for estimating technical and scale inefficiencies. *Management Science, 39,* S. 1261-1264.

COOK, P.J., CLOTFELDER, C.T. (1993): The Peculiar Scale Economies of Lotto. *The American Economic Review, 83,* S. 634-643.

COOPER, W.W., SEIFORD, L.M., TONE, K. (2000): Data Envelopment Analysis. Boston et al., Kluwer.

DAWSON, P., DOBSON, S., GERRARD, B. (2000): Estimating coach efficiency in professional team sports: Evidence from English Association Football. *Scottish Journal of Political Economy,* vol. 47, S. 399-421.

DIETL, H., FRANCK, E. (2000): Effizienzprobleme in Sportligen mit gewinn-maximierenden Kapitalgesellschaften: Eine modelltheoretische Untersuchung. *Zeitschrift für Betriebswirtschaft*, 70 Jg., S. 1157-1175

DOBSON, S., GODDARD, J. (2001): The Economics of Football. Cambridge et al., Cambridge University Press.

FORT, R. (2000): European and North American sports differences (?). *Scottish Journal of Political Economy,* vol. 47, S. 431-55.

FRANCK, E. (1995): Die ökonomischen Institutionen der Teamsportindustrie. Eine Organisationsbetrachtung. Wiesbaden, Gabler.

FRANCK, E., MÜLLER, J.C. (2000): Die Fußball-Aktie: Zwischen strukturellen Problemen und First-Mover-Vorteilen. Freiberger Arbeitspapiere, 5.

FRANK, R.H., COOK, P.J. (1995): The Winner-Take-All Society. New York, Martin Kessler Books at the Free Press.

GERRARD, B. (2000): Football, Fans and Finance: Understanding the Business of Professional Football. Edinburgh, Mainstream Publishers.

HAAS, D., KOCHER, M., SUTTER, M. (2001): Measuring Efficiency of German Football Teams by Data Envelopment Analysis. Diskussionsreihe des Instituts für Finanzwissenschaft, Innsbruck, 4.

HOFLER, R.A., PAYNE, J.E. (1997): Measuring efficiency in the National Basketball Association. *Economics Letters,* vol. 55, S. 293-9.

HOFLER, R.A., PAYNE, J.E. (1996): How close to their offensive potential do national football league teams play? *Applied Economics Letters,* vol. 3, S. 743-747.

KONING, R. (2000): An econometric evaluation of the firing of a coach on team performance. Research Report 00F40, Research Institute SOM.

SUEYOSHI, T., OHNISHI, K., KONASE, Y. (1999): A benchmark approach for baseball evaluation. *European Journal of Operational Research,* vol. 115, S. 429-48.

SZYMANSKI, S.; HOEHN, T. (1999): The Americanization of European football. *Economic Policy,* vol. 28, S. 203-40.

SZYMANSKI, S., KUYPERS, T. (1999): Winners & losers: The business strategy of football. London et al., Penguin.

SZYMANSKI, S., SMITH, R. (1997): The English football industry: profit, performance and industrial structure. *International Review of Applied Economics,* vol. 11, S. 379-92.

Sonstige Quellen

www.mlsnet.com

www.us-soccer.com

www.xe.com

www.sover.net/~spectrum/overview.html

„Institutions matter" – Einige Probleme mit der Effizienzgrenze im Profi-Fußball

Korreferat zum Beitrag von Dieter J. Haas

Egon Franck

1 Effizienzgrenze und Forschungsfragen

Ausgangspunkt der Überlegungen ist das Konzept der Effizienzgrenze. Für jedes Outputniveau gibt es im Prinzip eine so genannte optimale Faktorkombination im Sinne Gutenbergs. Findet sie ein Club, so holt er im Grunde das Beste aus seinen Inputs heraus. Natürlich kann man dieses Beste bzw. die optimale Faktorkombination absolut oder aber relativ zu den Konkurrenzclubs verstehen. Die in dem Paper verwendete Technik legt eine relative Betrachtung zu Grunde.

Natürlich können mehrere Clubs in einer Liga auf dieser Effizienzgrenze operieren. Auch wenn sie unterschiedliche Outputniveaus produzieren, könnten sie jeweils das Beste aus ihren Ressourcen gemacht haben. Der Meister muss nicht unbedingt auch der Meister beim Erreichen der Effizienzgrenze sein. Andere Clubs, die sportlich unterlegen waren, könnten ihre bescheideneren Ressourcen trotzdem mit mehr Geschick eingesetzt haben.

In dem Beitrag geht es um die Frage nach der Meisterschaft beim Erreichen der Effizienzgrenze in der Fußall-Bundeliga und im Major League Soccer (MLS). In jeder Liga für sich genommen ist die Frage schon interessant, welche Mannschaften unter ihren Möglichkeiten geblieben sind. Besonders reizvoll ist jedoch der Vergleich zwischen der Meisterschaft beim Erreichen der Effizienzgrenze in der Soccer-League und in der Bundesliga. Dies hängt damit zusammen, dass die Clubs der beiden Ligen in unterschiedliche institutionelle Regimes eingebunden sind.

2   Grundsätzliche Punkte

Vom Prinzip her nimmt der Autor eine Reihe von Outputs, nämlich die Punktzahl eines Clubs in der Meisterschaft, seine Stadionauslastung und den Jahresumsatz, sowie eine Reihe von Inputs, nämlich die Spielergehaltssumme als Proxy für das Spielertalent und das Trainersalär als Proxy für die Trainerqualität. Mit Hilfe der Data Envelopment Analysis (DEA) wird nun geschätzt, welche Clubs aus ihren Inputs Spielergehaltssumme und Trainersalär am meisten Output in Gestalt von Punkten in der Meisterschaft, Stadionauslastung und Jahresumsatz herausgeholt haben.

Meine Probleme mit der Untersuchung lassen sich auf folgenden gemeinsamen Nenner bringen. Mir scheint, dass sich in den Daten technologische Besonderheiten und institutionelle Besonderheiten auf eine nicht ganz kontrollierte Weise vermischen.

Was die technologischen Besonderheiten angeht, so habe ich den Eindruck, dass die Produktionsfunktionen der Clubs in starkem Masse ineinander verschränkt sind, so dass man vielleicht von Teamproduktion sprechen müsste. Dies erkennt man im Grunde an allen Input- und Outputfaktoren, die verwendet werden. Am augenscheinlichsten illustriert den Punkt aber der Outputindikator „Punktestand in der Meisterschaft". Es ist offensichtlich, dass ein Club diesen Output nicht steigern kann, ohne die Produktionsmöglichkeiten der anderen Clubs zu beschneiden. Jeder Gewinn bedeutet auch eine Niederlage. Im Grunde gilt aber dieses Interdependenzproblem für andere Datenkategorien ebenfalls. Wenn Bayern München seinen Umsatz in der Champions League steigert, verdrängt es automatisch einen andern Bundesliga-Club von diesem Futtertopf. Was eine Spielergehaltsumme letzlich an Talent zum Einsatz bringt, hängt von den Spielergehaltssummen der anderen ab, usw.

Mir ist nicht ganz klar, was die Berechnung von Effizienzgrenzen für die einzelnen Clubs in diesem Umfeld voller Interdependenzen bedeutet. Produzieren nicht auch gerade jene ineffizienten Clubs den Umsatz der effizienten mit, die gerade um einen Tick zu wenig hoch gepokert haben und ihren teuren Spielerkader eigentlich verschwenden, weil sie z.B. den Sprung in die Europapokal verpassen. Braucht nicht jeder große Sieger (der durch Punkte, Umsatz etc. an Effizienz gewinnt) einen großen Gegner (der fast so viel investiert hat und nur knapp verliert, aber dennoch keine Punkte, Zusatzumsatz usw. erhält). Fängt also nicht der Siegreiche und daher effiziente eine umso größere Rente ein, je verschwenderischer sein Gegner mit seinen Ressourcen umgegangen ist? Man kann zweifeln, ob sich das Stadion füllt und ob Zuschauer den Fernseher einschalten, wenn nur noch Exekutionen kommen, bei denen der Unterlegene auf möglichst ressourcenschonende Weise verliert.

Wenn das so zutreffen würde, dann wäre die Liga, die den gesamten Teamproduktionsprozess einschließt, die legitime Betrachtungsebene für Effizienzüberlegungen. Eine Liga könnte aus den insgesamt eingesetzten Ressourcen gerade dann mehr herausholen als eine andere Liga, wenn verschwenderische Verlierer zur noch üppigeren Versorgung der Sieger beitragen, d.h. wenn sich die Clubs gerade nicht wie Perlen auf der efficiency frontier aufreihen. Dieser Punkt kam mir in den Sinn, als sich in der Untersuchung herausstellte, dass zwar in der Soccer League die einzelnen Clubs anders als in der Bundesliga wie Perlen auf der efficiency frontier sitzen. Dennoch beträgt aber der Ligaumsatz nur einen Bruchteil des Bundesliga-Umsatzes. Das kann natürlich auch andere Gründe oder zumindest zusätzliche Gründe haben.

Grundsätzlich muss man dann wohl auch fragen, ob die DEA als Untersuchungstechnik in Anbetracht der angesprochenen Interdependenzproblematik überhaupt geeignet ist.

Es kann aber auch sein, dass die Untersuchung für die Soccer-Clubs gar nicht viel über Produktionseffizienz aussagt. Damit komme ich zu meinem zweiten Punkt, dem institutionellen Einfluss auf die Daten. Zu Recht betont der Autor selbst, dass das institutionelle Regulierungsumfeld eine entscheidende Rolle spielt. Ich gebe ihm gänzlich Recht und gehe als Kritiker sogar ein Stück weiter. Ist der Einfluss des institutionellen Regelungen nicht so stark, dass er einen Teil der Daten für eine Produktionseffizienz-Untersuchung disqualifiziert?

Als Inputs werden wie gesagt die Spielergehälter und das Trainergehalt genommen. Nun hat die Soccer League nicht nur ein salary cap, sondern durch das single entity concept auch gute Möglichkeiten, dieses cap durchzusetzen. Alle Clubs zahlen die gleichen Gehaltssummen und setzen damit die gleiche Inputqualität ein, unter der vom Autor gemachten Annahme, dass Gehalt als Proxy für Qualität stehen kann. Gehen wir auf die Outputseite. Hier disqualifizieren die institutionellen Rahmenbedingungen das Umsatzkriterium. Durch die hermetische Liga fallen nur Einnahmen innerhalb des Ligabetriebs an (also keine Champions League usw.) Die bescheidene Selektivität der Play-offs lässt die große Mehrzahl der Clubs die gleiche Anzahl von Spielen absolvieren. Schließlich kommt noch das Erlösumverteilungspotential im single entity concept dazu. Ergebnis: Die Umsatzdifferenzen zwischen den Soccer Clubs sind ähnlich gering wie die Gehaltsdifferenzen. Was bedeutet dies?

Der einzige produktionstheoretische Entscheidungsspielraum auf der Inputseite, der von der Untersuchung noch erfasst wird, betrifft die Trainergehälter. Die relevante Varianz auf der Outputseite beschränkt sich auf die Stadionauslastung und die erzielten Punkte. Wenn ich überspitzt formulieren darf, wird also Produktionseffizienz untersucht, indem gerade noch die Trainergehälter ins Verhältnis zu Stadionauslastung und zum Punktestand gesetzt werden. Unter diesen Rahmenbedingungen müssen geradezu die Dinge herauskommen, die herauskommen:

- Die sportlich erfolgreichsten Clubs müssen die effizientesten sein, denn der Punktestand ermöglicht ja noch die größte Varianz auf der Outputseite
- Alle Clubs werden vergleichbar effizient sein, weil die wesentlichen untersuchten Inputkategorien (Spielergehälter) und Outputkategorien (Umsatz) durch die institutionellen Rahmenbedingungen im Vorfeld standardisiert sind, usw.

Meines Erachtens müsste man Inputs und auch Outputs wählen, die nicht durch die institutionellen Rahmenbedingungen standardisiert sind, die also Entscheidungsspielräumen auf Clubebene unterliegen, um Aussagen darüber machen zu können, ob Clubs diese Entscheidungsspielräume effizient ausgefüllt haben. Wenn amerikanische Clubs mit standardisierten Gehältern arbeiten, dann muss man vielleicht andere Dinge auf der Inputseite untersuchen, bevor man Aussagen über die Produktionseffizienz machen kann. Ob ein Stadion ausgelastet ist, hängt z.B. auch davon ab, wie attraktiv die Zuschauerservices, das Komplementangebot für Familien, das Rahmenprogramm usw. sind. Wenn diese Dinge in der Soccer League nicht reguliert sind, entscheidet sich die Produktionseffizienz dort eben an solchen Dingen.

Auch wenn die Effizienzgrenzenuntersuchung für die Soccer League aus den genannten Gründen nicht ganz überzeugt, können Institutionenökonomen aber durchaus zufrieden sein. Die Daten sprechen ohne die DEA-Analyse ganz deutlich für ein „institutions matter". Die salary cap wirkt in dem single entity concept offenbar so, wie man es erwartet: Die Gehaltssummen der Soccer Clubs sind uniform im Vergleich zu denen der Bundesliga-Clubs. Die Liga scheint ausgeglichener zu sein, wenn man vom Punktestand eines Jahres schließen darf. Die Erlösumverteilung scheint im single entity concept ebenfalls zu wirken. Wir kennen andere US-Ligen, die ebenfalls salary caps und Umverteilungsmassnahmen implementiert haben, die aber bekanntlich in eklatanter Weise unterlaufen werden. Offenbar ermöglicht das single entity concept, welches die Liga der Institution Firma wesentlich näher rückt als die sonst praktizierten hybriden Genossenschaftskonzepte, eine bessere Durchsetzung der Regeln. Auch das ist zu erwarten. Ebenso aber ist zu erwarten, dass „echter und kompromissloser sportlicher Wettbewerb" im single entity concept schwerer an die Zuschauer zu signalisieren ist als in Organisationskonzepten mit mehr dezentraler Entscheidungsfreiheit. Die im Quervergleich zu den dezentraler organisierten Ligen sehr bescheidenen Zuschauerzahlen der Soccer League könnten auch teilweise mit einem „Show statt Sport" - Verdacht gegenüber einer Liga zusammenhangen, die ihre Spieler wie eine Firma intern delegieren kann. Hier kommt man erneut zu dem weiter oben angesprochenen Punkt. Es ist die Frage, ob eine Liga mit mehr dezentraler Entscheidungsfreiheit näher an die Effizienzgrenze rückt, obwohl ihre Clubs sehr unterschiedlich effizient sein können. Ich will die Sache aber hier nicht weiter vertiefen.

3   Details

Abschließend möchte ich stichwortartig noch auf drei Details Bezug nehmen:

* Es ist zu überlegen, ob man die Umsätze aus den Play offs in der Soccer League wirklich wie die Umsätze der europäischen Cupbewerbe behandeln kann. Immerhin gibt es im letzten Fall einen Zeitlag von einem Jahr. Der Umsatz, den eine Bundesliga-Mannschaft sagen wir mal 2002 in der Champions League erzielt, hat etwas mit den Inputentscheidungen 2001 zu tun, als die Qualifikation durch die damaligen Spieler erzielt wurde. Bei den Play offs spielt sich dagegen alles in einer Saison ab. Nicht nur passen Input und Output im

deutschen Fall nicht zusammen, wenn man das gleiche Bezugsjahr wählt. Auch unter Anreizaspekten sind die Implikationen unterschiedlich: Deutsche Clubs werden in Antizipation der Umsätze in der Champions League neue Rüstungsentscheidungen für das nächste Jahr fällen, sobald sie wissen, dass sie qualifiziert sind. Clubs der Soccer League müssen unmittelbar nach der Qualifikation in die Play offs.

- Ich weiß nicht, ob man den Faktor Zufall oder Glück nicht in einer systematischeren Weise berücksichtigen muss. Oft entscheidet eine Kleinigkeit darüber, welcher Club sich für den UEFA-Cup qualifiziert. Er wird dadurch schlagartig effizient und der knapp Unterlegene schlagartig zum Verschwender. Vielleicht würde die Wiederholung der Untersuchung über mehrere Jahre das Problem entschärfen. Auf der Ligaebene stellt sich das Problem erst gar nicht, denn dass sich jemand qualifizieren wird, unterliegt keinem Zufall.

- Bei der Bundesliga wäre noch anzumerken, dass die Europäischen Wettbewerbe parallel laufen und somit während des selben Zeitraumes unterschiedlich viele Spiele absolviert werden müssen. Am 34. Spieltag hat ein Champions-League-Teilnehmer möglicherweise bereits 50 Spiele hinter sich, während ein nur national agierender Club erst 33 Spiele gemacht hat (Pokal ausgenommen). Schon daraus könnte eine Verzerrung resultieren, z.B. weil „kleine", in europäischen Wettbewerben vertretene Clubs (Hertha, 1860, Stuttgart...) durch die Doppelbelastung in der Meisterschaft schlechter abschneiden (weniger Punkte machen und ihr Stadion in den Punktspielen schlechter auslasten). Im Gegensatz dazu haben in den USA zu jedem Zeitpunkt alle aktiven Clubs gleich viele Spiele absolviert.

Die ökonomischen Institutionen des Spielermarktes im Fußballsport –
Eine Analyse des FIFA-Transferreglements

Horst M. Schellhaaß/Frank C. May

Zusammenfassung:

Als Reaktion auf das *Bosman*-Urteil des EuGH und die Rechtsauffassung der EU-Kommission hat die FIFA im Juli 2001 ein neues Transferreglement erlassen, welches einen Ausgleich zwischen der durch Art 39 EG-Vertrag garantierten Arbeitnehmerfreizügigkeit und den ökonomischen Anreizen zu Humankapitalinvestitionen seitens der Vereine anstrebt. Im vorliegenden Beitrag zeigen wir erstens, dass die herrschende juristische Lehrmeinung, nach der eine Transferentschädigung grundsätzlich die Mobilität von Spielern einschränke, unzutreffend ist; zweitens, dass die Vorhersagen ökonomischer Studien, nach denen das Verbot der Transferentschädigung die Humankapitalinvestitionen der Vereine spürbar beeinträchtige, ebenfalls falsch sind; und drittens, dass die Bundesligavereine auf das Verbot der Transferentschädigung nicht mit einer Verminderung ihrer Trainingsaktivitäten, sondern mit einer Änderung ihrer Rekrutierungspolitik reagieren: Sie substituieren heimische Nachwuchstalente durch erfahrene ausländische Spieler in ihren Bundesligateams. Die tatsächlichen Folgen der Regeländerung entsprechen deshalb nicht den intendierten Wirkungen.

1   Problemstellung

Selbstregulierung ist ein prägendes Strukturmerkmal von Sportmärkten. Dabei erstreckt sich die Domäne des selbstgesetzten Rechts der Sportverbände von den »reinen« Spielregeln über Fragen der Lizenzierung bis zu den Regelungen der Arbeitsverträge und betrifft damit Bereiche von immenser wirtschaftlicher Relevanz. Aus ökonomischer Sicht handelt es sich bei solchen formalisierten privaten Regeln, die der Überwachung und Durchsetzung seitens der Sportverbände unterliegen, um innere Institutionen des Marktsystems (vgl. LACHMANN 1963). Diese können als *lex specialis* mit den äußeren Institutionen, d.h. der allgemeinen Rechtsordnung einer Volkswirtschaft in Konflikt geraten. Ein derartiger „clash beween the civil laws and the *Lex Sportiva*" (CAIGER / GARDINER 2000, S. 5) ereignete sich am 15. Dezember 1995, als der Europäische Gerichtshof (EuGH) mit seiner Rechtsprechung im Fall *Bosman* die Rahmenbedingungen für den professionellen Mannschaftssport fundamental geändert hat.

Mit Verweis auf die durch Artikel 39 EG-Vertrag garantierte Arbeitnehmerfreizügigkeit hat das *Bosman*-Urteil die Zahlung einer Transferentschädigung beim Vereinswechsel von Profispielern *nach* Ablauf des gültigen Arbeitsvertrages untersagt. Das Urteil gab der EU-Kommission jedoch Anlass, die Institutionen des Spielermarktes im Profifußball auf ihre *grundsätzliche* Verträglichkeit mit den Vorgaben des EG-Vertrages zu überprüfen und die Sportverbände zu einer Änderung ihrer Reglements zu bewegen.[1] Als Ergebnis dieses Neuordnungsprozesses sind am 1. September 2001 die modifizierten Regeln der Fédération Internationale de Football Association (FIFA) zum Transfer von Spielern und zur Zulässigkeit von Transferentschädigungen in Kraft getreten.

In der ökonomischen Literatur wird die spezifische Funktion der Transferentschädigung in dem Schutz der Quasirenten aus Humankapitalinvestitionen vor Enteignung gesehen. Folglich stehen die Transferregeln in einem Spannungsfeld zwischen der verfassungsrechtlich verankerten Gewährleistung der Spielerfreizügigkeit und dem ökonomischen Problem der Schaffung angemessener Gewinnanreize zur Investition in die Ausbildung junger Talente. Diesem »trade off« versucht die FIFA mit ihrer Neuregelung der Transferbedingungen explizit Rechnung zu tragen: „Ziel ist es, die Ausbildung der jungen Spieler zu verbessern und zu intensivieren sowie die Solidarität unter den Klubs zu fördern, indem an die Vereine, die in die Ausbildung der jungen Spieler investiert haben, eine finanzielle Entschädigung entrichtet wird. Gleichzeitig wurden Vorkehrungen getroffen, damit die Ausbildungsentschädigungen verhältnismäßig sind und für einen jungen Spieler beim Vereinswechsel nicht zur Hypothek werden." (FIFA-Zirkular Nr. 769, S. 3)

In unserem Beitrag prüfen wir zunächst, ob und in welchen Konstellationen die Transferentschädigung zu der ihr unterstellten Beeinträchtigung der Spielermobili-

---

[1]   „The competition law implications of *Bosman* were not set out in the ruling, but have surfaced subsequently both at EU level and in the national states. ... There are indications from the Competition Commission that the transfer system as it currently obtains is unlawful in EU law." (CAIGER / GARDINER 2000, S. 4)

tät führen kann. Anschließend analysieren wir, ob ein Verbot der Transferentschädigung die im ökonomischen Schrifttum vorhergesagten negativen Wirkungen auf die Ausbildungsbereitschaft im Fußballsport hat. Unsere Ergebnisse werden weder die juristischen noch die ökonomischen Vorhersagen bestätigen.

2 Die Logik des *Bosman*-Urteils

Sehen die Satzungen der Verbände Transferentschädigungen vor, bedeutet dies, dass dem Verein – ungeachtet eines bestehenden Arbeitsvertrages – eine Kompensationszahlung beim Weggang eines Spielers zusteht. Es entspricht einer gewissen Tradition der Rechtsprechung, derartige Abweichungen vom idealtypischen Muster des bilateralen Tausches als Monopolelemente zu deuten und den von den Verbänden intendierten Zweck der Transferentschädigung in einer Beschränkung des Wettbewerbs zu vermuten. In diesem Sinne argumentieren CAIGER/O'LEARY (2000, S. 202), dass das Registrierungs- und Transfersystem in erster Linie dazu genutzt worden sei, den Macht- und Kontrollbereich der Vereine auf die Handlungsmöglichkeiten der Spieler auszudehnen und insofern eine ernsthafte Abweichung von den Prinzipien einer Wettbewerbsordnung darstelle.

Aus ökonomischer Perspektive setzen wettbewerbliche Marktprozesse die Existenz bestimmter Handlungsbeschränkungen voraus, so dass Marktschranken nicht *per se* als wohlfahrtsmindernd identifiziert werden können – man denke etwa an das Patentsystem. Institutionen kanalisieren das Handeln der Marktakteure, indem sie die Menge der potentiellen Handlungsweisen beschränken; sie legen auf diese Weise die spezifische Struktur der Verfügungsrechte fest. Mithin erscheint es bereits von der Logik her nicht sinnvoll, die Wahl des geeigneten institutionellen Rahmens als ein Problem beschränkter versus unbeschränkter Handlungsrechte zu diskutieren – wie es im Bosman-Urteil geschehen ist. Vielmehr gilt es herauszufinden, von welcher Struktur der Verfügungsrechte die Volkswirtschaft bessere Ergebnisse erwarten kann, indem die vorhersagbaren Wirkungsmuster alternativer institutioneller Arrangements verglichen werden (vgl. VANBERG 1999, S. 226).

2.1 Die Freizügigkeits-Garantie – ökonomisch interpretiert

Nach der herrschenden juristischen Lehrmeinung soll die Einbindung eines Dritten mit eigenen Finanzinteressen – des alten Vereins nämlich – in den Transaktionsprozess das Zustandekommen eines beiderseitig vorteilhaften Vertrages zwischen Spieler und neuem Verein erschweren oder gar verhindern, wie der Fall *Bosman* gezeigt habe.[2] Da der EuGH der Arbeitnehmer-Freizügigkeit – als einer der vier Grundfreiheiten des Vertrags von Amsterdam – absolute Priorität einräumt, hat er konsequenterweise das bis dahin geltende Transferentschädigungssystem untersagt.

Mit Blick auf den Marktprozess besteht der Stellenwert der Freizügigkeit darin, beiderseitig vorteilhafte Tauschhandlungen zu ermöglichen. Beschränken Transferentschädigungen die Spielerfreizügigkeit, bedeutet dies, dass potentielle Gewinn- und Einkommensvorteile auf dem Spielermarkt unrealisiert bleiben: Es entstehen »Koordinationslücken« in Form ungenutzter Allokationsmöglichkeiten; diese könnten in einem Regime mit allgemeiner Handlungsfreiheit geschlossen werden. Die Folgen einer eingeschränkten Mobilität sind zwischen Ökonomen und Juristen unstrittig.

Dissens besteht über die *Vorfrage*, ob die Transferentschädigung überhaupt die Mobilität von Profispielern beeinträchtigt. Der Europäische Gerichtshof unterstellt dies ohne jede Prüfung als eine offensichtliche Tatsache: Er identifiziert die Transferentschädigung als eine Marktschranke, welche verhindert, dass Ressourcen in diejenige Verwendung wandern, in der sie aus Sicht der Beteiligten den größten Nutzen stiften. Mit dieser These stellt sich der EuGH in diametralen Gegensatz zu ökonomischen Analysen, nach denen die konkrete Ausgestaltung der Transfermodalitäten *keinen* Einfluss auf die Vereinswahl von Profispielern hat (vgl. DEMSETZ 1972, S. 16).

Damit es unter einem Transferentschädigungs-Regime zu einem problemlosen Arbeitsplatzwechsel kommt, müssen zwei Bedingungen gleichzeitig erfüllt sein. Das Gehaltsgebot des aufnehmenden Vereins muss mindestens so hoch wie das Gehaltsgebot des alten Vereins für die neue Saison sein, und die Transferentschädigung muss mindestens den dem alten Verein zufließenden Anteil an der erwarteten zukünftigen Wertschöpfung des Spielers kompensieren. So lange die Vereine unterschiedliche Erwartungen über die Produktivität des Spielers haben, besteht für sie ein Anreiz, die Rechte über den Einsatz des Spielers auszutauschen. Die Existenz

---

[2]   Vgl. stellvertretend CAIGER / GARDINER (2000, S. 4): „The *Bosman* ruling clearly showed that the UEFA and FIFA rules on the transfer of players between clubs from one Member State to another infringed the EU Treaty rules relating to freedom of mobility of workers. [...] As a result of the ruling, there has been a marked increase in the movement of professional football players between Member States."

von Transaktionsgewinnen als notwendige Bedingung für die Vorteilhaftigkeit eines Spielerwechsels ist von der anfänglichen Verteilung der Verfügungsrechte zwischen Spieler und Vereinen unabhängig.[3] Insofern wird unter einem Regime der Transferentschädigung das eigennützige Ziel der Spieler, ihr Einkommen zu maximieren, vom Gewinnmaximierungskalkül der Vereine nicht etwa unterminiert, sondern sogar noch gefördert.[4] Dies führt zu dem Fazit, dass die Freizügigkeit der Spieler durch eine marktkonforme Transferentschädigung *nicht* eingeschränkt wird (vgl. SCHELLHAAß 1984); der Logik des *Bosman*-Urteils fehlt folglich eine theoretische Begründung.

Aufgrund der zwischen den Parteien aufzuteilenden Transaktionsgewinne kann von einer grundsätzlichen Interessenharmonie zwischen altem Verein und Spieler ausgegangen werden. Entsprechend verlaufen die meisten Transaktionen am Spielermarkt reibungslos und ungeachtet der Interdependenz beider Verträge einigen sich Spieler und neuer Verein über den Inhalt des Arbeitsvertrages sowie alter und neuer Verein über die Höhe der Transferentschädigung. Selbst wenn eine Einigung beider Vereine über die Transfersumme nicht erzielt werden kann, verhindert dies in der Regel nicht den geplanten Wechsel des Spielers, sondern die fehlende Verhandlungslösung wird durch den verbindlichen Spruch eines Schiedsgerichts ersetzt. Unstrittig ist, dass der Transfer von Bosman *nicht* aufgrund einer fehlenden Übereinkunft der Beteiligten über den Inhalt des Arbeitsvertrages oder über die Höhe der Transferentschädigung unterblieben ist (vgl. SCHELLHAAß/MAY 2002). Vielmehr müssen spezielle Bedingungen vorgelegen haben, unter denen die Institutionen des Spielermarktes, die eigentlich die Koordination von Einzelplänen erleichtern sollen, in diesem konkreten Fall selbst zur Ursache von Koordinationsproblemen werden konnten.

---

[3] Für die Allokation der Spieler auf die einzelnen Vereine gilt das COASE'sche »Invarianztheorem«: „[T]he delimitation of rights is an essential prelude to market transactions; but the ultimate result (which maximizes the value of production) is independent of the legal decision." (COASE 1959, S. 27)

[4] Damit ist GARDINER/WELCH (2000, S. 114) zu widersprechen, die dem *Bosman*-Urteil eine mobilitätsfördernde Wirkung aufgrund der von ihm ausgehenden „clear financial attractions" attestieren und als ideale institutionelle Reform die völlige Abschaffung des Transfersystems vorschlagen (ebd., S. 125).

2.2   Die Ausgestaltung des Transfersystems als Ursache eingeschränkter Spielermobilität

Ein internationaler Transfer setzte zu jener Zeit (1990) voraus, dass der abgebende Nationalverband durch den Freigabeschein bestätigte, dass alle finanziellen Verpflichtungen, einschließlich der anfallenden Ablösesumme, erfüllt waren. Die Verweigerung des internationalen Freigabescheins war das Faustpfand, mit dem der alte Verein seine Geldforderungen gegenüber dem neuen Verein durchsetzen konnte. Hierin ist in der Tat eine Beeinträchtigung der Freizügigkeit von Profispielern zu sehen.

Um die Freizügigkeit nach Artikel 39 EU-Vertrag zu gewährleisten, hätte es genügt, die Ausstellung des Freigabescheins von der Überweisung der Transferentschädigung abzukoppeln. Dies ist in der Zwischenzeit durch die FIFA und UEFA geschehen. Nach wie vor ist nach Artikel 6 des FIFA-Reglements der Spieler für den aufnehmenden Verein jedoch erst spielberechtigt, wenn der neue Verband im Besitz des internationalen Freigabescheins ist. Aber der bisherige Nationalverband klärt mit dem Spieler und seinem alten Verein nur, ob (i) der Vertrag abgelaufen ist, (ii) im gegenseitigen Einverständnis vorzeitig aufgelöst worden ist oder (iii) eine Vertragsstreitigkeit vorliegt (vgl. FIFA-Zirkular Nr. 769, S. 16). In den ersten beiden Fällen stellt der Verband innerhalb von sieben Tagen den internationalen Freigabeschein aus, der nach Artikel 8 des FIFA-Reglements an keinerlei Bedingungen geknüpft werden darf. Insofern haftet der Spieler nicht mehr für unbeglichene Verpflichtungen seines neuen Arbeitgebers.[5]

Die Ausstellung des Freigabescheins darf nur verweigert werden, wenn durch den geplanten Vereinswechsel des Spielers eine Vertragsstreitigkeit entstanden ist, das heißt wenn der Vertrag noch nicht ausgelaufen ist und keine Einigung über eine vorzeitige Vertragsauflösung erzielt werden konnte (Art 6 Abs 5 FIFA-Reglement). Der Spieler haftet mithin nur noch für eigene Vertragsverletzungen. Insofern waren schon vor dem EuGH-Urteil die den Fall *Bosman* auslösenden Satzungsbestimmungen in eine rechtlich einwandfreie Form gebracht worden.

---

[5]   Sollte der neue Verein die Transferentschädigung nicht oder nicht rechtzeitig überweisen, richten sich die Disziplinarmaßnahmen in Form von Geldstrafen, Punktabzügen oder gar eines Ausschlusses vom Wettbewerb direkt gegen diesen Verein; vgl. Art 9 der FIFA-Ausführungsbestimmungen.

Während die frühere Verweigerung des Freigabescheins eindeutig als Behinderungshandlung qualifiziert werden kann, stellt sich die Einsetzung eines Schiedsgutachters – als einem externen Überwachungs- und Durchsetzungsorgan – als ambivalent dar. Grundsätzlich wird die Transferentschädigung zwischen dem abgebenden und dem aufnehmenden Verein frei ausgehandelt, allerdings »in the shadow of the law«, d.h. der Verfahrensvorschriften für den Schiedsgutachter. Die Kontrolle durch eine dritte Partei soll den Austauschprozess erleichtern, indem strategische Blockadehaltungen, die in Situationen des »small numbers bargaining« auftreten können, aufgelöst werden. Die Ambivalenz der Mediation besteht darin, dass die mit der Nutzung von Faustformeln einhergehende Pauschalierung selbst zum Koordinationshemmnis werden kann. Beispielsweise wäre der Vereinswechsel von Bosman auch gescheitert, wenn die Transferentschädigung nach den Satzungsbestimmungen des belgischen Fußballverbandes festgesetzt worden wäre (vgl. SCHELLHAAß/MAY 2002).

Die vom alten und neuen Verein bezüglich des Spielers gebildeten Produktivitätserwartungen, welche die Unter- und Obergrenzen der Transferentschädigung angeben, sind für einen externen Schiedsgutachter unbekannte Größen. Näherungsweise wird deshalb für die Schiedsformel auf die beobachtbaren Gehaltsangebote beider Vereine zurückgegriffen. Als besonders problematisch erweist sich dabei die Einbeziehung der Konditionen des ausgelaufenen Arbeitsvertrages in die Berechnungsmodalitäten, da sich diese auf Einschätzungen in der Vergangenheit beziehen, die sich im Lichte der Erfahrung geändert haben können und insofern für heutige Entscheidungen irrelevant sind. Es ist nicht auszuschließen, dass die Satzungsbestimmungen über die Berechnung der Transferentschädigung in Streitfällen indirekt die Freizügigkeit von Arbeitnehmern beeinträchtigen können. Da der EuGH diesen Sachverhalt nicht als Mobilitätshindernis erkannt hat, sind die Satzungsvorgaben für die Schiedsgutachter rechtlich nicht beanstandet worden, obwohl sie aus ökonomischer Sicht außerordentlich relevant sind.

Im Regelfall einer wechselbedingt steigenden Wertschöpfung stellt die Berechnungsformel für den Schiedsgutachter kein Mobilitätshemmnis dar, weil sowohl die beteiligten Vereine als auch der Spieler von einem Wechsel profitieren. Die Anrufung des Schiedsgerichts soll nur die Aufteilung des Handelsgewinns unter den drei Akteuren verbindlich festlegen, der Wechsel als solcher steht nicht zur Disposition. Koordinationsschwierigkeiten können auftreten, wenn die erwartete Wertschöpfung des Spielers im Zeitablauf abnimmt. Die Relevanz dieses Falles sollte in Anbetracht

der jüngsten Entwicklungen auf dem Markt für Übertragungsrechte nicht unterschätzt werden. Zu einer Korrektur der Wertschöpfungserwartungen nach unten
werden die Vereine nämlich nicht nur bei einer Enttäuschung der in den Spieler
gesetzten Hoffnungen oder einer Minderung der sportlichen Leistungsfähigkeit veranlasst, sondern auch durch einen Rückgang der Nachfrage auf dem der Produktion
von Sportveranstaltungen nachgelagerten Markt für Verwertungsrechte: Die den
Vereinen aufgrund des Insolvenzantrages von KirchMedia entgehenden Fernseh-
rechteeinnahmen haben den Preis, der für das Teamprodukt am Markt erzielt werden kann, sinken lassen und führen damit – bei unverminderter sportlicher Leistung
der Spieler – zu einer Reduktion der individuellen Wertschöpfung.

Dass die Praxis des Schiedsgerichts Transferprobleme mitverursacht, ist angesichts
der Rückwirkungen von Schiedsgerichtsentscheidungen auf die Verhandlungsbe-
reitschaft der Vereine nicht auszuschließen. Bilaterale Verhandlungslösungen sind
gegenüber strategischem Verhalten anfällig. Wenn ein Spieler glaubwürdig erklärt,
dass er den Verein – etwa wegen eines Zerwürfnisses mit dem Trainer – unter allen
Umständen verlassen will, kann dieser seine Position bei der gutachterlichen Bestimmung der Transferentschädigung durch ein günstiges Angebot zur Vertragsverlängerung verbessern. Aus diesem Grunde kann der Schiedsgutachter einen
angemessenen Abschlag vom Vertragsangebot vornehmen, wenn die bei einer
Vertragsverlängerung angebotenen Bezüge ohne ersichtlichen Grund erheblich über
den bisherigen Konditionen des Arbeitsvertrages liegen. Satzungsbestimmungen
zur Verhinderung strategischen Verhaltens – in diesem Fall die Korrektur eines
nicht ernst gemeinten Vertragsangebotes – verbessern deshalb die Funktionsfähig-
keit von Märkten. Allerdings sind den Anreizen zum strategischen Kampf um Ver-
teilungsgewinne auch marktendogene Grenzen gezogen, da der abgebende Verein
bei einem überzogenen Angebot zur Vertragsverlängerung Gefahr läuft, den Spieler
zu einem Verbleib im Verein umzustimmen und sich damit selbst schädigen würde.

Unsere Analyse konnte die in der Rechtswissenschaft weit verbreitete Ansicht, dass
die Transferentschädigung die Freizügigkeit von Arbeitnehmern beeinträchtige,
nicht bestätigen. Im Regelfall ist eine marktkonforme Transferentschädigung mit
einer einkommensmaximierenden Vereinswahl des Spielers kompatibel. Es konnte
jedoch – unseres Wissens erstmalig – gezeigt werden, dass die Schiedsverfahren,
die eigentlich Transferstreitigkeiten beilegen sollen, selbst zu einem Mobilitätshemmnis werden können. Angesichts der Vielfalt der im Wettbewerb vorkommenden Konstellationen kann jede Standardisierung der Schiedsformel die Mobilität

von Spielern beeinträchtigen. Eine ökonomisch überzeugende Lösung müsste deshalb den Schiedsgutachter von sämtlichen Vorgaben bei der Aushandlung der Transferbedingungen befreien. Der Sport möge sich hier eine Anleihe bei den Schlichtungsverfahren für Tarifstreitigkeiten holen: Dem Schlichter in Arbeitskämpfen wird nicht vorgegeben, wie hoch die Lohnsteigerung in Abhängigkeit von der gesamtwirtschaftlichen Produktivitätsentwicklung, der erwarteten Inflationsrate oder der Gewinnsituation der Unternehmen sein soll, sondern er hat nur die Vorgabe, eine Lösung zu suchen, mit der sowohl der Arbeitgeberverband als auch die Gewerkschaft leben kann. Wie in vielen Bereichen des täglichen Lebens gilt auch hier, dass nicht eine juristische Lösung, die für alle denkbaren Fallkonstellationen einen konkreten Berechnungsweg vorschreibt, sondern dass die Simulation des Marktgeschehens durch das freie Ermessen des Schiedsgutachters den besten Ausgleich der Interessen gewährleistet.

Kurzfristig beeinflussen Transferentschädigungen allein die Aufteilung der Kooperationsrenten zwischen den beteiligten Parteien. Dieser Nachweis ist hinreichend, um den Spruch des EuGH im Fall *Bosman* als Fehlurteil zu qualifizieren, er ist jedoch noch nicht hinreichend, um eine Wiedereinführung der Transferentschädigung zu befürworten. Ein positives Votum setzt den Nachweis voraus, dass der Marktprozess mit Transferentschädigungen für alle Teilnehmer attraktiver ist. Die Vorteile zeigen sich in der dynamischen Sicht, d.h. im Hinblick auf die für die Zukunft einer Sportart existentiellen Tatsache, dass der Bestand an Spielstärke nicht ein für allemal gegeben ist, sondern kontinuierlich erneuert werden muss. Die damit angesprochene Frage, welche Koordinationsfunktion den Transferregelungen in Bezug auf die Ausbildungsbereitschaft und die Rekrutierungspolitik der Vereine zukommt, soll den Inhalt des nachfolgenden Abschnitts bilden.

3 Die Koordinationsfunktion der Transferentschädigung

Innere Institutionen entstehen im Marktprozess als Antwort auf spezifische Koordinationsprobleme und sind – im Gegensatz zu den externen Institutionen der Rechtsordnung – selbst der Marktselektion unterworfen. Kann sich eine innere Institution bewähren und erhalten, muss vermutet werden, dass sie den Marktteilnehmern zur Erreichung ihrer Ziele dienlich ist (vgl. HAYEK 1956, S. 513). In diesem Sinne hat die Transferentschädigung zunächst einmal eine Effizienzvermutung für sich.

Vor dem *Bosman*-Urteil wurden Transferzahlungen des aufnehmenden Vereins an den abgebenden Verein sowohl bei Spielertransfers während der Vertragslaufzeit als auch nach Ablauf des eigentlichen Vertragsverhältnisses fällig. Beide Ausprägungsformen der Transferentschädigung waren zwischen den Parteien frei verhandelbar und hatten insofern den Charakter von Marktpreisen. Der EuGH hat ausdrücklich nur Transferentschädigungen nach dem Auslaufen des alten Arbeitsvertrages untersagt, jedoch sollte nach Ansicht der EU-Kommission die Zahlung von Transferentschädigungen – ähnlich wie auf dem allgemeinen Arbeitsmarkt – vollständig verboten werden. Von diesem Vorhaben ist nicht viel übrig geblieben.

Nach einer Interimszeit, in der die Rechtsprechung des EuGH für die europäischen Transfers nur noch Ablösezahlungen beim Herauskauf eines Spielers aus einem laufenden Vertrag erlaubte, sehen die neuen FIFA-Transferregelungen nun auch wieder eine nachvertragliche Zahlungsverpflichtung in Gestalt einer Ausbildungsentschädigung vor. Indes wurde der Markt bei der Bestimmung ihrer Höhe weitgehend zurückgedrängt. Transferzahlungen nach Ablauf eines Vertrages sind künftig nur noch für Spieler unter 23 Jahren fällig, und zwar in Form pauschalierter Entschädigungen für die bisherige Ausbildung (Art. 14 und 15 des Reglements). Für ältere Spieler bleibt es beim Verbot der Transferentschädigung, wenn ihr bisheriger Arbeitsvertrag ausgelaufen ist, jedoch können für einen Herauskauf aus einem laufenden Vertrag – entgegen der ursprünglichen Intention der EU-Kommission – Transferentschädigungen in nahezu gleicher Weise wie bisher vereinbart werden. Im Vergleich zu der ursprünglichen marktkonformen Lösung impliziert das neue FIFA-Transferreglement eine Ausdünnung der Verfügungsrechte von Vereinen. Es muss deshalb geprüft werden, ob die Ausbildungsanreize unter diesen Bedingungen bestehen bleiben.

3.1   Transferentschädigungen als Voraussetzung für Humankapitalinvestitionen?

Im Gegensatz zum Paradigma des Humankapitalansatzes (vgl. BECKER 1962) finden wir im professionellen Fußball das interessante Phänomen, dass der Arbeitgeber die Kosten für die allgemeine Ausbildung seiner Spieler trägt, obwohl deren produktivitätssteigernde Wirkung nicht auf den ausbildenden Klub beschränkt bleibt: Ein Spieler kann seine fußballerischen Fähigkeiten in allen Vereinen gleichermaßen verwerten, unabhängig davon, ob diese einen Beitrag zur Finanzierung seiner Ausbildung geleistet haben oder nicht. Nicht ausbildende Vereine haben in einer solchen Situation den Vorteil, dem Spieler ein Gehalt in Höhe seines Wertgrenzproduktes bieten zu können. Da das externe Lohnangebot die »outside option« des Spielers markiert, sieht sich auch ein ausbildender Verein in einem Regime ohne Transferentschädigungen außerstande, etwaige versenkte Ausbildungskosten zu amortisieren. Die humankapitaltheoretische Analyse interpretiert die Transferentschädigung als ein Instrument zur Internalisierung der mit dem Mannschaftstraining verbundenen positiven Externalitäten; indem im Falle eines Weggangs einzelner Spieler ein Ausgleich für die resultierenden Mindereinnahmen stattfinde, werde ein effizientes Niveau an Humankapitalinvestitionen seitens der ausbildenden Vereine gewährleistet.[6]

Auf der Grundlage dieser Argumentation wird in ökonomischen Beiträgen der Wirkungszusammenhang zwischen Transferentschädigungen und Ausbildungsbereitschaft der Vereine grundsätzlich positiv gesehen. Dies gilt sowohl für die Analysen der bis 1996 gültigen Transfermodalitäten in BÜCH/SCHELLHAAß (1978) und SCHELLHAAß (1984) als auch für die Untersuchungen des nach-*Bosman*-Systems in FEESS/MÜHLHEUßER (2000, 2002).[7] Kritischer zeigen sich ANTONIONI/CUBBIN (2000), die einen negativen Einfluss des *Bosman*-Urteils auf die optimalen Investitionsentscheidungen der Vereine verneinen, so lange Vereinswechsel innerhalb der Vertragslaufzeit möglich blieben.[8] Ähnlich argumentieren FRICK/WAGNER (1996), indem sie nachvertragliche Transferentschädigungen als eine Einkommensumverteilung von den Spielern zu den Vereinen interpretieren und auf die durch das Urteil induzierte Tendenz zu längeren Vertragslaufzeiten verweisen. Die Hoffnung auf steigende Ablösesummen könnte dann sogar die Jugendarbeit intensivieren. Insofern stellen auch diese Autoren die positiven Anreizwirkungen der Transferentschädigung nicht in Frage.

---

[6] Vgl. SIMMONS (1997, S. 14), der dieses Problem als »poaching externality« bezeichnet: „To the extent that other clubs can poach promising young players, there is little incentive for training. The prospect of obtaining a transfer fee as compensation for training then restores the incentive to train."

[7] In FEESS/MÜHLHEUßER (2001) wird den mit strikten Transferentschädigungsregelungen einhergehenden Investitionsanreizen der Vereine ein negativer Effekt auf das Anstrengungsniveau der Spieler entgegengestellt. Dieser »trade off« könnte unter den von den Autoren getroffenen Annahmen im *Bosman*-System am besten austariert werden.

[8] „However, since the Bosman ruling does not affect players who are currently under contract, the club always has the option of trading in a player whose value has increased but whose contract has not yet elapsed." (ANTONIONI/CUBBIN 2000, S. 160).

Wenn wir – gemäß der Standard-Argumentation – die im Rahmen des Mannschafts-trainings erworbene spielerische Qualifikation als ein *Investitionsgut* betrachten, setzt dies eine *intertemporale* Verknüpfung zwischen Ausbildung und produktivem Einsatz zwingend voraus: Die Vereine finanzieren die allgemein einsetzbare Aus-bildung ihrer Spieler, obwohl jene jederzeit den Verein wechseln können. Um den ausbildenden Verein vor Kapitalverlusten zu schützen, muss der aufnehmende Ver-ein eine Transferentschädigung zahlen, die mithin als ein notwendiges Bindeglied erscheint, um Freizügigkeit der Spieler und Ausbildung des Nachwuchses auf Kos-ten des Vereins – und nicht wie sonst üblich auf Kosten des Individuums – gleich-zeitig zu realisieren.

Charakteristisch für den Mannschaftssport ist jedoch, dass der Erwerb von Human-kapital weitgehend »on the job« erfolgt. Während der Humankapitalansatz den *investiven* Charakter des Trainings betont, finden wir, dass im Mannschaftssport die *konsumtive* Komponente überwiegt, da ein qualitativ hochwertiges Training für einen oberen Tabellenplatz *in der laufenden Spielsaison* schlechterdings unver-zichtbar ist: Der Ligawettbewerb lässt einem gewinnmaximierenden Verein kaum Spielraum, innerhalb dessen er den Umfang seiner Trainingsbemühungen zurück-fahren könnte. Insofern werden die als Kapitalgut zu interpretierende spielerische Ausbildung der Teammitglieder und die Vorbereitung der Mannschaft auf das nächste Pflichtspiel als Kuppelprodukte erbracht.

Angesichts des dominierenden Ziels einer möglichst guten Platzierung in der lau-fenden Saison verliert die Nebenwirkung, die darin besteht, dass mit der vom Ver-ein finanzierten Spielausbildung auch externe Erträge für zukünftige Vereine anfallen, an Relevanz. Aufgrund des »joint production«-Charakters des Mannschaftstrainings ist die Anreizwirkung der Transferentschädigung in Bezug auf die Investitionen in das Humankapital der Spieler geringer als dies üblicher-weise in ökonomischen Analysen unterstellt wird; entsprechend ist ein signifikanter Rückgang des Trainingsaufwandes von Fußballvereinen als Folge des *Bosman*-Urteils empirisch nicht nachzuweisen.[9] Mit diesen Aussagen soll *nicht* die

---

[9] Die Analyse von FRANCK (2000, S. 56), die der Interdependenz von sportlichem und wirtschaftlichem Wettbewerb explizit Rechnung trägt, lässt alles andere als *Unter*investitionsprobleme im professionellen Mannschaftssport erwarten: „Unter bestimmten Voraussetzungen, die insbesondere die rangbezogene Prämienstruktur und die Wettbewerbsstellung der Liga betreffen, haben die Ligaklubs Anreize, überhöhte Trainingsinvestitionen zu tätigen, obwohl diese zusätzlichen »Rüstungsinvestitionen« aufsummiert über alle Klubs nicht durch einen entsprechenden Anstieg der Ligaeinnahmen aufgewogen werden. Derartige ruinöse Rüstungswettläufe der Klubs... [führen] letztlich dazu..., dass alle Einnahmen bei den Spielern und Trainern landen... .“

Koordinierungsleistung der ökonomischen Institution »Transferentschädigung« bestritten werden, jedoch ist diese an einer anderen Stelle zu verorten, als bislang in der Literatur angenommen worden ist

Ein ähnliches Phänomen trat zuerst in der Innovationstheorie auf und ist dort inzwischen entschlüsselt worden. Ursprünglich glaubte man, die Wirkung des Patentsystems bestehe darin, den Eifer der Erfinder mittels hoher Gewinnaussichten im Erfolgsfalle anzuspornen. Inzwischen weiß man es besser: Als Ansporn zu schöpferischer Tätigkeit treten für Erfinder monetäre Erwägungen gegenüber anderen Motiven in den Hintergrund. Analog können wir für die Trainingsaktivitäten von Vereinen konstatieren, dass der laufende Einsatz der Spieler in den verschiedenen Ligawettbewerben einen hinreichenden Anreiz für die spielerische Ausbildung abgibt.

Die eigentliche Wirkung von Patenten ist darin zu sehen, die Transformation einer technischen Invention in eine marktreife Innovation wirtschaftlich abzusichern. Unternehmen sind nur dann bereit, die hohen Kosten einer Innovation auf sich zu nehmen, wenn sie sicher sein können, dass ihnen die späteren Deckungsbeiträge nicht sogleich durch eine Imitation erodieren. Ähnliches gilt im Mannschaftssport: Nicht die für den Einsatz in den Schüler-, Jugend- und Amateurmannschaften erforderliche Grundausbildung, sondern die Entwicklung zur Bundesligareife soll und muss durch finanzielle Anreize gefördert werden. Auch ohne Transferentschädigung werden junge Talente zu hervorragenden Amateuren ausgebildet, – was ihnen jedoch fehlt, ist die Spielerfahrung in der ersten Liga. Die koordinationssteigernde Wirkung der Transferentschädigung ist folglich nicht beim Humankapitalaufbau im Amateurbereich, sondern an der Schnittstelle zwischen Amateur- und Profibereich zu suchen.

3.2 Der Einsatz von Nachwuchstalenten als schützenswerte Innovation der Profivereine

Wenn wir die Patentanalogie für einen Moment beibehalten, können wir den Einsatz der besten Amateurspieler in der ersten Bundesliga als die schützenswerte Innovation der Profivereine interpretieren, denn die fehlende Spielpraxis lässt sich nur »on the job« erwerben. Aufgrund der Limitationalität der Produktionsfunktion steht der Verein vor dem unternehmerischen Entscheidungsproblem, einen freien Platz in der Mannschaft entweder mit einem erfahrenen Profispieler zu besetzen oder einen talentierten Amateur zu verpflichten. Die mangelnde Spielerfahrung des Nachwuchsspielers in der Bundesliga geht mit einer verminderten Teamproduktivität im Ligawettbewerb einher: Verglichen mit der Verpflichtung eines durchschnittlichen Profispielers entstehen dem Verein beim Einsatz eines Amateurs Opportunitätskosten aufgrund des erhöhten Risikos, Begegnungen zu verlieren. Bereits wenige verlorengegangene Meisterschaftsspiele werden unmittelbar einnahmewirksam, wie ein Blick auf die Punkteabstände in der Abschlusstabelle deutlich macht. Ein Spitzenverein verspielt damit unter Umständen die Meisterschaft oder die Qualifikation für die Champions League und muss sich stattdessen mit der Teilnahme am UEFA-Cup begnügen. Für einen schwächeren Verein kann der Einsatz eines unerfahrenen Nachwuchsspielers gar den Absturz in die Zweitklassigkeit bedeuten.

Dabei ist die Frage, ob der Amateur überhaupt jemals die »Marktreife« erlangt, d.h. sich als zum Profispieler tauglich erweist, keineswegs im Vorhinein absehbar, sondern lässt sich erst beantworten, *nachdem* er die nötige Spielerfahrung gesammelt hat. Die zwischen dem »pool« talentierter Amateure und dem Markt für Profispieler bestehenden Koordinationslücken eröffnen findigen Vereinen Gewinngelegenheiten, indem sie junge Spieler, die das Potential zum Fußballprofi haben, vor anderen erkennen. Dies setzt jedoch die Bereitschaft voraus, zunächst einmal die Kosten für den Erwerb des transaktionsrelevanten Wissens – d.h. die aufgrund des Markttests entgehenden Einnahmen – zu versenken.

Die Kosten des Wissenserwerbs würden einen Profiverein nicht von der Verpflichtung eines vielversprechenden Nachwuchstalents abschrecken, wenn die Möglichkeit eines späteren Verlustausgleichs durch eine exklusive Nutzung der Information bestünde. FRICK / WAGNER (1996) empfehlen den Abschluss langfristiger Arbeitsverträge zur Absicherung der Investitionserträge, was nach Art. 4 FIFA-Reglement nur noch für maximal fünf Jahre zulässig ist. Da es jedoch zum Zeitpunkt des ersten Einsatzes eines hoffnungsvollen Talents in der Profiliga allein *Erwartungen* über dessen zukünftige Wertschöpfung gibt, kann für den Verein ein langfristiger Arbeitsvertrag als Schutz vor kostenloser Wissensnutzung durch die Wettbewerber keine relevante Option darstellen. Erweisen sich nämlich seine Erwartungen *ex post* als falsch und verfehlt der betreffende Spieler die Marktreife, bliebe der Verein nicht nur auf den versunkenen Kosten des Markttests sitzen, sondern hätte darüber hinaus noch seinen arbeitsvertraglichen Zahlungsverpflichtungen für mehrere Jahre nachzukommen.

Nur eine Transferentschädigung, die unabhängig von einem bestehenden Vertragsverhältnis fällig wird, gewährleistet einen ausreichenden Schutz der Innovationstätigkeit. Sie erst versetzt den Verein, der einem Amateurspieler Spielpraxis vermittelt, in die Lage, den Preis seiner Innovationsleistung einzufahren, auch wenn er das entdeckte Talent an einen anderen Verein verliert. Die Europäische Kommission steht einem solchen *nachfrageorientierten* Preis für die Innovationsleistung skeptisch gegenüber. Die zu entgeltende Leistung der Vereine wird weniger in der genuin unternehmerischen Tätigkeit des Aufspürens unausgenutzter Allokationsmöglichkeiten gesehen, als vielmehr in ihren Bemühungen, junge Sportler auszubilden. Eine Kompensationszahlung, welche die von einem Klub aufgewendeten Trainingskosten widerspiegelt, könne akzeptiert werden (vgl. REDING 2000, S. 2). Entsprechend sehen die neuen Transferregelungen der FIFA eine *kostenorientierte* Ausbildungsentschädigung vor.[10] Dabei werden die Ausgaben für Training und Ausbildung nicht für jeden einzelnen Klub separat berechnet, sondern die Vereine werden gemäß ihrer Länder- und Spielklassenzugehörigkeit in vier Kostenkategorien eingeteilt (vgl. Art. 6 der Ausführungsbestimmungen). Erfreulicherweise berücksichtigt die FIFA den von Juristen oftmals vernachlässigten Tatbestand, dass zur Heranbildung eines bundesligareifen Nachwuchsspielers viele Tausend Jugendliche ausgebildet werden müssen. So stützt sich die Berechnung der Ausbildungsentschädigung für den Amateurbereich auf einen „durchschnittlichen Spielerfaktor", der durch das Verhältnis zwischen der Anzahl auszubildender Spieler und den Fußballern, die dank der Ausbildung den Durchbruch im Profifußball schaffen, bestimmt wird (vgl. FIFA-Zirkular Nr. 769, S. 5).[11]

---

[10] Die Bestimmung der relevanten Kosten ist schwierig, weil die Ausbildung des Bundesliganachwuchses und der laufende Spielbetrieb in den Jugend- und Amateurklassen eine »joint production« darstellen. Bei Kuppelprodukten gibt es kein theoretisch überzeugendes Verfahren, die gemeinsamen Kosten auf die beiden Einsatzzwecke aufzuteilen. In einem marktorientierten Ansatz würde die Preiselastizität der Nachfrage über die Anlastung der Gemeinkosten entscheiden; bei der von der Rechtsprechung geforderten kostenorientierten Preisbildung kann diese Anlastung nur willkürlich erfolgen. Insofern gibt es hier einen weiten Ermessensspielraum bei der Festlegung der Ausbildungsentschädigung.

[11] Die FIFA begibt sich damit in einen offenkundigen Gegensatz zur herrschenden juristischen Meinung, wie sie durch den BGH vertreten wird. 1999 hatte der Zweite Senat des Bundesgerichtshofes die in den Satzungen der Regionalverbände in der Vergangenheit vorgesehene »Ausbildungs- und Förderungsentschädigung« für Amateure unter anderem deshalb für sittenwidrig erklärt, weil sie sich nicht „konkret auf die dem betroffenen Spieler zuteil gewordene Ausbildung und Förderung" beziehe, mit anderen Worten also nicht die *individuellen* Trainingskosten widerspiegele und insofern allein „wirtschaftlichen Zwecken" diene (vgl. BGH, II ZR 305/98, insbes. Abschnitt II.2.b.ee).

Abgesehen davon, dass die Orientierung an durchschnittlichen Kosten vom ökonomischen Standpunkt aus stets fragwürdig ist, müssen wir uns fragen, welche Folgen aus der Regeländerung für die Wahlentscheidung eines gewinnmaximierenden Vereins zwischen dem Einsatz eines unerfahrenen Talents oder der Verpflichtung eines »fertigen« Profispielers zu erwarten sind. Offensichtlich wird durch die Fixierung der Ausbildungsentschädigung der Preis für die erfolgreiche Entdeckung und Entwicklung eines jungen Spielers – bei gleichbleibenden Opportunitätskosten seines Einsatzes – nach oben begrenzt. Damit verringert sich auch der Abschlag, der bei Erreichen der Marktreife von seinem Wertgrenzprodukt vorgenommen werden kann. In dem Moment nämlich, in dem der Verein bereit ist, ihm einen langfristigen Profivertrag anzubieten, sind seine Fähigkeiten auch allen anderen Vereinen bekannt geworden, so dass der anfängliche Wissensvorsprung erodiert ist und die den Verein in seiner Lohnsetzung beschränkende »outside option« des Spielers allein durch die Höhe der Transferentschädigung determiniert wird. Selbst wenn wir davon ausgehen, dass sich die Ausbildungsentschädigungen für Amateure auf einem ähnlich niedrigen Niveau wie bisher bewegen, dürften die gekappten Gewinnanreize die Wahlentscheidung der Bundesligavereine zugunsten der Verpflichtung spielerfahrener Profis verschieben.

3.3   Die internationale Dimension: Das Angebot an erfahrenen Profispielern

Die geschwächte Wettbewerbsposition der jungen Nachwuchsspieler würde sich in dem Umfange verbessern, wie es aufgrund der Nachfrageverlagerung zu einer relativen Verteuerung erfahrener Spieler käme. Bei begrenztem Angebot heimischer Lizenzspieler hätte die Intensivierung des Nachfragewettbewerbs schnell Lohnsteigerungen zur Folge, jedoch steht den Profivereinen der Weg offen, ihre Teams mit gut ausgebildeten und preiswerten Spielern aus anderen Ländern zu besetzen. Nachdem nämlich der EuGH im zweiten Teil des *Bosman*-Urteils die verbandspolitischen Beschränkungen des Einsatzes von EU-Ausländern untersagt hat, wurden von den meisten Verbänden auch sämtliche Beschränkungen für den Einsatz von Nicht-EU-Ausländern aufgehoben. Das Angebot ausländischer Profispieler, die mangels attraktiver Alternativbeschäftigungen vielfach eine höhere Motivation an den Tag legen als ihre europäischen Pendants, ist sehr elastisch. Insofern kann die Nachfrage der EU-Länder nach Fußballspielern, die in ihrem jeweiligen Heimatland bereits Spielerfahrung in der ersten Liga gesammelt haben, gesättigt werden, ohne einen Lohnüberbietungswettbewerb zu induzieren.

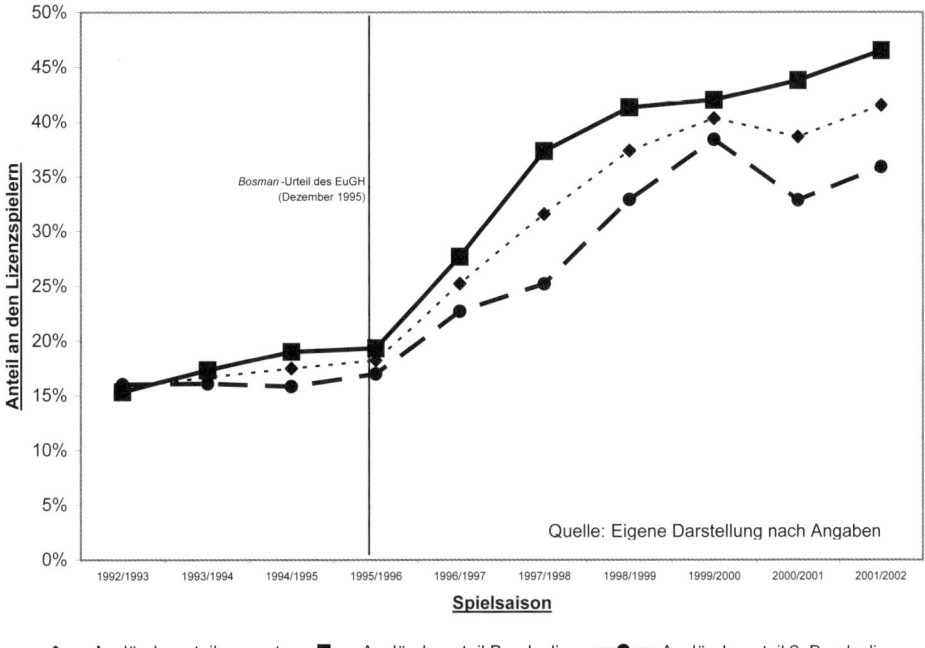

Abb. 1: Anteil ausländischer Lizenzspieler in den deutschen Bundesligen

Aus ökonomischer Sicht haben die Sportverbände mit der Abschaffung der Ausländerklausel die Elastizität des Angebots an »fertigen« Profispielern erhöht, was für die Profiligen einen starken Anstieg des Anteils ausländischer Lizenzspieler zur Folge hatte (vgl. Abbildung 1). Die FIFA versucht diesem Trend entgegenzusteuern, indem bei der Verpflichtung von Nicht-EU-Ausländern durch europäische Vereine anstelle der niedrigen Kosten ihres Heimatlandes die pauschalierten Ausbildungskosten des Landes des aufnehmenden Vereins der Transferzahlung zugrunde gelegt werden müssen (Art. 7 Abs. 3 der Ausführungsbestimmungen). Hiermit soll ein Preiswettbewerb zwischen europäischen und außereuropäischen Nachwuchsspielern verhindert werden, wobei es zweifelhaft ist, ob diese protektionistische Maßnahme den beabsichtigten Zweck erfüllt. Im Regelfall handelt es sich nämlich bei den verpflichteten Nicht-EU-Ausländern nicht um Nachwuchstalente, sondern um gut ausgebildete Profispieler, die durch besondere Leistungen in ihrer Nationalmannschaft oder in den europäischen Wettbewerben aufgefallen sind. Schon aus diesem Grunde wird die Nivellierung der Ausbildungsentschädigung für europäische und außereuropäische Amateure den inländischen Bewerbern keinen entscheidenden Wettbewerbsvorteil verschaffen können.

Als eigentliche Marktschranke für deutsche Nachwuchsspieler stellt sich das weltweit elastische Angebot an erfahrenen Profispielern dar. Die Begründung ist nicht bei den Transferentschädigungen, sondern bei der niedrigen Wertschöpfung der Nachwuchstalente zu suchen. Angesichts der hohen Einkommensunterschiede zwischen den verschiedenen Rangplätzen gehen die meisten Trainer das Risiko des Einsatzes eines unerfahrenen Spielers nicht ein, sondern verpflichten einen etablierten Profi.

3.4   Die Wirkungen auf deutsche Nachwuchstalente

Noch nicht geklärt ist die Frage, wie die mit dem Einsatz eines unerfahrenen Amateurspielers in der Profimannschaft verbundenen Innovationskosten, d.h. die Mindereinnahmen, die dem Verein aufgrund verlorener Meisterschaftsspiele entstehen, finanziert werden sollen. Ökonomisch erfolgt dies in einem System mit Transferentschädigung durch Einbehaltung eines Anteils des Wertgrenzprodukts wertschöpfungsstarker Spieler. Ein solcher Abschlag kann bei den Stammspielern nur aufgrund der Transferentschädigung durchgesetzt werden, denn diese verringert bei Vertragsverhandlungen deren »outside option«, d.h. das Lohnangebot, das ein alternativer Verein ihnen unterbreiten könnte.

Ein System ohne Transferentschädigung korrespondiert dagegen mit einem »kontestablen« Spielermarkt, so dass die Vereine in jeder Periode quasi-optimale Löhne[12] zahlen müssen (vgl. BAUMOL 1982; BAUMOL/BAILEY/WILLIG 1977). Prozentuale Abschläge vom Wertgrenzprodukt der Spieler können nur insoweit vorgenommen werden, wie sie die Gemeinkosten der laufenden Periode (insbesondere die Trainingsaufwendungen), die jeder Verein zu tragen hat, decken. Eine interne Subventionierung der dem Einsatz unerfahrener Spieler zurechenbaren Mindereinnahmen würde Vereinen, die auf den Einsatz von Amateuren verzichten, die Möglichkeit des »Rosinenpickens« eröffnen. In der Folge müssten die Kosten des Markttests von den unerfahrenen Spielern selbst finanziert werden. Hierin spiegelt

---

[12] Als »quasi-optimal« seien hier solche Löhne bezeichnet, die gerade eine Deckung der Gemeinkosten durch individuelle Abschläge vom Wertgrenzprodukt gewährleisten, ohne eine Abwanderung der betreffenden Spieler zu induzieren. Spieler mit einer größeren Abwanderungswahrscheinlichkeit müssen insofern nur geringe Lohnabschläge hinnehmen, wohingegen mit immobilen Spieler höhere Deckungsbeiträge erzielt werden können.

sich der aus der Literatur zu marktzutrittsresistenten Preisvektoren bekannte Zusammenhang, dass die Deckungsbeiträge, die eine Konsumentengruppe zum Gesamterlös beisteuert, mindestens den zusätzlichen Kosten entsprechen müssen, die durch eine Belieferung der betreffenden Gruppe für die Gesamtkoalition entstehen (vgl. FAULHABER 1975). Der Nachwuchsspieler trägt seine Kosten, indem er einen Lohn erhält, der mindestens um die seinem Einsatz zurechenbare verminderte Teamproduktivität niedriger ist als derjenige eines durchschnittlichen Profispielers; d.h. der Amateur müsste für seinen Markttest in der Bundesliga ein beträchtliches Lehrgeld zahlen.

Eine andere Alternative, auf die FRICK/WAGNER (1996, S. 614) verweisen, besteht darin, dass deutsche Nachwuchstalente ihre Profikarriere im Ausland beginnen, also nach ihrer spielerischen Ausbildung in den Amateurligen in ein Land transferiert werden, dessen oberste Spielklasse auf einem niedrigeren Niveau und um geringere Einsätze (in Form von Vereinseinnahmen) spielt, als die deutsche Bundesliga dies tut. Nachdem sie dort die nötige Erfahrung gesammelt haben, könnten sie in die Bundesliga wechseln. Diese Alternative birgt für den jungen Fußballspieler die Gefahr, *trotz* guter Leistungen dort »vergessen« zu werden. Vorübergehende Einkommensminderungen durch Aufnahme einer Beschäftigung in einem Niedriglohnland wären kein Mobilitätshemmnis, wenn die deutschen Nachwuchsspieler mehr oder weniger sicher sein könnten, nach Erlangung der notwendigen Spielerfahrung ein Angebot eines Bundesligavereins zu erhalten. Jedoch können sie in den jeweiligen Nationalmannschaften nicht eingesetzt werden und von den ausländischen Spitzenmannschaften, die in europäischen Wettbewerben engagiert sind, werden sie nicht verpflichtet – und zwar aus den gleichen Gründen, aus denen sie bei den deutschen Bundesligamannschaften nicht unterkommen. Mithin kommen nur die ausländischen Provinzmannschaften, die in der jeweiligen ersten Liga spielen, als Arbeitgeber für junge deutsche Nachwuchsspieler in Frage. Dort erbringen sie ihre Leistungen weitgehend unter Ausschluss der Öffentlichkeit.

In einer Welt unvollkommener Information kommt es unweigerlich zu Enttäuschungen – auf Seiten der Vereine über Fehlinvestitionen, auf Seiten der Nachwuchsspieler über nicht erfüllte Hoffnungen. Die ökonomisch relevante Frage lautet nicht, ob Spekulation in die zukünftige Entwicklung von Spielern überhaupt stattfinden sollte – ohne die von der EU-Kommission beargwöhnte »spekulative Tätigkeit«[13] blieben hoffnungsvolle Talente schlechterdings unentdeckt –, sondern an welcher Stelle im Marktsystem das unternehmerische Element, d.h. die Bereitschaft, die Transaktionskosten des Markttests aufzuwenden, zu lokalisieren ist: beim Spieler oder beim Verein. Die von der Rechtsprechung forcierte Neuregelung der Transferbedingungen führt dazu, dass der Nachwuchsspieler das Marktrisiko zu übernehmen hat. Angesichts der sich in Deutschland bietenden Gelegenheiten, in alternativen Beschäftigungen ein relativ sicheres Einkommen zu erzielen, kann man voraussagen, dass diese Form der Risikoverteilung viele talentierte Jugendliche vom Profifußball weg in andere Berufswege umleiten wird. Dies bewirkt in der Tat eine Zunahme der internationalen Spielermobilität, – allerdings in einem anderen Sinne, als vom Europäischen Gerichtshof intendiert: Der europäische Profifußball entwickelt sich zu einer importabhängigen Industrie.[14]

4   Fazit

Mit der Untersuchung der Allokationswirkungen des neuen FIFA-Transferreglements widersprechen wir sowohl der in der Rechtswissenschaft vorherrschenden Meinung, nach welcher mit der Regeländerung eine Wiederherstellung der Freizügigkeit von Arbeitnehmern stattgefunden habe, als auch der den einschlägigen ökonomischen Analysen gemeinsamen Diagnose einer nachlassenden Ausbildungsbereitschaft der Vereine. Abschließend sollen die wichtigsten Ergebnisse noch einmal in Form von Thesen zusammengefasst werden:

(1) Eine marktkonforme Transferentschädigung ist mit einer einkommensmaximierenden Vereinswahl des Spielers kompatibel; sie beeinflusst allein die Aufteilung des Transaktionsgewinns zwischen den beteiligten Parteien. Insofern hat der EuGH im Bosman-Urteil den früheren Transferregelungen mit den falschen Argumenten eine mobilitätshemmende Wirkung zugeschrieben.

(2) Die Verweigerung des internationalen Freigabescheins als Faustpfand zur Absicherung der Geldforderungen des abgebenden Vereins ist eine Behinderung der

---

[13] „The current transfer system… has not prevented… the fact that players (and especially young players) become objects of speculation." (REDING 2000, S. 2).

[14] Vgl. in diesem Zusammenhang die Beobachtung von SIMMONS (1997, S. 17) für den englischen Spielermarkt: „Premiership and Division 1 clubs have recently substituted foreign talent for domestic talent from the lower divisions."

Freizügigkeit von Arbeitnehmern gemäß Art 39 EG-Vertrag. Satzungsbestimmungen, durch die der Spieler für unbeglichene Verpflichtungen seines neuen Arbeitgebers haftbar gemacht worden ist, sind inzwischen in eine rechtlich einwandfreie Form gebracht worden.

(3) Schiedsverfahren, die eigentlich zur Beilegung von Transferstreitigkeiten eingerichtet worden sind, können selbst zum Transferhemmnis werden. Dieser Aspekt ist in der Diskussion bislang weitgehend vernachlässigt worden. Die Nutzung von Faustformeln im Schiedsverfahren kann Koordinationsprobleme verursachen, wenn 1) die Konditionen des abgelaufenen Vertrags in die Berechnung der Transferentschädigungssumme einfließen; wenn 2) der abgebende Verein sein Angebot zur Vertragsverlängerung strategisch überhöht, um sich einen Verteilungsvorteil zu verschaffen; und wenn 3) die Berechnungsformel auf den Verhandlungsprozess – der gleichsam »in the shadow of the law« stattfindet – zurückwirkt. Diese Erkenntnis rechtfertigt im Hinblick auf die Gewährleistung der Arbeitnehmerfreizügigkeit aber weder das Verbot einer nachvertraglichen Transferentschädigung im *Bosman*-Urteil noch die Begrenzung der Ausbildungsentschädigung auf die durchschnittlichen Kosten im FIFA-Reglement. Vielmehr genügt es, dem Schiedsrichter freies Ermessen bei der verbindlichen Festlegung der Transferentschädigung einzuräumen.

(4) Im Gegensatz zu den Vorhersagen ökonomischer Studien geht mit einem Wegfall der Transferentschädigung keine Verschlechterung der Spielqualität in den Profiligen aufgrund verringerter Ausbildungsanreize einher. Von den Profivereinen werden weiterhin optimale Trainingsleistungen erbracht, da diese untrennbar mit dem laufenden Spielbetrieb verbunden sind; die resultierenden zukünftigen Produktivitätssteigerungen sind nur ein Kuppelprodukt der Verbesserung der Mannschaftsleistung in der aktuellen Spielsaison. Die Interdependenz von wirtschaftlichem und sportlichem Wettbewerb lässt mithin die investive gegenüber der konsumtiven Komponente des Mannschaftstrainings zurücktreten.

(5) Der Stellenwert der Transferentschädigung zeigt sich an der Schnittstelle zwischen Amateur- und Profibereich, da nur durch nachvertragliche Transferentschädigungen jene Vereine, die sich um die Entdeckung bundesligatauglicher Spieler verdient gemacht haben, vor kostenloser Nutzung des erworbenen Wissens durch Konkurrenten geschützt werden können. Verglichen mit der Verpflichtung eines erfahrenen Profispielers entstehen dem Verein beim Einsatz

eines Amateurs Opportunitätskosten aufgrund des erhöhten Risikos, Begegnungen zu verlieren. Der ersatzlose Wegfall der Transferentschädigung für ältere Spieler hat zur Folge, dass die unerfahrenen Spieler die mit ihrem Einsatz verbundenen Transaktionskosten selbst tragen müssen und damit auch das Risiko eines Fehlschlags.

(6) Die Profivereine reagieren auf die veränderten institutionellen Rahmenbedingungen durch eine Änderung ihrer Rekrutierungspolitik, indem sie ihre Kader in zunehmendem Maße mit erfahrenen ausländischen Spielern besetzen. Als die wahren Verlierer der Neuregelung sind unmittelbar die europäischen Nachwuchsspieler und mittelbar die europäischen Nationalmannschaften auszumachen. Die Vereine können das verringerte Angebot an bundesligatauglichen europäischen Nachwuchsspielern leicht durch die Verpflichtung erfahrener ausländischer Spitzenspieler substituieren. Die Option, den Mangel an heimischen Talenten durch den Rückgriff auf das weltweite Angebot an Spitzenspielern zu kompensieren, steht den Nationalmannschaften nicht zur Verfügung. Die nationalen Auswahlmannschaften können *per definitionem* nur auf das schrumpfende Segment der inländischen Spitzenspieler zurückgreifen, so dass auch sie zu den durch das neue Transfersystem negativ Betroffenen zu zählen sind.

Literatur

ANTONIONI, P. / J. CUBBIN (2000): The Bosman Ruling and the Emergence of a Single Market in Soccer Talent. European Journal of Law and Economics 9, S. 157-173.

BAUMOL, W. J. (1982): Contestable Markets – An Uprising in the Theory of Industry Structure. The American Economic Review 72, S. 11-15.

BAUMOL, W. J. / E. E. BAILEY / R. D. WILLIG (1977): Weak Invisible Hand Theorems on the Sustainability of Multiproduct Natural Monopoly. The American Economic Review 67, S. 350-365.

BECKER, G. S. (1962): Investment in Human Capital: A Theoretical Analysis. Journal of Political Economy 70, Supplement, S. 9-49.

BÜCH, M.-P. / H. M. SCHELLHAAß (1978): Ökonomische Aspekte der Transferentschädigung im bezahlten Mannschaftssport. Jahrbuch für Sozialwissenschaft 29, S. 255-274.

CAIGER, A. / S. GARDINER (2000): Introduction: Re-Regulating Professional Sport in the European Union. In: CAIGER, A. / S. GARDINER (Hrsg.): Professional Sport in the European Union: Regulation and Re-regulation. Den Haag, S. 1-11.

CAIGER, A. / J. O'LEARY (2000) : The End of the Affair: The »*Anelka* Doctrine« – The Problem of Contract Stability in English Professional Football. In: CAIGER, A. / S. GARDINER (Hrsg.): Professional Sport in the European Union: Regulation and Re-regulation. Den Haag, S. 197-215.

COASE, R. H. (1959): The Federal Communications Commission. The Journal of Law and Economics 2, S. 1-40.

DEMSETZ, H. (1972): When Does the Rule of Liability Matter? The Journal of Legal Studies 1, S. 13-28.

FAULHABER, G. R. (1975): Cross-Subsidization: Pricing in Public Enterprises. The American Economic Review 65, S. 966-977.

FÉDÉRATION INTERNATIONALE DE FOOTBALL ASSOCIATION (FIFA): FIFA-Reglement bezüglich Status und Transfer von Spielern. Buenos Aires / Zürich, 5. Juli 2001.

FÉDÉRATION INTERNATIONALE DE FOOTBALL ASSOCIATION (FIFA): Ausführungs-bestimmungen zum FIFA-Reglement bezüglich Status und Transfer von Spielern. Buenos Aires / Zürich, 5. Juli 2001.

FEDERATION INTERNATIONALE DE FOOTBALL ASSOCIATION (FIFA): FIFA-Zirkular Nr. 769. Zürich, 24. August 2001.

FEESS, E. / G. MÜHLHEUßER (2000): The Impact of the Transfer Fee System on Wages, Profits and Investment Incentives in Professional Football: An Analysis of the European Commission's New Suggestion. (mimeo)

FEESS, E. / G. MÜHLHEUßER (2001): Transfer Fee Regulations in European Football. (mimeo)

FEESS, E. / G. MÜHLHEUßER (2002): Economic Consequences of Transfer Fee Regulations in European Football. European Journal of Law and Economics 13, S. 221-237.

FRANCK, E. (2000): Sportlicher Wettbewerb – ökonomisch analysiert am Beispiel des Teamsports. In: BÜCH, M.-P. (Hrsg.): Beiträge der Sportökonomik zur Beratung der Sportpolitik. Köln, S. 47-58.

FRICK, B. / G. WAGNER (1996): Bosman und die Folgen – Das Fußballurteil des Europäischen Gerichtshofes aus ökonomischer Sicht. Wirtschaftswissenschaftliches Studium 25, S. 611-615.

GARDINER, S. / R. WELCH (2000): »Show Me the Money«: Regulation of the Migration of Professional Sportsmen in Post-*Bosman* Europe. In: CAIGER, A. / S. GARDINER (Hrsg.): Professional Sport in the European Union: Regulation and Re-regulation. Den Haag, S. 107-126.

HAYEK, F. A. VON (1956): Über den »Sinn« sozialer Institutionen. Schweizer Monatshefte 36, S. 512-524.

LACHMANN, L. M. (1963): Wirtschaftsordnung und wirtschaftliche Institutionen. ORDO 14, S. 63-77.

REDING, V. (2000): Commission's Investigation into FIFA's Transfer Rules. Statement to European Parliament. Strasbourg, 7 September 2000. Speech/00/290.

SCHELLHAAß, H. M. (1984): Die Funktion der Transferentschädigung im Fußballsport. Recht der Arbeit 37, S. 218-223.

SCHELLHAAß, H. M. / F. C. MAY (2002): Die neuen FIFA-Regeln zur Transferentschädigung. Zeitschrift für Betriebswirtschaft, im Druck.

SIMMONS, R. (1997): Implications of the Bosman Ruling for Football Transfer Markets. Economic Affairs 17 (3), S. 13-18.

VANBERG, V. (1999): Markets and Regulation: On the Contrast Between Free-Market Liberalism and Constitutional Liberalism. Constitutional Political Economy 10, S. 219-243.

Die ökonomischen Institutionen des Spielermarktes im Fußballsport – eine Analyse des neuen FIFA-Transferreglements

Korreferat zum Beitrag von Schellhaaß/May

Helmut M. Dietl

SCHELLHAAß und MAY untersuchen in ihrem Beitrag die ökonomischen Auswirkungen der neuen Transferregelungen des Weltfußballverbandes FIFA. Damit greifen sie ein hochaktuelles und sportpolitisch äußerst brisantes Thema auf. Jahrzehntelang war das traditionelle Transfersystem nahezu unangetastet. Erst in den letzten Jahren gab es mit dem Bosman-Urteil und der jüngsten Kompromisslösung gravierende Reformen. Obwohl diese Reformen vielfältiger Kritik ausgesetzt waren, haben sich bislang nur wenige Ökonomen ausführlich mit dieser Thematik beschäftigt. Im deutschsprachigen Raum haben vor allem BÜCH und SCHELLHAAß (1978), SCHELLHAAß (1984), FRANCK (1995), FRICK und WAGNER (1996) sowie BÜCH (1998) die ökonomischen Auswirkungen von Transferregelungen analysiert. In der englischsprachigen Literatur haben in jüngster Zeit ANTONIONI und CUBBIN (2000), BURGUET, CAMINAL und MATUTES (2002), CARBONELL-NICOLAU und COMÍN (2001) sowie FEESS und MÜHLHEUßER (2002) zum Erkenntnisfortschritt beigetragen.

Im Mittelpunkt der wissenschaftlichen und auch der sportpolitischen Diskussion zu den Transferregelungen steht die Frage der Allokations- und Ausbildungseffizienz. Bei der Frage der Allokationseffizienz geht es darum, ob Transferrestriktionen und Ablösesummen einen Spieler davon abhalten können, für den Verein zu spielen, bei dem er das höchste Wertgrenzprodukt erzielt. SCHELLHAAß und MAY verneinen diese Frage. Auch wenn ein abgebender Verein von einem aufnehmenden Verein für einen Spieler Ablöseforderungen stellen darf, kommt es gemäß des Coase-Theorems stets zu einer effizienten Spielerallokation. Der Spieler, sein alter und sein neuer Verein haben, sofern sie sich gewinnmaximierend verhalten, nämlich ein Interesse, das Wertgrenzprodukt des Spielereinsatzes zu maximieren. Diese Argumentation ist in der vorliegenden Form jedoch nicht uneingeschränkt gültig. Wenn Ablösesummen in Spielerverträgen vorab festgelegt werden, kann nämlich der Fall eintreten, dass der betreffende Spieler zwar bei einem neuen Verein ein höheres Wertgrenzprodukt als bei seinem bisherigen Verein erzielt, die Ablösesumme jedoch größer ist als das Wertgrenzprodukt, das der Spieler für den neuen Verein erspielen kann. In diesem Fall wäre der neue Verein nicht bereit, die Ablössumme zu bezahlen. Damit es auch in diesen Fällen zu einer effizienten Spielerallokation kommt, müssen die Spielerverträge in bezug auf die tatsächliche Ablösesumme „unvollständig" sein, d.h. die Vertragsparteien (Vereine und Spieler) müssen in der Lage sein, die vertraglich fixierte Ablösesumme im Falle eines Transfers nachzuverhandeln. CARBONELL-NICOLAU und COMÍN (2001) haben diese Unvollständigkeit von Spielerverträgen anhand empirischer Daten der spanischen Primera Division nachgewiesen.

Bei der Frage der Ausbildungseffizienz geht es darum, ob das Recht, Ablöseforderungen zu stellen, erforderlich ist, um Unterinvestitionen bei der Spielerausbildung zu verhindern. In diesem Zusammenhang muss zunächst erklärt werden, warum im Fußballsport die Ausbildungsinvestitionen von den Vereinen übernommen und nicht von den Spielern selbst getragen werden, obwohl die Spieler bei ihrer Ausbildung kein vereinsspezifisches Humankapital, sondern allgemeine athletische, technische und taktische Fähigkeiten erlernen. Um dieses Phänomen zu erklären, hatte man bislang vor allem Ineffizienzen auf den Versicherungs- und Kapitalmärkten bemüht, letztendlich aber keine überzeugenden Erklärungen gefunden. Solange man aber nicht stichhaltig erklären kann, weshalb die Ausbildungsinvestitionen von den Vereinen übernommen werden müssen und nicht von den Spielern selbst getätigt werden können, steht auch die darauf aufbauende Argumentation, die Transferzahlungen als Entschädigung für Ausbildungsinvestitionen interpretiert, auf wackeligen Beinen.

Die Argumentation von SCHELLHAAß und MAY ist in Bezug auf diese Frage sehr innovativ. Sie behaupten, dass das Mannschaftstraining nicht in erster Linie darauf abzielt, die Spielstärke in den *kommenden* Spieljahren zu verbessern, sondern vielmehr dazu dient, die Spielstärke in der *laufenden* Saison zu steigern, um einen besseren Tabellenplatz zu erreichen. Vor diesem Hintergrund besteht zunächst gar kein Unterinvestitionsproblem. Gewinnmaximierende Vereine können es sich nämlich gar nicht leisten, ihre Trainingsinvestitionen zu reduzieren. Sie würden damit ihren aktuellen Tabellenplatz einbüßen, was wiederum Einnahmerückgänge zur Folge hätte. Damit liefern SCHELLHAAß und MAY auch ein stichhaltiges Argument dafür, warum der Trainingsaufwand von Fußballvereinen infolge des Bosman-Urteils nicht signifikant zurückgegangen ist.

Signifikant zurückgegangen ist hingegen der Anteil inländischer Nachwuchsspieler, die nach dem Bosman-Urteil in der deutschen Bundesliga und den anderen europäischen Spitzenligen (Premier League, Serie A, Primera Division) zum Einsatz kamen. Dies versuchen SCHELLHAAß und MAY zu begründen, indem sie Ablösezahlungen als Entschädigung für das Risiko des Einsatzes von Nachwuchsspielern im laufenden Wettbewerb auffassen. Ihre Argumentationslinie sieht wie folgt aus. Im Training lässt sich überprüfen, ob ein Nachwuchsspieler talentiert ist oder nicht, d.h. ob er die notwendigen athletischen, spielerischen und taktischen Fähigkeiten besitzt. Allein durch Training lässt sich hingegen nicht überprüfen, ob ein talentierter Nachwuchsspieler tatsächlich auch bundesligatauglich ist oder nicht, d.h. ob er die psychischen und mentalen Fähigkeiten besitzt, sein Talent unter Wettkampfstress zu entfalten. Um dies zu erkennen, muss der Nachwuchsspieler in der Bundesliga eingesetzt werden. Dieser Test ist jedoch sehr riskant, da ein talentierter aber bundesligauntauglicher Nachwuchsspieler bei seinem Einsatz spielentscheidende Fehler begeht. Dies führt dazu, dass seine Mannschaft im laufenden Ligawettbewerb weniger Punkte bekommt, auf einen schlechteren Tabellenrang abrutscht und sich eventuell nicht für internationale Wettbewerbe qualifiziert oder gar absteigt. Die Kosten dieses Tests sind also sehr hoch.

Auf der anderen Seite entsteht aber auch ein großer Nutzen. Der Test produziert nämlich Informationen über die Bundesligatauglichkeit von Nachwuchsspielern. Allerdings handelt es sich hierbei um öffentliche Informationen. Alle Vereine können das Testergebnis im Stadion oder am Fernsehschirm beobachten. Hierdurch entsteht ein Problem. Ohne Transferentschädigungen bleiben nämlich Vereine, die in diesen Test investieren, auf ihren Testkosten sitzen. Konkurrenzvereine können die Testkosten einsparen und sich darauf beschränken, nur Spieler zu verpflichten, die den Test bereits bestanden haben.

Mit dieser Argumentation rechtfertigen SCHELLHAAß und MAY Ablösezahlungen als Gegenleistung für die Testkosten. Die Einschränkung oder gar der Wegfall von Ablösezahlungen führt demzufolge zu einer verringerten Bereitschaft, talentierte

Nachwuchsspieler zu testen. Gleichzeitig sinken durch den Rückgang bzw. Wegfall der Ablöseforderungen die Kosten, erfahrene Spieler aus ausländischen Ligen zu verpflichten. Der Test wird quasi in ausländische Ligen exportiert bzw. das Testergebnis von ausländischen Ligen importiert.

Diese Argumentation lässt sich an folgenden Stellen kritisieren. Als erstes stellt sich die Frage, wer eigentlich von dem Test profitiert. Der Spieler oder der Verein? Hinter dieser Frage verbirgt sich die Frage nach der Verhandlungsmacht. Solange es ein Überangebot an bundesligatauglichen Spielern gibt, besitzen die Vereine die gesamte Verhandlungsmacht und jeder bundesligataugliche Spieler erhält lediglich seinen Reservationslohn. Es besteht gar keine Notwendigkeit, Nachwuchsspieler zu testen.

Da die Karriere eines bundesligatauglichen Spielers jedoch zeitlich begrenzt ist, kann es auf Dauer kein Überangebot an bundesligatauglichen Spielern geben. Sobald aber das Angebot an bundesligatauglichen Spielern die Nachfrage unterschreitet, besitzen die bundesligatauglichen Spieler die gesamte Verhandlungsmacht. Sie können sich dann die Differenz zwischen ihrem Wertgrenzprodukt und dem erwarteten Wertgrenzprodukt eines (noch nicht getesteten) Nachwuchsspielers aneignen. Somit profitieren von dem Test allein die bundesligatauglichen Spieler, nicht aber die Vereine. Die Vereine hätten in diesem Fall gar kein Interesse, den Test durchzuführen. Sie müssen ihn aber zwangsläufig durchführen, da sie auf Dauer nicht alle Positionen mit bereits getesteten und als bundesligatauglich eingestuften Spielern besetzen können. Der Rückgriff auf ausländische Spieler löst dieses Problem auf Dauer auch nicht, sondern verlagert es nur ins Ausland. Auf Dauer gehen auch im Ausland irgendwann die „tauglichen" Spieler aus, oder aber der Test kostet im Ausland nichts. Falls im Ausland keine Testkosten anfallen, dann können aber auch deutsche (bzw. englische, italienische und spanische) Spieler den Test dort ablegen. Transferentschädigungen wären nicht erforderlich.

Wenn der Test aber auch im Ausland Kosten verursacht, entsteht ein Dilemma. Wegen der Kosten möchte kein Verein den Test durchführen. Auf Dauer ist dies aber nicht durchzuhalten, weil irgendwann zuwenig bundesligataugliche Spieler vorhanden sind. Dann müssen zwangsläufig Nachwuchsspieler eingesetzt werden.

Es stellt sich die Frage, ob die Vereine nicht bei Abschluss der Verträge mit den noch nicht getesteten Nachwuchsspielern Gegenleistungen für die zukünftigen Testkosten vereinbaren können. Dies hängt wiederum davon ab, wie viele noch nicht getestete Nachwuchsspieler angeboten und nachgefragt werden. Übersteigt das Angebot die Nachfrage, wären die Nachwuchsspieler bereit, für ein geringeres Gehalt als ihr erwartetes Wertgrenzprodukt für den Verein zu spielen. Damit könnte der Verein die Testkosten zumindest teilweise auf die zu testenden Nachwuchsspieler abwälzen. Die Entschädigung würde hier ex ante über geringere Gehälter von Nachwuchsspielern und nicht ex post über Transferentschädigungen erfolgen.

Analog könnten die Vereine den Nachwuchsspielern nur langfristige Verträge anbieten. Wenn die Vereine gegenüber den noch nicht getesteten Nachwuchsspielern eine hohe Verhandlungsmacht besitzen, können sie derartige Verträge vermutlich durchsetzen. Die Spieler würden dann auf Dauer unter ihrem erwarteten Wertgrenzprodukt entlohnt. Die neuen Transferbestimmungen der FIFA schützen Nachwuchsspieler hiervor.

Die Argumentation von SCHELLHAAß und MAY ließe sich auch um die (realitätsnahe) Annahme erweitern, dass innerhalb einer Liga wie z.B. der deutschen Bundesliga zwischen den Vereinen erhebliche Kostenunterschiede in Bezug auf den Testeinsatz von Nachwuchsspielern bestehen. Für Spitzenvereine sind die Testkosten vermutlich ungleich höher als für eine Mannschaft, die im Mittelfeld der Tabelle steht. In einer Spitzenmannschaft können spielentscheidende Fehler eines Nachwuchsspielers die Qualifikation für die Champions-League kosten, während die gleichen Fehler bei einer Mannschaft aus dem Mittelfeld z.B. lediglich den Abrutsch vom 11. auf den 12. Tabellenplatz bedeuten und somit keine größeren finanziellen Konsequenzen nach sich ziehen.

Da Nachwuchsspieler wesentlich geringere Gehaltsforderungen durchsetzen können als bundesligaerfahrene Spieler, kann es unter Gewinnaspekten für einzelne Clubs durchaus optimal sein, Nachwuchsspieler einzusetzen. Allerdings werden die europäischen Spitzenmannschaften bislang nicht als gewinnmaximierende Kapitalgesellschaften geführt, auch wenn mittlerweile einige Vereine in Aktiengesellschaften umgewandelt wurden. Bislang dominiert nach wie vor das Ziel, den sportlichen Erfolg zu maximieren. Oft wird zur Erreichung dieses Ziels sogar eine wirtschaftlich nicht gerechtfertigte Überschuldung in Kauf genommen. Vor diesem Hintergrund lässt sich leicht erklären, warum in den europäischen Spitzenligen der Anteil der Nachwuchsspieler zugunsten erfahrener Spieler zurückgeht. Ein Rückgriff auf veränderte Transferbedingungen ist nicht erforderlich. Aber auch in einer Liga, in der alle Clubs als gewinnmaximierende Kapitalgesellschaften geführt werden, hätten zumindest die Clubs mit geringem Marktpotential einen Anreiz mit einer kostengünstigen Nachwuchsmannschaft anzutreten, da sie dann zwar in sportlicher Hinsicht nur geringe Erfolgsaussichten hätten, gleichzeitig aber vergleichsweise hohe Gewinne erzielen könnten (vgl. DIETL und FRANCK 2000, S. 1167-1171). In diesem Fall bestünden also auch ohne Transferzahlungen Anreize, talentierte Nachwuchsspieler einzusetzen.

Literatur

ANTONIONI, P./J.CUBBIN (2000): The Bosman Ruling and the Emergence of a Single Market in Soccer Talent. European Journal of Law and Economics 9, S. 157-173.

BÜCH, M.-P./H.M. SCHELLHAAß (1978): Ökonomische Aspekte der Transferentschädigung im bezahlten Mannschaftssport. Jahrbuch für Sozialwissenschaft 29, S. 255- 274.

BURGUET, R./R. CAMINAL/C. MATUTES (1998): Golden Cages for Showy Birds : Optimal Switching Costs in Labour Markets.

CARBONELL-NICOLAU, O./D. COMIN (2001): Are Soccer Contracts Incomplete? Arbeitspapier. University of New York.

DIETL, H.M./E. FRANCK (2000): Effizienzprobleme in Sportligen mit gewinnmaximierenden Kapitalgesellschaften. Zeitschrift für Betriebswirtschaft 70, S. 1157-1175.

FEESS, E./G. MÜHLHEUßER (2002): Economic Consequences of Transfer Fee Regulations in European Football. European Journal of Law and Economics 13, S. 221-237.

FRANCK, E. (1995): Die ökonomischen Institutionen der Teamsportindustrie: Eine Organisationsbetrachtung. Wiesbaden.

FRICK, B./G. WAGNER (1996): Bosman und die Folgen – Das Fußballurteil des Europäischen Gerichtshofes aus ökonomischer Sicht. Wirtschaftswissenschaftliches Studium 25, S. 611-615.

SCHELLHAAß, H. M. (1984): Die Funktion der Transferentschädigung im Fußballsport. Recht der Arbeit 37, S. 218-223.

Programm der Jahrestagung des Arbeitskreises „Sportökonomie" am 7. und 8. Juni 2002 in Bad Lippspringe

Globalisierung des wirtschaftlichen Wettbewerbs im Sport

7. Juni 2002

13.30 – 13.40	Begrüßung durch den Rektor der Universität Paderborn Prof. Dr. Dr. h.c. Wolfgang Weber, Universität Paderborn
13.40 – 13.50	Begrüßung durch den Vorsitzenden des Arbeitskreises Sportökonomie Dr. Martin-Peter Büch, Bundesinstitut für Sportwissenschaft
13.50 – 14.00	Einführung: Prof. Dr. Helmut Dietl, Universität Paderborn
14.00 – 15.00	*„Sportinnovationen beim IOC – Erfolge junger Disziplinen bei Olympia"* Referentin: Dipl.-Kffr. Claudia Michalik, Universität Münster Korreferent: Prof. Dr. Marie-Luise Klein, Universität Bochum Moderation: Prof. Dr. Horch, Deutsche Sporthochschule Köln
15.00 – 16.00	*„Nationale Ausrichtung unter globalem Druck: Ökonomische Implikationen des Bieterwettbewerbs um Sport-Mega-Events"* Referent: Dipl.-Vw. Markus Kurscheidt, Universität Bochum Moderation: Prof. Dr. Henning Haase, Universität Frankfurt/M.
16.15 –17.15	*„Determinanten der kurzfristigen TV-Nachfrage in der Formel1"* Referent: Dr. Ingo Oliver Kipker, Horvath & Partner Korreferent: Prof. Dr. Herbert Woratschek, Universität Bayreuth Moderation: Professor Dr. Arnold Hermanns, Universität der Bundeswehr München
17.30 – 18.30	Mitgliederversammlung

8. Juni 2002

9.00 – 10.00   *„Sportlicher Erfolg und Kapitalmarktbewertung – Das Beispiel der Borussia Dortmund GmbH & Co. KGaA"*
Referenten: Prof. Dr. Wolfgang Maennig/Dipl.-Vw. Arne Feddersen, Universität Hamburg
Korreferent: Prof. Dr. Bernd Frick, Universität Witten/Herdecke
Moderation: Dr. h.c. Georg Anders, Bundesinstitut für Sportwissenschaft, Bonn

10.00 – 11.00   *„Ökonomische Probleme der bilanziellen Behandlung von Transferentschädigungen in der Fußball-Bundesliga"*
Referent: Dr. Jörn Littkemann, Universität Münster
Korreferent: Andreas Parensen, Mettmann
Moderation: Prof. Dr. Bernd Rahmann, Universität Paderborn
„Die Praxis der bilanziellen Behandlung von Transferentschädigungen in der Bundesliga"
Referent: Dipl.-Kfm. Christian Müller, Deutsche Fußball Liga GmbH, Frankfurt/M.

11.15 – 12.15   *„Institutionen und ihr Einfluss auf Produktionseffizienz im Profi-Fußball"*
Referent: Mag. Dieter-Jörg Haas, Universität Innsbruck
Korreferent: Prof. Dr. Egon Franck, Universität Zürich
Moderation: Prof. Dr. Klaus Zieschang, Universität Bayreuth

12.15 – 13.15   *„Die ökonomischen Institutionen des Spielermarktes im Fußballsport – eine Analyse des neuen FIFA-Transferreglements"*
Referenten: Prof. Dr. Horst-Manfred Schellhaaß/Frank C. May, Universität zu Köln
Korreferent: Prof. Dr. Helmut Dietl, Universität Paderborn
Moderation: Prof. Dr. Johannes Wertenbruch, Universität Marburg

13.15   Schlusswort: Dr. Martin-Peter Büch

Autoren

Dr. Martin-Peter Büch, Jahrgang 1940, ist Direktor des Bundesinstituts für Sportwissenschaft in Bonn. Studium der Wirtschaftswissenschaften, Jura und Psychologie an der Universität des Saarlandes in Saarbrücken und an der Albert-Ludwigs-Universität in Freiburg im Breisgau, 1967 Diplom-Volkswirt in Saarbrücken, Promotion zum Dr.rer.pol. mit einer Arbeit zu den Haushaltsgrundsätzen der Wirtschaftlichkeit und Sparsamkeit (1975 Verleihung des Eduard-Martin-Preises der Universität des Saarlandes für hervorragende Promotionsleistungen). Leiter der volks- und betriebswirtschaftlichen Abteilung der Röchling Bank Saarbrücken, danach Wissenschaftlicher Mitarbeiter am Institut für Finanzwissenschaft der Universität des Saarlandes (Arbeitsfelder u.a.: ökonomische Probleme des Sports). Seit 1978 Tätigkeit im Bundesministerium des Innern in den Bereichen „Medienpolitik, innenpolitische Grundsatzfragen (u.a. Mitarbeit im Kabinettausschuss „Deutsche Einheit"), ostdeutsche Kulturarbeit und Sport (sportpolitische Grundsatzfragen, Fachaufsicht über das Bundesinstitut für Sportwissenschaft). Seit 1989 nebenamtliche Tätigkeit als Lehrbeauftragter für Sportökonomie an der Deutschen Sporthochschule Köln, der Universität des Saarlandes und der Johann-Wolfgang-Goethe-Universität Frankfurt/Main.

Prof. Dr. Helmut M. Dietl, Jahrgang 1961, ist Professor für Betriebswirtschaftslehre, insbesondere Organisation und Internationales Management an der Universität Paderborn. Diplom-Kaufmann (1988), Dr. oec. publ. (1991) und Dr. rer. pol. habil. (1996) an der Ludwig-Maximilians-Universität München; 1996 Habilitationsstipendiat der Deutschen Forschungsgemeinschaft; Lehraufträge an der Universität Zürich, der Justus-Liebig-Universität Gießen, der TU Bergakademie Freiberg, der European Business School in Budapest und der Ludwig-Maximilians-Universität München; Rufe an die Universität Paderborn und die Universität Zürich; Gastforscher am Institute of Innovation Research und am Institute of Business Research (beide Hitotsubashi University, Tokyo), am Institute of Management, Innovation and Organization (Walter A. Haas School of Business, University of California at Berkeley), am CES – Center for Economic Studies (Ludwig-Maximilians-Universität München) sowie am Department of Finance (Wharton School of Business, University of Pennsylvania, Philadelphia). Hauptarbeitsgebiete im Rahmen der Sportökonomik: Stadionfinanzierung, Ligaorganisation und Transferregelung.

Dipl.-Vw. Arne Feddersen studierte Volkswirtschaftslehre an der Universität Dortmund. Das Thema seiner Diplomarbeit lautete „Wettbewerbsbeschränkendes Verhalten des Deutschen Fußball-Bundes (DFB) bei der Vergabe von Fernsehübertragungsrechten". Seit 2001 ist er als Wissenschaftlicher Mitarbeiter von Prof. Dr. Wolfgang Maennig am Institut für Außenhandel und Wirtschaftsintegration der Universität Hamburg tätig. Dort arbeitet er an einem Dissertationsprojekt zur empirischen Bestimmung der Zuschauernachfrage nach professionellem Fußball. Seine bevorzugten Arbeitsgebiete sind Sportökonomie, hier insbesondere empirische und wettbewerbspolitische Aspekte, Währungstheorie und -politik sowie internationale und nationale Wettbewerbspolitik.

Prof. Dr. Egon Franck, Jahrgang 1961, Studium der Betriebswirtschaftslehre (1982-87), Promotion (1990)und Habilitation (1994) an der Ludwig-Maximilians-Universität München; drei Jahre Industrietätigkeit im Zentralbereich Betriebswirtschaft der Siemens AG in München; 1993 Research Fellow an der Haas School der Universität von Kalifornien in Berkeley; ordentlicher Universitätsprofessor seit 1994; Rufe an die Technische Universität Bergakademie Freiberg, Gerhard-Mercator-Universität Duisburg, Karl-Franzens-Universität Graz und Universität Zürich; von 1994 bis 2000 Professor für Industriebetriebslehre/Produktionswirtschaft und Logistik an der Technischen Universität Bergakademie Freiberg; von 1996 bis 2000 Dekan der dortigen wirtschaftswissenschaftlichen Fakultät; seit dem Wintersemester 2000 Ordinarius für Strategische Unternehmensführung und -politik an der Universität Zürich; bis heute rund 85 Publikationen, von denen ein Großteil in referierten Fachzeitschriften erschienen ist; Publikationsverzeichnis unter www.unizh.ch/ifbf/webFuehrung; Forschungsschwerpunkt: Institutionen- und industrieökonomische Analysen von Organisations- und Strategieproblemen.

Prof. Dr. Bernd Frick, Jg. 1959, studierte von 1977-1983 Soziologie und Wirtschaftswissenschaften an der Universität Trier und an der Clark University, Worcester, MA, USA. Er arbeitete zunächst als geprüfte Wissenschaftliche Hilfskraft am Lehrstuhl für Statistik an der Universität Trier bevor er für zwei Jahre als Wissenschaftlicher Mitarbeiter an die Loughborough University of Technology, Loughborough, GB wechselte. Von 1986-1995 war er Wissenschaftlicher Mitarbeiter und Wissenschaftlicher Assistent am Lehrstuhl für Betriebswirtschaftslehre, insbesondere Dienstleistungsökonomie und -management an der Universität Trier.

Von 1995-2001 war er Inhaber des Lehrstuhls für Betriebswirtschaftslehre, insbesondere Personal- und Organisationsökonomie an der Ernst-Moritz-Arndt-Universität in Greifswald; seit Oktober 2001 hat er den Reinhard-Mohn-Lehrstuhls für Unternehmensführung an der Universität Witten/Herdecke inne. Seine Forschungsschwerpunkte liegen in den Bereichen Personalökonomie und Arbeitspolitik, Corporate Governance, betriebliche und überbetriebliche Arbeitsbeziehungen, neuere Theorie der Unternehmung und Ökonomie des professionellen Sports.

Mag. Dieter-Jörg Haas studierte Internationale Wirtschaftswissenschaften an der Universität Innsbruck und am Limburgs Universitair Centrum, Belgien. Seit 1999 ist er Vertragsassistent am Institut für Finanzwissenschaft der Universität Innsbruck und verfasste neben einigen wissenschaftlichen Beiträgen im Bereich der Finanzwissenschaft und besonders der Sportökonomie eine Dissertation über die „Produktionseffizienz von Fußball-Mannschaften in Europa und den USA". Spezielles Augenmerk legte er dabei auf Effizienz- und Produktivitätsmessung und auf im Zusammenhang relevante Evaluierungsmethoden. Darüber hinaus lehrte er im Bereich internationaler öffentlicher Finanzen, regionaler Integration und Sportökonomie an der Universität Innsbruck

Dr. Ingo Kipker studierte nach seiner Ausbildung zum Bankkaufmann bei der Deutschen Bank in Düsseldorf Betriebswirtschaftslehre an der Katholischen Universität Eichstätt und Heinrich-Heine-Universität in Düsseldorf. Im Anschluss war Ingo Kipker mehrere Jahre bei der Unternehmensberatung KPMG Consulting, Frankfurt im Bereich Financial Services als Senior Consultant mit Projektschwerpunkten Change Management, Prozessmanagement und E-Business tätig. Neben seiner rund zweijährigen externen Promotion der Betriebswirtschaftlehre an der Ernst-Moritz-Arndt Universität in Greifswald arbeitete Herr Ingo Kipker bei der Gruppe Deutsche Börse als Projektleiter im Bereich strategische Planung, Personalmanagement und Projektsteuerung. Bei der Managementberatung Horváth & Partners verantwortet Dr. Ingo Kipker als Senior Manager Projekte im Bereich Financial Industries. Schwerpunkte seiner Projekttätigkeit sind Projekte im Bereich der Strategieentwicklung und -umsetzung, strategischen Unternehmenssteuerung, Prozesskostenmanagement und Prozessoptimierung. Seine Forschungsaktivitäten konzentrieren sich auf aktuelle wirtschaftliche Strukturierungsfragen in europäischen Teamsportwettbewerben.

Prof. Dr. Marie-Luise Klein ist seit dem Wintersemester 2001/02 an der Ruhr-Universität Bochum tätig. Als Leiterin des neu eingerichteten Lehr- und Forschungsbereichs Sportmanagement ist sie für die inhaltliche und organisatorische Ausgestaltung des Studienschwerpunktes Sportmanagement zuständig. Darüber hinaus vertritt sie das Fachgebiet Sportsoziologie in der Lehre.

Frau Prof. Klein studierte Wirtschafts-, Sport- und Sozialwissenschaften an der Ruhr-Universität Bochum. 1986 promovierte sie mit der Arbeit „Geschlechterdiskurs in der Sportberichterstattung" zur Dr. rer.soc.; 1992 Habilitation im Fachgebiet Sportsoziologie mit dem Thema „Sport im Strukturwandel des Ruhrgebiets". Von 1992–2001 war Frau Prof. Klein Leiterin des Arbeitsbereichs „Sport und Gesellschaft" an der Universität-Gesamthochschule Paderborn. Hier baute sie u.a. den Forschungsschwerpunkt Sport und Zuwanderung auf.

Frau Prof. Klein führt an der Ruhr-Universität ihre bisherigen Forschungsschwerpunkte sozio-ökonomische Aspekte der kommunalen und regionalen Sportentwicklung, Sport und Migration sowie Geschlechterforschung im Sport weiter. Darüber hinaus werden neue Forschungsperspektiven im Bereich Sportmanagement entwickelt. Ein aktuelles Projekt befasst sich mit Geschlechterkonstruktionen im Marketing von Fitness-Studios.

Diplom-Volkswirt Markus Kurscheidt ist seit Oktober 2001 wissenschaftlicher Mitarbeiter im Lehr- und Forschungsbereich Sportmanagement der Fakultät für Sportwissenschaft an der Ruhr-Universität Bochum. Dort ist er unter anderem zuständig für Koordinierungsaufgaben im Studienschwerpunkt Sportmanagement sowie für die Durchführung der Veranstaltungen zum Event-Management, Sportsponsoring, Sportanlagenmanagement und Studienprojekt Sportmanagement. Zuvor war er nach seinem Examen im Oktober 1996 an der Universität Paderborn an verschiedenen BWL- und VWL-Lehrstühlen des dortigen wirtschaftswissenschaftlichen Fachbereichs tätig sowie zuletzt Graduiertenstipendiat des Landes NRW. Herr Kurscheidt wirkte maßgeblich an der Studie zu den sozio-ökonomischen Auswirkungen der Fußball-WM 2006 in Deutschland mit. Darüber hinaus leitete er Praxisprojekte und beriet vor allem zum Sportsponsoring. Zu seinem Forschungsschwerpunkt Sportgroßveranstaltungen referierte er bereits in Europa, Japan und den USA und veröffentlichte in internationalen Sammelbänden und Zeitschriften. Er ist aktives Mitglied des Arbeitskreises Sportökonomie sowie Gründungs- und Beiratsmitglied der International Association of Sports Economists (IASE).

Dr. Jörn Littkemann ist Akademischer Rat am Lehrstuhl für Betriebswirtschaftslehre, insbesondere Organisation, Personal und Innovation, der Westfälischen Wilhelms-Universität Münster, Universitätsstr. 14-16, 48143 Münster; Tel.: 0251-83-
22991/-22831, Fax: 0251-83-22836, E-Mail: 19joli@wiwi.uni-muenster.de; Bevor-
zugte Forschungsgebiete: Betriebswirtschaftliche Steuerlehre, Bilanzanalyse und
Bilanzpolitik, Innovationscontrolling, Konzerncontrolling, Organisation und Führung, Sportmanagement.
Nach Ableistung des Grundwehrdienstes und einer Ausbildung zum Fachangestell-
ten in steuer- und wirtschaftsberatenden Berufen Studium der Betriebswirtschaftslehre an der Christian-Albrechts-Universität zu Kiel. 1992 Diplom-Kaufmann. Von
1993 bis 1998 Assistententätigkeit am Lehrstuhl für Organisation der Universität
Kiel und Mitarbeit in mehreren Steuerberaterkanzleien. 1997 Promotion zum Dr. sc.
pol. bei Professor Dr. Dr. h.c. Jürgen Hauschildt über „Innovationen und Rechnungswesen". Von 1998 bis 2000 Wissenschaftlicher Assistent und seitdem Akademischer Rat am Lehrstuhl für Betriebswirtschaftslehre, insbes. Organisation, Personal und Innovation, an der Westfälischen Wilhelms-Universität Münster. Dr.
Littkemann hat eine Vielzahl von Buch- und Zeitschriftenbeiträgen in den Bereichen Betriebswirtschaftliche Steuerlehre, Bilanzanalyse und Bilanzpolitik, Innovationscontrolling, Konzerncontrolling, Organisation und Führung sowie Sportmanagement. Mitglied des Gutachterausschusses der „Zeitschrift Führung +
Organisation". Inhaber der Trainer B-Lizenz des Deutschen Fußball-Bundes.

Dipl.-Vw. Frank C. May studierte Betriebs- und Volkswirtschaftslehre an der
Heinrich-Heine-Universität Düsseldorf und an der Universität zu Köln. Seit 2001 ist
er wissenschaftlicher Mitarbeiter am Lehrstuhl von Prof. Dr. Schellhaaß am Staats-
wissenschaftlichen Seminar der Universität zu Köln. Seine Forschungsschwerpunkte sind Wettbewerbstheorie, Institutionenökonomik und Ordnungspolitik sowie
ihre spezielle Anwendung auf Medien- und Arbeitsmarktökonomie.

Dipl.-Kffr. Claudia Michalik, Westfälische Wilhelms-Universität Münster, Lehrstuhl für Betriebswirtschaftslehre, insb. Organisation, Personal & Innovation, Studium der Betriebswirtschaftslehre an der Universität Dortmund sowie der Ecole de
Commerce in Amiens/Frankreich und der University of Texas/USA. Seit 1999 wissenschaftliche Mitarbeiterin von Prof. Dr. G. Schewe am o. g. Lehrstuhl der Universität Münster.

Prof. Dr. Wolfgang Maennig ist Inhaber des Lehrstuhls für Volkswirtschaftslehre, insbesondere Wirtschaftspolitik am Fachbereich Wirtschaftswissenschaften der Universität Hamburg. Seine Forschungsschwerpunkte sind die internationale Makroökonomie, Verkehrswissenschaft und Sportökonomie. Im Rahmen des letztgenannten Gebietes hat er sich u.a. mit den regionalen Wirkungen von Sportgroßveranstaltungen und deren Finanzierungsrechnungen, der Ökonomik von Doping und Korruption im Sport.

Dipl.-Kfm. Christian Müller, geboren 1963 in Köln, ist seit September 2001 Geschäftsführer bei der DFL Deutsche Fußball Liga GmbH in Frankfurt. Dort verantwortet er das Lizenzierungsverfahren für die Bundesliga- und Regionalliga-Clubs sowie das Ressort Finanzen, Verwaltung und Rechnungswesen der DFL und des Ligaverbandes. Vor dem Eintritt in die DFL war er seit November 1999 als Unternehmensberater bei der Droege & Comp. AG Düsseldorf tätig, wo er hauptsächlich mit Sanierungs- und Strategieprojekten befasst war. Von 1996 bis zu seinem Wechsel in die Praxis war er Doktorand bei Prof. Dr. Egon Franck an der TU Freiberg. Das Thema seiner Dissertation lautet „Hyperaktivität in Sportligen" und beschäftigt sich mit dem ruinösen Rüstungswettlauf der Clubs. Neben anderen beruflichen Stationen war Christian Müller von 1992 bis 1993 Vorstandsassistent und später Leiter der Geschäftsstelle des 1. FC Köln. Sein Examen als Diplom-Kaufmann machte er 1991 an der Universität zu Köln, sein Studium der BWL führte ihn zunächst nach Freiburg und von Köln aus zwischenzeitlich auch zur HEC (Ecole des Hautes Etudes Commerciales) nach Paris.

Andreas Parensen studierte nach Bundeswehr und Ausbildung von 1992 bis 1997 an der Universität zu Köln Betriebswirtschaftlehre und an der Deutschen Sporthochschule Sportwissenschaften. Von 1998 bis Ende 1999 arbeitete er im Wirtschaftsprüfungs- und Sportberatungsbereich bei KPMG Deutsche Treuhandgesellschaft, Düsseldorf, vor allem im Bereich der Lizenzierungsprüfung sowie der strategischen Beratung von Fußballclubs und Sportverbänden. Seit Ende 1999 war er zunächst beratend, ab August 2001 als Prokurist für die Sportwelt Beteiligungs GmbH, Düsseldorf, in den Bereichen Unternehmensplanung und -bewertung, Finanzen, Controlling, Personal und IT tätig. Bei seinen sportökonomischen Arbeiten setzte er sich bisher mit den Themen Lizenzierungsprüfung von Sportverbänden, dem Bosman-Urteil und seinen Konsequenzen sowie mit Gestaltungsproblemen von Ligenwettbewerben auseinander. Weitere Interessenschwerpunkte sind die Bewertung und das Liquiditätscontrolling von Sportunternehmen sowie die effiziente Spielerkaderstrukturierung.

Prof. Dr. Horst M. Schellhaaß: 1966 Diplom-Volkswirt, 1971 Promotion zum Dr. rer. pol., 1976 Habilitation an der Universität des Saarlandes, 1978-1996 o. Professor für Wirtschaftstheorie an der Technischen Universität Berlin, seit 1996 o. Professor für Wirtschaftliche Staatswissenschaften an der Universität zu Köln und Direktor des Instituts für Rundfunkökonomie. Gastprofessuren an der Washington University, St. Louis, USA, an der Ecole Supérieure de Commerce de Toulouse und an der Universität Sofia. Mitglied im Wissenschaftlichen Beirat des Instituts für Wirtschaftsforschung Halle und des Bundesinstituts für Sportwissenschaft. Die sportökonomischen Forschungsschwerpunkte von Professor Schellhaaß sind die ökonomische Analyse von Transferentschädigungen, die Kontroverse zwischen Zentral- und Einzelvermarktung von Sportrechten, die wirtschaftliche Organisation von Sportligen und die Analyse der Medienpräsenz des Sports.

Frank Tolsdorf, Jg. 1974, studierte nach dem Abitur am Wirtschaftsgymnasium Greifswald von 1995-2002 an der dortigen Universität Betriebswirtschaftslehre (zudem leistete er während seines Studiums seinen Wehrdienst). Im Laufe seines Studiums arbeitete er als Wissenschaftliche Hilfskraft in der Universitätsbibliothek Greifswald sowie am Lehrstuhl für Betriebswirtschaftslehre, insbesondere Personal- und Organisationsökonomie. Seit dem 1. 4. 2002 ist er als Wissenschaftlicher Mitarbeiter am Reinhard-Mohn-Lehrstuhl für Unternehmensführung an der Universität Witten/Herdecke tätig. Seine Forschungsschwerpunkte liegen in den Bereichen Personal- und Sportökonomie. In seiner Dissertation beschäftigt er sich mit dem Problem des Doping im Hochleistungssport aus einer dezidiert ökonomischen Perspektive.

Professor Dr. Herbert Woratschek war von 1976 bis 1982 als Industriekaufmann in der Süddeutschen Feinmechanik in Wächtersbach tätig. Von 1982 bis 1989 studierte er Betriebswirtschaftslehre an der Johann Wolfgang Goethe-Universität Frankfurt/Main. Ab 1988 war er Wissenschaftlicher Mitarbeiter am Seminar für Handelsbetriebslehre an der Johann Wolfgang Goethe-Universität Frankfurt/Main (Prof. Dr. Dr. h.c. Rudolf Gümbel). Im Sommersemester 1996 wurde er mit der C4-

Lehrstuhlvertretung für Betriebswirtschaftslehre, insbesondere Marketing, an der Ernst-Moritz-Arndt-Universität in Greifswald betraut, auf den er auch einen Ruf erhalten hat. Ebenfalls 1996 erhielt er einen Ruf an die Universität Bayreuth. Seitdem hat der den Lehrstuhl für Dienstleistungsmanagement an dieser Universität inne. Im Jahre 2001 erfolgte ein weiterer Ruf an die Ruhr-Universität Bochum, den er allerdings ablehnte. Seine Forschungsschwerpunkte liegen in den Bereichen Management und Messung der Dienstleistungsqualität, Preispolitik für Dienstleistungen, Standortbewertungsverfahren für Dienstleistungsbetriebe und Positionierung von Dienstleistungsbetrieben. Seine Publikationen und wissenschaftlichen Betätigungsfelder können unter www.uni-bayreuth.de/dlm eingesehen werden.

Dr. Gerhard Trosien / Prof. Dr. Henning Haase /
Dr. Dieter Mussler (Hrsg.)

Huckepackfinanzierung des Sports: Sportsponsoring unter der Lupe

Der Arbeitskreis Sportökonomie e. V. hat mit den hier vorliegenden Beiträgen das Zusammenwirken von Sport und Wirtschaft im Rahmen des Sponsorings näher betrachtet. Dabei werden theoretische Fragen des Sponsorings und der operativen Sponsoringplanung diskutiert und die Auswirkungen der Zusammenarbeit von Sport und Wirtschaft auch aus der Sicht der beteiligten Akteure – Sport, Wirtschaft, Medien, Wissenschaft – beurteilt. Die Beiträge enthalten Hinweise, wie das Zusammenwirken von Sport und Wirtschaft effizient und sportverträglich gestaltet werden kann.

Format 17 x 24 cm, 136 Seiten, ISBN 3-7780-8362-7
Bestell-Nr. 8362   € 15.–

Prof. Dr. Horst M. Schellhaaß (Hrsg.)

Sportveranstaltungen zwischen Liga- und Medieninteressen

Der Arbeitskreis Sportökonomie e. V. hat mit den in diesem Band versammelten Beiträgen seiner Kölner Tagung von April 2000 für die Sportverbände essentielle Fragen aus dem Bereich der medialen Verwertung von Sportveranstaltungen aufgegriffen. Nachdem die privaten Rundfunkanbieter den strategischen Wert von Spitzensportveranstaltungen in den achtziger und neunziger Jahren erkannt und zur Durchsetzung ihrer Politik genutzt haben, sollen zu Beginn des neuen Jahrhunderts über die Sportrechte an den Spitzensportereignissen das Pay TV durchgesetzt werden. Wie die Beiträge zeigen, wird das wesentliche Auswirkungen auf die sportanbietenden Organisationen haben.

Format 17 x 24 cm, 144 Seiten, ISBN 3-7780-8363-5
Bestell-Nr. 8363   € 15.–

 **hofmann.** VERLAG & DRUCKEREI

Postfach 1360 · D-73603 Schorndorf · Telefon (07181) 402-125 · Fax 402-111
Internet: www.hofmann-verlag.de · E-Mail: bestellung@hofmann-verlag.de

Prof. Dr. Bernd Strauß / Prof. Dr. Michael Kolb /
Prof. Dr. Martin Lames (Hrsg.)

sport-goes-media.de
Zur Medialisierung des Sports

Die in diesem Band zusammengestellten Beiträge verdeutlichen,
wie vielfältig ausdifferenziert das Thema der Medien im Sport
ist. Renommierte nationale wie internationale Fachvertrete-
rinnen und Fachvertreter gehen auf Massenmedien und Massen-
kommunikation wie aber auch auf traditionelle Lehr- und Lern-
medien und neueste Entwicklungen aus dem Multimedia-Bereich
ein.

Das Buch erschien anlässlich der Emeritierung von Herrn Prof.
Dr. H. Haag M. S.

DIN A5, 188 Seiten, ISBN 3-7780-3412-X
Bestell-Nr. 3412   € 29.80

Dr. Markus Friederici / Dr. Manfred Schubert /
Prof. Dr. Heinz-Dieter Horch

Sport, Wirtschaft und Gesellschaft
Festschrift für Professor Dr. Klaus Heinemann

Die Dynamik der Sportentwicklung in der modernen Gesellschaft stellt eine fortlaufende Herausforderung an die Analyse
des Verhältnisses von Sport, Wirtschaft und Gesellschaft dar.
Auf dem Feld der sozialwissenschaftlichen Beschäftigung mit
dem Phänomen „Sport" führte dies nach der Etablierung der
Sportsoziologie in den 70er und 80er Jahren ab Mitte der 90er
Jahre zu verstärkten Bemühungen um die Frage nach den kons-
titutiven Grundlagen und Forschungsthemen einer Sportökonomie. Prof. Dr. Klaus Heinemann gehört zweifelsohne zu den
Gründungsvätern beider Fachgebiete in Deutschland. In Anlehnung an sein Werk stellen 20 renommierte Autorinnen und
Autoren aus dem In- und Ausland in diesem Sammelband Aus-
schnitte ihrer aktuellen Forschung vor.

DIN A5, 214 Seiten, ISBN 3-7780-3390-5
Bestell-Nr. 3390   € 19.80

VERLAG & DRUCKEREI

Postfach 13 60 · D-73603 Schorndorf · Telefon (07181) 402-125 · Fax 402-111
Internet: www.hofmann-verlag.de · E-Mail: bestellung@hofmann-verlag.de